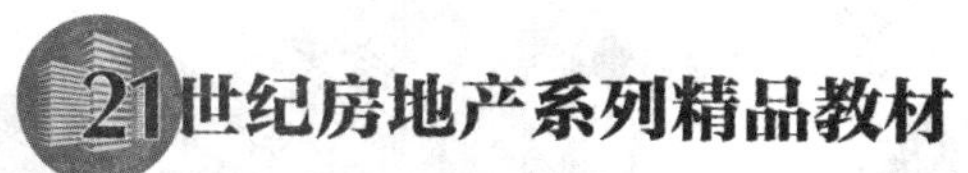

房地产管理学

李　英　赵相伟　杨世赛◎编著

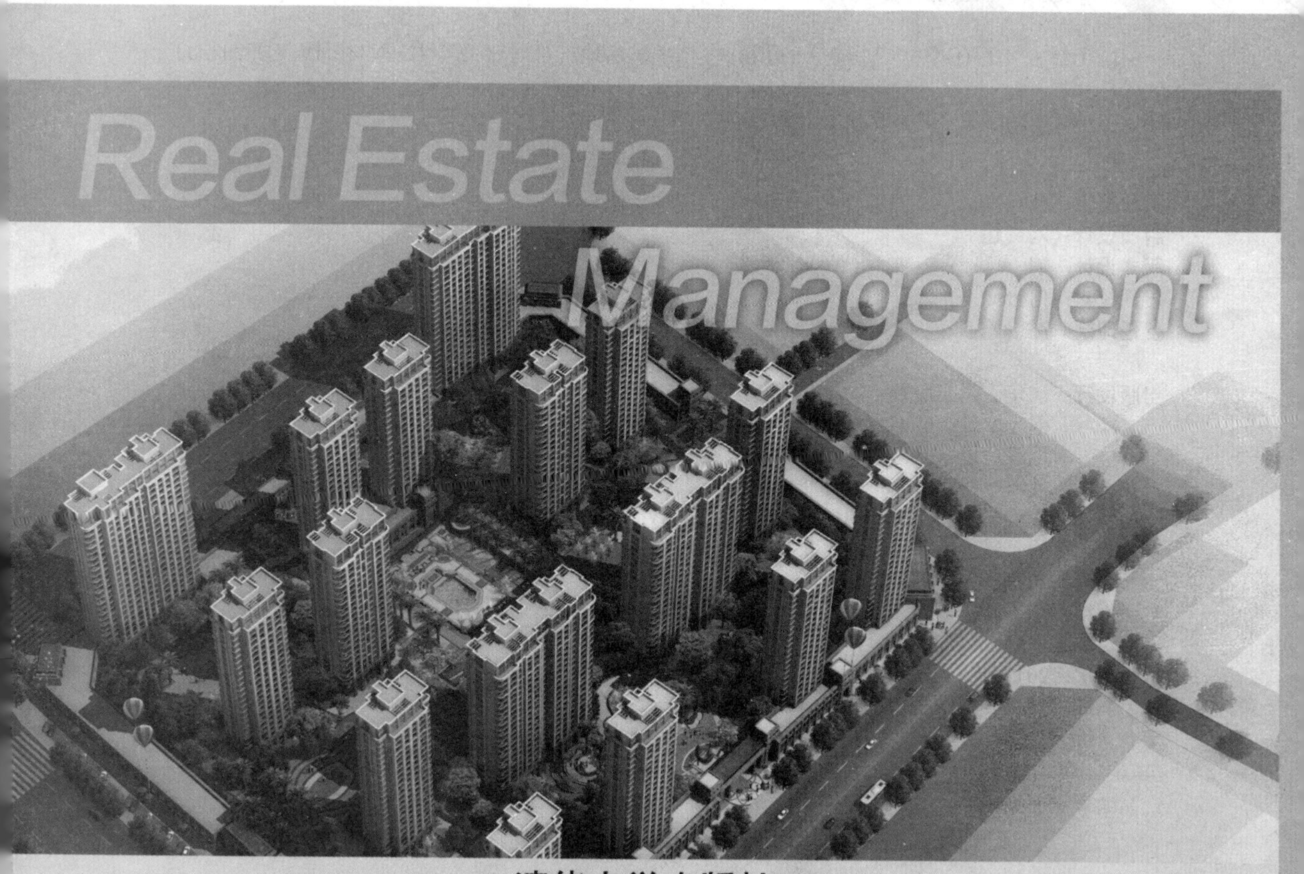

Real Estate Management

清华大学出版社
北　京

内容简介

本书主要讲述政府如何管理房地产市场行业与房地产市场，内容可分为三大部分。第一部分包括第一章，主要阐述房地产管理的基本概念、管理体制和法规体系；第二部分包括第二章至第四章，主要阐述政府对房地产开发与经营过程的管理；第三部分包括第五章至第十章，主要阐述房地产产权登记、产籍管理、税收管理、中介服务管理、信息化建设和宏观调控等问题。

本书可以作为房地产开发与经营、工程管理等专业的本科教材，或作为相关专业研究生的参考用书，也可以作为房地产行业从业人员和房地产行政主管部门工作人员的工作参考书，还可以作为普通百姓了解房地产行业管理的科普读物。

图书在版编目（CIP）数据

房地产管理学/李英，赵相伟，杨世泰编著．—北京：清华大学出版社，2017
（21世纪房地产系列精品教材）
ISBN 978-7-302-46799-1

Ⅰ. ①房…　Ⅱ. ①李…　②赵…　③杨…　Ⅲ. ①房地产管理-高等学校-教材　Ⅳ. ①F293.33

中国版本图书馆CIP数据核字（2017）第052711号

责任编辑：杜春杰
封面设计：刘　超
版式设计：魏　远
责任校对：何士如
责任印制：沈　露

出版发行：清华大学出版社
网　　址：http://www.tup.com.cn，http://www.wqbook.com
地　　址：北京清华大学学研大厦A座　　邮　　编：100084
社 总 机：010-62770175　　邮　　购：010-62786544
投稿与读者服务：010-62776969，c-service@tup.tsinghua.edu.cn
质 量 反 馈：010-62772015，zhiliang@tup.tsinghua.edu.cn
印 装 者：北京泽宇印刷有限公司
经　　销：全国新华书店
开　　本：185mm×230mm　　印　　张：17.75　　字　　数：373千字
版　　次：2017年8月第1版　　印　　次：2017年8月第1次印刷
印　　数：1～3000
定　　价：39.80元

产品编号：059579-01

前言

在中国，房地产业的快速发展不仅改变了人们的居住面貌，而且使城市景观得到了很大改善。人们不再居住在狭小、拥挤的空间中，取而代之的是宽敞明亮的居住环境。包括在土地之内的房地产商品不仅与老百姓的生活紧密相关，更成为他们的一项最重要资产。有资料统计，2015 年中国家庭资产中房产占近 7 成，买房已成头等大事。

房地产市场的参与主体不仅有房地产相关企业和购房者，还包括各级政府。诚然，世界各国政府都非常重视房地产行业的管理，但中国社会特有的文化现象决定了对房地产行业及房地产市场的管理成为政府一项非常重要的任务。

本书主要讲述政府如何管理房地产行业与房地产市场。多年来，政府通过立法、颁布行政法规、命令、通知等形式，动用经济手段、法律手段、行政手段等加强房地产市场管理，依法管理房地产市场和行业已成为常态，成为房地产管理的基本原则。本书在写作过程中查阅了大量法律条文，力求每一部分内容都以最新的法律条文作为基础，见附录 A。

在结构安排上，本书在“纵横两条线”上展开。纵向上，按照“房地产开发与经营活动”的先后顺序展开，围绕“国有土地的征收与补偿—开发用地的获取—开发销售的完成”，阐述政府对此过程的管理；横向上，在“房地产开发与经营活动”的外围展开，主要阐述政府在中介服务、产权产籍、房地产税收等方面的管理，同时阐述房地产宏观调控的相关问题；鉴于信息化技术已渗透到房地产管理中，所以本书用一章的篇幅讲了这方面的内容。力求读者通过阅读本书，可以对房地产管理的法律法规条文有个全面了解和认识。

在内容安排上，本书除了描述传统的房地产管理内容外，还以案例分享或资料分享的方式列举了大家比较关注的问题，例如，小产权房问题、房产税问题、营改增问题等，以此引发读者思考，更加客观理性地理解产地产相关法律条文和政府政策。

本书的内容安排可分为三大部分。第一部分包括第一章，主要阐述房地产管理的基本概念、管理体制和法规体系；第二部分包括第二章至第四章，主要阐述政府对房地产开发与经营过程的管理；第三部分包括第五章至第十章，主要阐述房地产产权登记、产籍管理、税收管理、中介服务管理、信息化建设和宏观调控等问题。其中，第九章由山东科技大学赵相伟讲师写作，其余章节由山东科技大学李英教授写作，烟台卫正地产评估有限公司杨世寨总工程师对全书进行了通稿并作修改。

本书属编著层次的教材，融合了作者多年的研究成果。本书可以作为房地产开发与经营、工程管理等专业的本科教材，也可以作为相关专业研究生的参考用书，还可以作为房地产行业从业人员和房地产行政主管部门工作人员的工作参考书，或作为普通百姓了解房

地产行业管理的科普读物。

本书的写作过程得到了很多人的帮助。感谢北京师范大学董藩教授的学术建议，感谢青岛市黄岛区房产管理和住房保障中心卢华先生和朱永华先生的政策指导，感谢山东能源置业的学员们，感谢戴德梁行青岛分公司商铺经理庞如晓先生的专业意见，感谢学生徐亚茹、张文龙同学在数据采集、资料收集和整理过程中所做的工作，感谢清华大学出版社杜春杰女士在教材出版方面给予的协助，感谢所有文献的作者和提供帮助的人们。

由于时间和水平有限，书中难免有错误和疏漏之处，敬请广大读者批评指正。

李英　赵相伟　杨世寨

2017 年 1 月

目　录

第一章　绪　　论

学习目标

通过对本章的学习，学生应掌握如下内容:

1. 房地产的含义与分类;
2. 房地产业的含义、行业性质和房地产行业经济活动的主要内容;
3. 房地产管理机构及其职能。

导言

在现代社会中，房地产被赋予多种含义。它既是一种稀缺资源，也是重要的生产要素，还是人们的生活必需品，由此形成了多种多样的分类。随着社会经济的不断发展，房地产业在国民经济中扮演越来越重要的角色。房地产业的快速发展，在增加政府对房地产业管理难度的同时，也使得政府的管理行为日趋规范。

第一节　房地产及房地产业

简单来说，房地产就是房产和地产的合称，它可以按照不同的标准划分为不同的类别。由于房地产与政府财政和人们生活息息相关，加之价值量巨大，因此各级政府部门都非常重视房地产管理。

一、房地产的含义与分类

（一）房地产的含义

所谓房地产，即指房产与地产的合称，体现了房屋与土地的经济关系，属于资产范畴。所谓房产，是指赋予所有权属性的房屋；所谓地产，即土地财产，其在法律上有明确的权属关系，包含地面及其上下空间（各国规定不尽相同）。

由于房屋与土地常常是紧密相连的，房屋建筑与建筑地块经常连在一起，表现为一种

有机整体，因此在经济形态上，房屋与土地的内容和运动过程也具有内在的整体性，房产与地产两个概念也就常合称房地产。同时，由于房屋和土地不可移动，或者一经移动就要丧失极大价值，因此房地产成为不动产的典型代表形式（不动产不全是房地产），以至于有的人常将“房地产”和“不动产”混为一谈。

谈到“房地产”时，需要特别注意“房屋”与“房产”以及“土地”与“地产”的区别。通常所说的“房屋”，是指有墙面和立体结构，能够遮风避雨，可供人们在其中生活、学习、工作、娱乐、居住或储藏物资的场所。而“房产”则是赋予“房屋”产权性质，也就是从财产角度考虑的房屋。提到“房产”，不仅是指实物形态的“房屋”，更侧重于指房屋的所有、占用、使用、收益、处分等权利义务关系。所谓“土地”，是指地球表层的陆地部分及其以上、以下一定幅度空间范围内的全部环境要素，以及人类社会生产、生活、活动作用于空间的某些结果所组成的自然经济综合体。而“地产”与“房产”一样，即指把土地视为财产时的称谓，是土地社会属性的具体体现，是在一定所有制关系下作为财产的土地及其权益关系的总和。在中国，谈到地产时，必然涉及使用权（国外有时涉及所有权）和土地流通或使用过程中发生的权属利益关系及处理方式等，而且格外强调这一点。

（二）房地产的分类

我们可以从不同的角度研究房地产的分类，主要介绍房产分类。根据《城市用地分类与规划建设用地标准》，城市建设用地共分为 8 大类、35 中类、44 小类，分类与代码见附录 B。

依据不同的标准，可分为多种房产类型。

1．按照产权性质来分类

按照房产的产权性质来分类，可将其划分为如下六类。

（1）国有房产，是指归国家所有的房产。包括由政府接管、国家经租、收购、新建以及由国有单位用自筹资金建设或购买的房产。国有房产分为直管产、自管产、军产三种。

（2）集体所有房产，是指归集体组织和单位所有的房产，集体组织和单位依法对其享有占有、使用、处分等权利。

（3）私有房产，是指私人所有的房产，包含私产和部分产权两个细类。私产又分为私产、个体产、外私产三种。私产是指中国公民投资、建造的房产；个体产是指中国公民投资的私营企业投资购建或购买的房产；外私产是指港澳台同胞、海外侨胞、在华外国侨民、外国人投资建造或购买的房产。部分产权是指按照房改政策，职工个人以标准价购买的住房，拥有部分产权。

（4）共有房产，是指两个或两个以上的人对同一项房产共同享有所有权。该房产的产权人依照法律、法规或契约分享房产的占有、使用、处分等权利。

（5）其他房产，是指其他少量特殊的房产，如宗教房产、宗族房产、会馆房产等。

2．按照用途来分类

按照房产的用途来分类，可将其划分为如下八类。

（1）住宅，是指供人们日常生活居住的房屋，可细分为商品房、房改房、廉租房、公共租赁住房、经济适用房、两限房、解困房和微利房等种类。

（2）生产用房，是指城市物质生产部门的用房，包括工业、交通运输业、建筑业等部门的厂房、车间、仓库、办公室、实验室及生活服务用房等。

（3）商业用房，是指商店、银行、邮电、旅馆、餐饮以及其他经营性服务行业所使用的房屋。它既包括直接用于营业活动的房屋，包括商业店铺、百货商场、购物中心、超级市场、批发市场、宾馆、饭店、酒店、度假村、旅店、招待所、洗浴中心、美发厅等，也包括办公室、仓库、堆栈等辅助用房。

（4）公用设施用房，是指自来水、泵站、污水处理、变电、燃气、供热、垃圾处理、环卫、公厕、殡葬、消防等市政公用设施的房屋。

（5）办公用房，是指企业、事业、机关、团体、学校、医院等单位的办公用房屋。其中，档次较高的、设备较齐全的为高标准写字楼，条件一般的为普通办公用房。

（6）文教科卫体用房，是指文化、教育、科技、卫生、体育事业用房，如文化馆、影院、录像厅、大学、中学、小学、幼儿园、中专、业余学校、党校、进修院校、工读学校、科技馆、体育馆、游泳馆等。

（7）综合性用房，是指具有上述两种以上（含两种）用途的房产，如商住楼。

（8）其他专业用房，如教堂、寺庙、外国驻华机构用房。

3．按照开发程度来分类

按照房产的开发程度来分类，可分为期房和现房两类。

（1）期房。人们习惯上把在建的、尚未完成建设的、不能交付使用的房屋称为期房。即指开发商从取得商品房预售许可证开始至取得房地产权证大产证止，在这一期间的商品房称为期房。期房在我国港澳地区称为买“楼花”，这是当前房地产开发商普遍采用的一种房屋销售方式。消费者在这一阶段购买商品房时应签预售合同。

（2）现房。现房是指消费者在购买时具备即买即可入住的商品房，即开发商已办妥所售房屋的大产证的商品房，与消费者签订商品房买卖合同后，立即可以办理入住并取得产权证。只有拥有房产证和土地使用证才能称之为现房[①]。

4．按照是否产生收益分类

按照房产是否产生收益，可把房产分为收益性房产和非收益性房产两大类。

[①] 现在只有部分房子拥有土地证，北京为例，新建的规划到各区的现房都不拥有土地证，只有原来归市国土资源直接管理的才拥有土地证。国家标准，编号为GB 50137—2011，由中华人民共和国住房和城乡建设部和中华人民共和国国家质量监督检验检疫总局于2010年12月24日联合发布，自2012年1月1日起实施。

（1）收益性房产。收益性房产是指能直接产生租赁收益或者其他经济收益的房产，包括住宅（特别是其中的公寓）、写字楼、旅馆、商店、餐馆、游乐场、影剧院、停车场、汽车加油站、标准厂房（用于出租的）、仓库（用于出租的）等。

（2）非收益性房产。非收益性房产是指不能直接产生经济收益的房产，例如行政办公楼、教堂、寺庙等。

判定一宗房地产是收益性房地产还是非收益性房地产，不是看该宗房产目前是否正在产生经济收益，而是看该种类型的房产在本质上是否具有产生经济收益的能力。

二、房地产业的含义与行业性质

房地产业是指以土地和建筑物为经营对象，从事房地产开发、建设、经营、管理以及维修、装饰和服务的集多种经济活动为一体的综合性产业，是具有先导性、基础性、带动性和风险性的产业，包括土地开发，房屋的建设、维修、管理，土地使用权的有偿划拨、转让，房屋所有权的买卖、租赁，房地产的抵押贷款，以及由此形成的房地产市场。在实际生活中，人们习惯上将从事房地产开发和经营的行业称为房地产业。

房地产业是不同于建筑业的一个独立产业，在我国的产业划分中，隶属于第三产业。建筑业是指建筑安装施工行业，是建筑产品的生产部门，是从事工业与民用房屋和构筑物建造的行业，它完全是物质生产部门，属于第二产业；而房地产业不仅是土地与建筑产品的经营部门，它还从事土地开发和房屋建设，具有生产（开发）、经营、服务等多种性质，属于第三产业。当然，房地产业与建筑业之间又具有十分密切的联系，它们的作用对象都是房产、地产这类不动产；在日常的经济活动中，房地产企业与建筑企业之间往往形成甲方和乙方的关系。因此，在房地产业与建筑业内部，人们常说这二者之间是一种休戚与共、唇齿相依的关系。

三、房地产行业经济活动的主要内容

房地产行业经济活动涉及国有土地使用权出让、房地产的开发与再开发、房地产经营、中介服务、物业管理以及房地产调控与管理等方面，涵盖了生产、流通、消费三个环节。了解房地产行业经济活动的主要内容，有助于深入理解房地产管理的全过程，后续章节将围绕这些内容展开。

房地产业行业经济活动的主要内容有以下几个方面：（1）国有土地使用权的出让；（2）房地产的开发和再开发（包括购买国有土地使用权、规划设计、开发建设以及对旧城区土地的再开发）；（3）房地产经营（包括国有土地使用权的转让、出租、抵押和房屋的买卖、租赁、抵押等经济活动）；（4）房地产中介服务（包括房地产咨询、估价和经纪代理）；（5）物业管理（包括房屋及公共设施、设施的保养、维修，并为使用者提供安全、

卫生、优美的环境）；（6）房地产市场的调控和管理（包括建立房地产市场、资金市场、技术市场、劳务市场、信息市场，建立和健全房地产法规，以实现国家对房地产市场的宏观调控）。

第二节 房地产管理机构及其职能

根据《中华人民共和国城市房地产管理法》（以下简称《城市房地产管理法》）第七条的规定，国务院建设行政主管部门、土地管理部门依照国务院规定的职权划分，各司其职，密切配合，管理全国房地产工作。县级以上地方人民政府房产管理、土地管理部门的机构设置及其职权由省、自治区、直辖市人民政府确定。由此可知，我国现行的房地产行政管理体制实行国家和地方共同管理的机制。

一、国家级房地产管理机构及其职能

住房与城乡建设部和国土资源部属于两个国家级房地产管理机构，从宏观上管理全国的房地产工作。

（一）住房与城乡建设部的主要职责和内部机构设置

住房与城乡建设部即国务院建设行政主管部门，负责全国的房地产建设和管理工作。其承担的主要职责如下。

（1）承担保障城镇低收入家庭住房的责任。拟订住房保障相关政策并指导实施。拟订廉租住房规划及政策，会同有关部门做好中央有关廉租住房资金安排，监督地方组织实施。编制住房保障发展规划和年度计划并监督实施。

（2）承担推进住房制度改革的责任。拟订适合国情的住房政策，指导住房建设和住房制度改革，拟订全国住房建设规划并指导实施，研究提出住房和城乡建设重大问题的政策建议。

（3）承担规范住房和城乡建设管理秩序的责任。起草住房和城乡建设的法律法规草案，制定部门规章。依法组织编制和实施城乡规划，拟订城乡规划的政策和规章制度，会同有关部门组织编制全国城镇体系规划，负责国务院交办的城市总体规划、省域城镇体系规划的审查报批和监督实施，参与土地利用总体规划纲要的审查，拟订住房和城乡建设的科技发展规划和经济政策。

（4）承担建立科学规范的工程建设标准体系的责任。组织制定工程建设实施阶段的国家标准，制定和发布工程建设全国统一定额和行业标准，拟订建设项目可行性研究评价方法、经济参数、建设标准和工程造价的管理制度，拟订公共服务设施（不含通信设施）建设标准并监督执行，指导监督各类工程建设标准定额的实施和工程造价计价，组织发布工程造价信息。

（5）承担规范房地产市场秩序、监督管理房地产市场的责任。会同或配合有关部门组织拟订房地产市场监管政策并监督执行，指导城镇土地使用权有偿转让和开发利用工作，提出房地产业的行业发展规划和产业政策，制定房地产开发、房屋权属管理、房屋租赁、房屋面积管理、房地产估价与经纪管理、物业管理、房屋征收拆迁的规章制度并监督执行。

（6）监督管理建筑市场、规范市场各方主体行为。指导全国建筑活动，组织实施房屋和市政工程项目招投标活动的监督执法，拟订勘察设计、施工、建设监理的法规和规章并监督和指导实施，拟订工程建设、建筑业、勘察设计的行业发展战略、中长期规划、改革方案、产业政策、规章制度并监督执行，拟订规范建筑市场各方主体行为的规章制度并监督执行，组织协调建筑企业参与国际工程承包、建筑劳务合作。

（7）研究拟订城市建设的政策、规划并指导实施，指导城市市政公用设施建设、安全和应急管理，拟订全国风景名胜区的发展规划、政策并指导实施，负责国家级风景名胜区的审查报批和监督管理，组织审核世界自然遗产的申报，会同文物等有关主管部门审核世界自然与文化双重遗产的申报，会同文物主管部门负责历史文化名城（镇、村）的保护和监督管理工作。

（8）承担规范村镇建设、指导全国村镇建设的责任。拟订村庄和小城镇建设政策并指导实施，指导村镇规划编制、农村住房建设和安全及危房改造，指导小城镇和村庄人居生态环境的改善工作，指导全国重点镇的建设。

（9）承担建筑工程质量安全监管的责任。拟订建筑工程质量、建筑安全生产和竣工验收备案的政策、规章制度并监督执行，组织或参与工程重大质量、安全事故的调查处理，拟订建筑业、工程勘察设计咨询业的技术政策并指导实施。

（10）承担推进建筑节能、城镇减排的责任。会同有关部门拟订建筑节能的政策、规划并监督实施，组织实施重大建筑节能项目，推进城镇减排。

（11）负责住房公积金监督管理，确保公积金的有效使用和安全。会同有关部门拟订住房公积金政策、发展规划并组织实施，制定住房公积金缴存、使用、管理和监督制度，监督全国住房公积金和其他住房资金的管理、使用和安全，管理住房公积金信息系统。

（12）开展住房和城乡建设方面的国际交流与合作。

（13）承办国务院交办的其他事项。

根据上述职责，住房和城乡建设部设 15 个内设机构，其中直接与房地产业相关的机构及其职责如下。

（1）法规司。组织起草法律法规草案和部门规章；承担有关规范性文件的合法性审核工作；指导住房和城乡建设普法、行政执法、行政执法监督、行政复议和行政应诉。

（2）住房改革与发展司（研究室）。拟订适合国情的住房政策；指导住房建设和住房

制度改革；组织编制全国住房建设规划和年度计划并指导实施；研究分析住房和城乡建设的重大问题；起草综合性文稿。

（3）住房保障司。拟订住房保障政策并指导实施；承办中央廉租住房资金安排的有关事项；组织编制住房保障发展规划和年度计划并监督实施。

（4）城乡规划司。拟订城乡规划的政策和规章制度；组织编制和监督实施全国城镇体系规划；指导城乡规划编制并监督实施；指导城市勘察、市政工程测量、城市地下空间开发利用和城市雕塑工作；承担国务院交办的城市总体规划、省域城镇体系规划的审查报批和监督实施；承担历史文化名城（镇、村）保护和监督管理的有关工作；制定城乡规划编制单位资质标准并监督实施。

（5）标准定额司。组织拟订工程建设国家标准、全国统一定额、建设项目评价方法、经济参数和建设标准、建设工期定额、公共服务设施（不含通信设施）建设标准；拟订工程造价管理的规章制度；拟订部管行业工程标准、经济定额和产品标准，指导产品质量认证工作；指导监督各类工程建设标准定额的实施；拟订工程造价咨询单位的资质标准并监督执行。

（6）房地产市场监管司。承担房地产市场的监督管理；拟订房地产市场监管和稳定住房价格的政策、措施并监督执行；指导城镇土地使用权有偿转让和开发利用工作；提出房地产业的发展规划、产业政策和规章制度；拟订房地产开发企业、物业服务企业、房屋中介的资质标准并监督执行；组织建设并管理全国房屋权属信息系统。

（7）建筑市场监管司。拟订规范建筑市场各方主体行为、房屋和市政工程项目招标投标、施工许可、建设监理、合同管理、工程风险管理的规章制度并监督执行；拟订工程建设、建筑业、勘察设计的行业发展政策、规章制度并监督执行；拟订建筑施工企业、建筑安装企业、建筑装饰装修企业、建筑制品企业、建设监理单位、勘察设计咨询单位资质标准并监督执行；认定从事各类工程建设项目招标代理业务的招标代理机构的资格。

（8）城市建设司。拟订城市建设和市政公用事业的发展战略、中长期规划、改革措施、规章；指导城市供水、节水、燃气、热力、市政设施、园林、市容环境治理、城建监察等工作；指导城镇污水处理设施和管网配套建设；指导城市规划区的绿化工作；承担国家级风景名胜区、世界自然遗产项目和世界自然与文化双重遗产项目的有关工作。

（9）工程质量安全监管司。拟订建筑工程质量、建筑安全生产和建筑工程竣工验收备案的政策、规章制度并监督执行；组织或参与工程重大质量、安全事故的调查处理；组织拟订建筑业、工程勘察设计咨询业技术政策并监督执行；组织工程建设标准设计的编制、审定和推广；组织编制城乡建设防灾减灾规划并监督实施；拟订各类房屋建筑及其附属设施和城市市政设施的建设工程抗震设计规范。

（10）建筑节能与科技司。拟订建筑节能的政策和发展规划并监督实施；组织实施重大建筑节能项目。指导房屋墙体材料革新工作；组织拟订住房和城乡建设的科技发展规划和经济政策；组织重大科技项目研究开发；组织国际科技合作项目的实施及引进项目的创新工作，指导科技成果的转化推广。

（11）住房公积金监管司。拟订住房公积金政策和发展规划并组织实施；制定住房公积金缴存、使用、管理和监督制度；监督全国住房公积金和其他住房资金的管理、使用和安全；管理住房公积金信息系统。

（二）国土资源部的主要职责及机构设置

1998 年 3 月 10 日，由地质矿产部、国家土地管理局、国家海洋局和国家测绘局共同组建国土资源部。目前，国土资源部主要负责全国的土地资源、矿产资源、海洋资源等自然资源的规划、管理、保护与合理利用，其在土地资源管理方面承担的主要职责如下。

（1）承担保护与合理利用土地资源的责任。组织拟订国土资源发展规划和战略，开展国土资源经济形势分析，研究提出国土资源供需总量平衡的政策建议，参与国家宏观经济运行、区域协调、城乡统筹的研究并拟订涉及国土资源的调控政策和措施。编制并组织实施国土规划，制定并组织实施国土资源领域资源节约集约利用的政策措施。

（2）承担规范国土资源管理秩序的责任。起草国土资源法律法规草案，制定部门规章并监督实施，制定地质环境保护的政策、规章，制定国土资源调查评价技术规程，拟订国土资源开发利用标准。指导地方国土资源行政执法工作，调查处理国土资源重大违法案件。

（3）承担优化配置国土资源的责任。编制和组织实施土地利用总体规划、土地利用年度计划、土地整理复垦开发规划和其他专项规划、计划。指导和审核地方土地利用总体规划、矿产资源规划，组织编制矿产资源、海洋资源、地质勘查和地质环境等规划，以及地质灾害防治、矿山环境保护等其他有关的专项规划，并监督检查规划执行情况。参与报国务院审批的涉及土地、矿产的相关规划的审核。

（4）负责规范国土资源权属管理。依法保护土地资源所有者和使用者的合法权益，组织承办和调处重大权属纠纷，指导土地确权，承担各类土地登记资料的收集、整理、共享和汇交管理，提供社会查询服务。

（5）承担全国耕地保护的责任，确保规划确定的耕地保有量和基本农田面积不减少。牵头拟订并实施耕地保护政策，组织实施基本农田保护，监督占用耕地补偿制度执行情况。指导未利用土地开发、土地整理、土地复垦和耕地开发的监督工作。组织实施土地用途管制、农用地转用和土地征收征用，承担报国务院审批的各类用地的审核、报批工作。

（6）承担及时准确提供全国土地利用各种数据的责任。制定地籍管理办法，组织土地资源调查、地籍调查、土地统计和动态监测，组织国家重大土地调查专项，指导地方地籍调查、登记和土地分等定级工作。

（7）承担节约集约利用土地资源的责任。拟订并实施土地开发利用标准，管理和监督城乡建设用地供应、政府土地储备、土地开发和节约集约利用。拟订并按规定组织实施土地使用权出让、租赁、作价出资、转让等管理办法，建立基准地价、标定地价等政府公示地价制度，会同农业部门监督管理农村集体建设用地使用权的流转。制定禁止和限制供地目录、划拨用地目录等，承担报国务院审批的改制企业的国有土地资产的处置。

（8）承担规范国土资源市场秩序的责任。监测土地市场和建设用地利用情况，监管地价，规范和监管矿业权市场，组织对矿业权人勘查、开采活动进行监督管理，规范和监管国土资源相关社会中介组织和行为，依法查处违法行为。

（9）依法征收资源收益，规范、监督资金使用，拟订土地参与经济调控的政策措施。依法组织土地资源专项收入的征管，配合有关部门拟订收益分配制度，配合有关部门指导、监督全国土地整理复垦开发资金的收取和使用。参与管理土地，负责有关资金、基金的预算和财务、资产管理与监督。

国土资源部中，承担土地管理相关任务的职能司、局及其主要职责如下。

（1）政策法规司。组织起草有关土地资源、矿产资源、海洋资源的法律法规草案；组织协调部内有关立法工作；组织有关法律法规的宣传教育；办理有关行政复议事宜；调研和起草综合性土地资源、矿产资源、海洋资源政策。

（2）规划司。组织研究全国和重点地区国土综合开发整治的政策措施，起草编制全国性及区域性的国土规划、土地利用总体规划、矿产资源和海洋资源保护与合理利用规划、地质环境规划；拟定土地供应政策；指导和审核基本农田保护规划、土地复垦规划、土地整理规划、未利用土地开发规划等专项规划和地方土地利用总体规划，参与报国务院审批的城市总体规划的审核工作。

（3）耕地保护司。拟定耕地特殊保护和鼓励耕地开发政策、农地保护和土地整治政策、农地转用管理办法，拟定未利用土地开发、土地整理、土地复垦和开发耕地规定；指导农地用途管制，组织基本农田保护。

（4）地籍管理司。拟定地籍管理办法；拟定土地调查、动态监测、地籍调查和统计的技术规范、标准，组织土地资源现状调查、动态监测、地籍权属调查、变更调查及统计；拟定土地确权、登记、发证和权属纠纷调处规则和权属管理办法，承担调处重大土地权属纠纷。

（5）土地利用管理司。拟定土地使用权出让、租赁、作价出资、转让、交易和政府收购管理办法，拟定国有土地划拨使用目录指南和乡（镇）村用地管理办法，指导农村集体非农土地使用权的流转管理。指导基准地价、标定地价评测，指导审核评估机构从事土地评估的资格、确认土地使用权价格。

（6）执法监察局。组织对执行和遵守国家土地资源、矿产资源、海洋资源法律、法规情况进行监督检查，拟定土地执法监督和土地违法案件查处的规定，组织开展对土地规划、农地转用、土地征用、土地资产处置、土地使用权交易行为的监督检查，依法组织查处重大土地违法案件。

（7）财务司。组织拟定有关财务会计制度，对直属单位的财务和国有资产进行监督管理；承担国家财政拨给的地勘费和国家财政拨给的其他资金的财务管理工作；对国土资源部管理的各项行政事业性收费进行财务监督管理；对矿产资源补偿费征收和使用进行监督。

二、地方房地产管理机构及其职责

由于房地产业在国民经济中的特殊地位，加之其本身不同于其他商品的独特属性，而且受到价值规律、竞争规律、供求规律等的制约，就导致了房地产市场具有很强的地域性，不同房地产市场会因为地理位置、人口、供求关系等因素造成价格水平的巨大差异，这就需要我国的房地产市场行政管理机构逐级管理落实到每个县、区及其乡镇政府。

我国实行三级行政管理体制，即国务院—省、自治区、直辖市—城市、地区行署—县、区—乡、镇。由于房地产市场具有极强的地域性和灵活性，所以在房地产行业管理方面并不完全遵行这种行政管理体制。

（一）省、自治区、直辖市房地产管理机构及其职责

省、自治区在管理房地产行业方面，介于国务院和城市之间，具有“中间”性质，机构设置主要是委（厅）、局为单位，与原国务院相关部、局相对应。其不同之处在于，建设部和原来的国家土地管理局以及目前的国土资源部不仅承担法律（由全国人民代表大会及其常务委员会通过颁布）、法规（由国务院颁布）的草稿拟定工作，而且颁布的部门规章和部（局）长签发的命令，均具有法律效力。而省、自治区则只能由人民代表大会和其常务委员会，在不同宪法、法律、行政法规相抵触的情况下，制定地方性法规。

省、自治区房地产行业的主管机构有省、自治区国土资源厅，省、自治区住房和城乡建设厅（自治区一般为住房和城乡建设委员会）与省、自治区土地管理局。省、自治区住房和城乡建设委员会与省、自治区土地管理局在行政上隶属于省、自治区人民政府，是省、自治区人民政府的重要职能部门，是各省、自治区管理当地房地产业的办事机构。基本职责是贯彻执行国务院和省、自治区人民政府的房地产管理方针、政策及指示。因此，由于省、自治区房地产管理机构的“中间”性质，省、自治区房地产行政机构必须接受中央房地产主管机构建设部和人民政府的“双重领导”，需要经常向建设部和省、自治区人民政府反映全省、自治区的房地产发展与管理方面的重要情况，拟定全省、自治区住房和城乡建设发展规划并组织实施，积极提出建议，当好建设部和省、自治区人民政府的助手。

省、自治区国土资源厅、局主要承担对土地资源、矿产资源等自然资源的规划、管理、保护与合理利用及测绘行政管理工作，在管理土地资源和土地市场方面起着承上启下的作用。其基本职责是贯彻执行国家有关土地、矿产资源、测绘管理的法律、法规和方针、政策，拟定相关的地方性法规、规章；监督检查省以下国土资源行政主管部门行政执法和土地、矿产资源规划及测绘行业发展规划的执行情况；贯彻执行国家地籍管理的有关规定；

组织土地资源和地籍调查、动态监测、变更调查及土地统计；组织实施土地确权、城乡地籍、土地定级、土地登记发证与土地证书查验等工作。

（二）直辖市、市级房地产管理机构及其职责

直辖市、市级房地产主管机构是直辖市、市级人民政府的重要职能部门，是直辖市、市级人民政府管理该行政区划内房地产业的办事机构。基本任务是贯彻执行中央房地产主管机构和省、自治区人民政府的房地产管理方针、政策和指示。需要经常向上级房地产主管机构和同级人民政府反映该行政区划内房地产业发展与管理方面的动态，并提出改进或完善的意见，发挥好联系上级房地产主管机构和下属房地产主管机构的业务枢纽作用。

直辖市、市级房地产主管机构主要是直辖市、市级城乡建设委员会、房地产管理局和直辖市、市级土地管理局。其中直辖市、市级城乡建设委员会和房地产管理局在房地产管理方面的主要职责有：贯彻执行国家和省、市有关城乡建设的方针政策和法律、法规，起草有关地方性法规、规章草案，拟订城乡建设发展规划、政策并组织实施；负责城乡建设行业管理及安全生产监管，参与城市总体规划和土地利用规划的审核，指导城乡建设行业的交流合作和相关行业协会业务工作；监督管理建筑业，规范建筑市场秩序；监督管理房地产业，规范住房建设、房地产开发市场秩序；拟订房地产行业发展规划、计划并监督实施；提出房地产开发项目建设条件意见指导、监督国有土地上房屋征收与补偿工作；负责房屋建筑拆除管理工作。负责房地产市场、住房保障和房产管理的监测和统计分析，建立健全全市房地产市场信息系统和预警预报体系，向市政府、有关部门和社会提供发展动态和相关信息；参与公共租赁住房的住房补贴、建设资金和租金的管理；负责全市城市房屋安全鉴定工作，负责棚户区（危旧房）的改造、修缮和改扩建等工作。

直辖市、市级土地管理局也是直辖市、市级人民政府的重要职能部门，是直辖市、市级人民政府管理该行政区划内土地资源的办事机构。其主要职能有：负责调查研究并制定该行政区划内有关土地的方针、政策和法规，并组织贯彻执行和实施监督检查；统一管理市内土地和城乡地籍、地政工作，查处土地权属纠纷，管理市内土地的调查、统计、定级、登记、发证工作，会同有关部门进行土地估价工作；制定土地定级、估价标准及土地调查计划；建立健全土地统计制度和土地动态信息监测体系，制订地籍管理技术规程；管理土地市场，会同有关部门制定土地市场管理的法规和规章，规范土地市场；负责土地使用权转让、出租、抵押等的权属管理和监督检查；协助财税部门做好土地税费的征收管理工作；提出深化土地管理体制和土地使用制度改革方案，及时总结经验，不断完善各项改革措施等工作。

（三）区、县房地产管理机构及职责

较大城市各区一般都设置区房地产管理处，负责本区房地产的行政管理。区房地产管理处有的直属区人民政府，受区政府和市房地产管理局的双重领导，有的受市房地产管理

局的直接领导。但无论哪种形式，区房地产管理处都是市房地产管理局行政管理工作的实施机构。其主要职能有：负责全区产权产籍及权属登记、房地产交易（转让、抵押、租赁）、房产测绘、商品房预登记和合同备案等监督管理工作；负责全区公房行政管理、物业监管及行业指导、房屋安全鉴定等工作；负责承办城市房屋拆迁、商品房预（销）售、房地产中介等管理工作；对全区房地产业进行监督、管理和指导等工作。

由于我国县域城市众多且各地经济发展状况差别巨大，仅山东省就有108个县域城市，加之县级房地产管理机构情况比较复杂，所以各地县域城市房地产管理机构设置有所不同。有的县设置了房地产管理局，有的由相关机构设科、处等部门分管房地产工作，但大部分县房地产管理机构一般称房地产管理局。其主要职能有：贯彻执行国家及省、市、县住宅和房产业及住房制度改革的法律、法规和政策；研究制定全县住宅和房地产业的规章和政策；负责全县各类房屋的行政管理；负责房屋产权的确认、登记、发证和房产抵押登记等管理；负责全县房屋产权产籍管理；负责房屋产权产籍档案的建档、使用管理；负责全县房产市场的统一管理，办理房产转让交易手续；负责全县住房保障工作；负责全县廉租住房的审核、公示、审批和廉租住房租金配租的发放工作；负责全县经济适用住房建设销售的指导和协调工作；负责全县公共租赁住房的审核、公示、审批工作；负责保障性住房的实物分配工作；负责全县房地产行政执法，依照房地产法规查处有关房地产开发、销售违法违纪行为，仲裁房地产产权纠纷；负责全县房产开发企业的行业管理；负责房产开发企业资质的初审、申报和年检等工作。

由于基层房地产行政管理工作十分具体和繁重，从房地产管理工作的发展趋势来看，各县设置房地产管理局是十分必要的，也符合基层房地产行政管理工作的实际需要。

第三节　房地产管理的法律依据

依法管理是进行房地产管理的基本原则。首先，宪法是国家的根本大法，是进行房地产管理最重要、最基本的依据；其次，在宪法基础上形成的法律、行政法规、地方性法规、部门规章、地方性政府规章、规范性文件和技术性规范等，共同构成我国较为完整的法律体系，成为房地产管理的重要依据。

一、《宪法》对房地产立法的原则性规定

作为国家的根本大法，《宪法》对房地产立法做了原则性的规定。例如，如《宪法》第十条明确了土地的所有权权属关系："城市的土地属于国家所有。农村和城市郊区的土地，除由法律规定属于国家所有的以外，属于集体所有；宅基地和自留地、自留山，也属于集体所有。"该条也同时规定了土地的利用原则和土地使用权的转让原则："国家为了

公共利益的需要，可以依照法律规定对土地实行征收或者征用并给予补偿。任何组织或者个人不得侵占、买卖或者以其他形式非法转让土地。土地的使用权可以依照法律的规定转让。一切使用土地的组织和个人必须合理地利用土地。”

二、房地产律法的三个结构层次

基于《宪法》，逐步形成我国房地产律法的三个结构层次，即全国人民代表大会及其常务委员会所制定的房地产单位法规和涉及房地产的有关法律、国务院及各部门所制定的条例、办法和法律实施细则以及地方性法律规定。

（一）全国人大及其常委会颁布的法律

全国人民代表大会及其常务委员会颁布的，通常以《中华人民共和国××法》为表现形式，分为专门法律和相关法律。专门法律是只针对房地产行业的，目前已出台《城市房地产管理法》《中华人民共和国土地管理法》（简称《土地管理法》）[①]；相关法律涉及房地产行业，如《物权法》《民法通则》《城乡规划法》《合同法》《担保法》等。这些法律效力仅次于宪法，是房地产法律体系中最重要的法律规定，都是制定有关房地产法规、规章的依据和基础。

（二）国务院及各部委颁布的行政法规和部门规章

行政法规的制定主体是国务院，都是以国务院令颁布的，其表现形式一般是《××条例》，如《城市房地产开发经营管理条例》《物业管理条例》《土地管理法实施条例》《国有土地上房屋征收与补偿条例》《城镇国有土地使用权出让和转让暂行条例》以及《住房公积金管理条例》等，是我国房地产法律体系的重要组成部分，行政法规须经国务院常务会议讨论通过并以国务院总理令的形式发布。

房地产方面的部门规章主要是指国务院住房城乡建设行政主管部门制定的规章，是以部长令颁布的，以《××办法》或《××规定》为表现形式，如《城市商品房预售管理办法》《城市房地产转让管理规定》《城市房屋租赁管理办法》《城市房地产抵押管理办法》《城市房地产中介服务管理规定》《商品房销售管理办法》《房屋登记办法》《房地产开发企业资质管理办法》《房地产估价机构管理办法》《注册房地产估价师管理办法》等，是我国房地产立法的主要部分，广泛地涉及了有关房地产的各种问题，并提出了明确的实体法律规定，其效力居于地方法规之上。

（三）地方性法律规定

地方性法律规定是指有立法权的地方人民代表大会及其常务委员会依据宪法、法律和行政法规的规定，制定的调整本行政区域内房地产法律关系的规范性文件，在本行政区域

---

① 后续均运用简称。

内有效，如《山东省城市房地产开发经营管理条例》《青岛市物业管理条例》《青岛市廉租住房保障办法》等。地方性《××条例》《××办法》与国务院令颁布的《××条例》《××办法》的区别主要是地方性法规的名称中都要加“字号”，如《××省××条例》《××自治州××自治条例》，而部门规章是以具体行政主管部门的部长令颁布的，都是以《××办法》或《××规定》为表现形式，如《城市房地产开发经营管理条例》《物业管理条例》《租住房保障办法》等。

地方性法律规定具有两个鲜明的特点：一是地方性，即只在一定的地域范围内适用；二是更适合本地区的实际，更便于操作。

我国房地产律法的三个层次，虽分属不同的立法机构所制定，但它们是在宪法原则的指导下，既相对统一，共同服务于我国的房地产市场活动，同时又各自发挥着重要的作用，这是由各种法律的适用范围决定的。这三个结构层次的表现是与我国的政体和作为主要不动产——房地产的特殊性相联系的，各法律层次发挥着各自重要的作用，然而它们又是在宪法原则的指导下和谐统一的，从而构成我国较为完整的房地产体系。

此外，房地产的规范性文件和技术规范，也应属于房地产律法的一个重要组成部分。房地产的规范性文件不是以国务院房地产行政主管部门的部长令颁布的，而是以一般的文件形式印发的，如《房地产估价师执业资格制度暂行规定》《房地产估价师执业资格考试实施办法》等；而国家标准等多项技术规范，主要以《中华人民共和国国家标准××规范》或者《中华人民共和国国家标准××规程》为表现形式，如《中华人民共和国国家标准房地产估价规范》《中华人民共和国国家标准城镇土地估价规程》。上述房地产规范性文件和技术规范，是房地产行业从业人员所必须了解的和必须遵守的。

由于我国房地产业已经成为国民经济的重要支柱产业，加之房地产本身具有的高质耐久、保值、增值和地域差异等特性，其正吸引越来越多的人和企业进入到房地产行业中来。据国家统计局调查，房地产业已经成为中国从业人员最多的行业之一，这不仅对我国房地产业的健康发展提出了挑战，也对房地产行业从业人员掌握充足的行业规范性文件和技术规范提出了更高的要求。房地产行业的每一项业务都离不开相关的法律法规和技术规范，如房地产经纪人，在房地产的买卖、租赁、转让等交易活动中充当媒介作用，接受委托，促成房地产交易，收取佣金。房地产经纪人不但要掌握房地产方面的法律法规及各级政府部门关于房地产的政策、方针和精神，还要熟悉民法、经济法、行政法及行政诉讼法、民事诉讼法的知识。由此可以看出，房地产业涉及的知识、法律、法规众多，房地产行业从业人员只有懂法、用法，依法办事，才能用法律来维护公司及委托人的合法权益。

本章小结

房地产即指房产与地产的合称，体现了房屋与土地的经济关系，属于资产范畴。房地

产是一类最重要的不动产，但不动产不全是房地产。我们可以从不同角度将房地产划分为不同类别。房地产业是不同于建筑业的一个独立产业，在我国的产业划分中，隶属于第三产业，涉及国有土地使用权出让、房地产的开发与再开发、房地产经营、中介服务、物业管理以及房地产调控与管理等方面，涵盖了生产、流通、消费三个环节。

我国现行的房地产行政管理体制实行国家和地方共同管理的机制。依法管理是进行房地产管理的基本原则。首先是宪法，其次是在宪法基础上形成的法律、行政法规、地方性法规、部门规章、地方性政府规章、规范性文件和技术性规范等，共同构成我国较为完整的法律体系，成为房地产管理的重要依据。这些规范性文件和技术规范，是房地产行业从业人员所必须了解的和必须遵守的。

综合练习

一、基本概念

房地产；国有房产；集体所有房产；私有房产；期房；现房；收益性房产；非收益性房产

二、思考题

1. 按照不同标准，房地产可分为几类？
2. 简述房地产业的行业性质及其经济活动的主要内容。
3. 《宪法》对房地产立法的原则性规定是什么？
4. 简述房地产律法的三个结构层次。

第二章　国有土地上房屋征收与补偿管理

学习目标

通过对本章的学习，学生应掌握如下内容：

1. 房屋征收与补偿概念；
2. 房屋征收与补偿的法定条件；
3. 房屋征收与补偿的程序与内容；
4. 房屋征收评估的内涵、特点、方法与程序；
5. 《国有土地上房屋征收与补偿条例》的进步与不足。

导言

以往的房屋拆迁引发悲剧频发，拆迁之痛，早已痛彻民心。2009 年 11 月成都唐福珍自焚事件引发了对于拆迁条例的全国性的批判浪潮，北京五位学者上书全国人大，申请人大审查《城市房屋拆迁管理条例》(2001 年 6 月 13 日国务院公布，以下简称《拆迁管理条例》)的合法性与合宪性，由此推动了国务院对于《拆迁条例》的修改工作。2011 年 1 月 21 日国务院《国有土地上房屋征收与补偿条例》(以下简称《房屋征收与补偿条例》)正式实施，同时废止了《拆迁管理条例》，对于规范国有土地上房屋征收与补偿活动，维护公共利益，保障被征收房屋所有权人的合法权益，发挥了重要作用。

第一节　房屋征收与补偿概述

国家以法律的形式明确规定对公有财产和私有财产给予平等保护，但为了公共利益的需要，依照法律规定的权限和程序可以征收集体所有的土地和个人的房屋及其他不动产，同时应给予被征收人以合理补偿。征收是国家以行政权取得集体、单位和个人的财产所有权的行为，补偿则更好地平衡私人利益与公共利益，使得征收过程中私人利益得到切实保障的现象。

一、房屋征收与补偿概念

房屋征收与补偿是指国家（征收人）为了公共利益的需要，依法律程序剥夺房屋及其他不动产所有权人（被征收人）的所有权及其使用权，同时被征收人丧失房屋所有权及其所占用的土地使用权并由征收人给予被征收人市场价值补偿的行政强制购买行为。房屋征收行为的后果是被征收房屋所有权关系发生改变，房屋所有权已经属于征收人所有，而与被征收人已经没有了法律上的利害关系，土地使用权也随之归征收人。

本章所说房屋征收与补偿，是指国有土地上的房屋征收与补偿，其征收的目的是公共利益的需要。根据《房屋征收与补偿条例》的规定，国有土地上征收与补偿有其特定的征收人、被征收人以及征收客体。

（一）征收人

征收人是指依照条例的规定有权对被征收人的房屋做出征收决定并给予补偿的市、县级人民政府。因此，征收人只能是市、县级人民政府，其他政府部门不能成为征收人，也不能做出征收决定。受市、县级人民政府委托负责的房屋征收部门，是具体征收实务的征收实施部门，只是具体负责实施征收实务的行政部门。房屋征收部门可以委托房屋征收实施单位承担房屋征收补偿的具体工作，且前者对后者的行为后果承担法律责任。房屋征收部门和房屋征收实施单位不是征收人。

（二）被征收人

被征收人是指被征收主体依法征收的房屋的所有权人，包括个人、单位及其他组织。被征收人也就是被征收房屋的所有权人，因此，房屋的承租人不再是被征收人。根据《房屋征收与补偿条例》的规定，被征收人不再是没有权利保障的被拆迁人，而是享有一系列权利的征收当事人，包括获得公平合理补偿的权利、知情和参与的权利、选择补偿方式的权利以及监督与救济的权利等。当然，被征收人在享有权利的同时，还应承担相应的义务，如房屋征收范围确定后，不得在房屋征收范围内实施新建、扩建、改建房屋和改变房屋用途等不当增加补偿费用的行为；做出房屋征收决定的市、县级人民政府对被征收人给予补偿后，被征收人应当在补偿协议约定或者补偿决定确定的搬迁期限内完成搬迁。

（三）征收客体

房屋征收客体是指房屋征收中权利与义务指向的对象，又称权利客体或义务客体。它是房屋征收中将征收人与被征收人联系在一起的中介，没有房屋征收客体作为中介，就不可能有房屋征收行为的存在。房屋征收客体就是房屋及其所占用范围的土地使用权，但并不是所有的房屋所占用范围的土地使用权都能成为房屋征收的客体，房屋征收的外延有严格的限制，合法建筑及未超过批准期限的临时建筑应当给予补偿。因此，房屋征收的客体

房屋应是指合法建筑及未超过批准期限的临时建筑，而违法建筑，超过批准期限的临时建筑，征收范围确定后新建、改建、扩建的房屋等，不应成为房屋征收客体，因而不能成为征收补偿的对象。

二、房屋征收与补偿的法定条件

房屋征收的核心是强制取得国有土地上房屋所有权人的房屋，强制收回国有土地使用权，因此，必须遵循严格的法定条件。

（一）征收范围属于国有土地

国有土地，即全民所有土地或者称国家所有土地，这是房屋征收与补偿的法定条件之一，集体土地征收由《土地管理法》调整。根据《土地管理法》第八条和《土地管理法实施条例》第二条的规定，下列土地属于全民所有土地，即国家所有土地。

（1）城市市区的土地。

（2）农村和城市郊区中已经依法没收、征收、征购为国有的土地。

（3）国家依法征用的土地。

（4）依法不属于集体所有的林地、草地、荒地、滩涂及其他土地。

（5）农村集体经济组织全部成员转为城镇居民的，原属于其成员集体所有的土地。

（6）因国家组织移民、自然灾害等原因，农民成建制地集体迁移后不再使用的原属于迁移农民集体所有的土地。

（二）基于公共利益需要

房屋征收必须基于“公共利益需要”，《宪法》《物权法》《土地管理法》以及《城市房地产管理法》等均做了明确规定，《房屋征收与补偿条例》则首次界定了公共利益的范围，具体如下。

（1）国防和外交的需要。

（2）由政府组织实施的能源、交通、水利等基础设施建设的需要。

（3）由政府组织实施的科技、教育、文化、卫生、体育、环境和资源保护、防灾减灾、文物保护、社会福利、市政公用等公共事业的需要。

（4）由政府组织实施的保障性安居工程建设的需要。

（5）由政府依照城乡规划法有关规定组织实施的对危房集中、基础设施落后等地段进行旧城区改建的需要。

（6）法律、行政法规规定的其他公共利益的需要。

（三）符合四规划一计划

在满足公共利益需要的基础上，确需征收房屋的各项建设活动，还应当符合“四规划

一计划”的要求。“四规划”是指国民经济和社会发展规划、土地利用总体规划、城乡规划和专项规划，“一计划”是指市、县级国民经济和社会发展年度计划。针对两类特殊项目——保障性安居工程建设和旧城区改建，除了需要满足“四规划”的交叉控制之外，还需要满足“一计划”的要求。

（四）必须给予被征收人合理补偿

征收制度最为关键之处就是合理公平的补偿，只有补偿是公平合理的，被征收人才能够接受征收的决定，也才能执行搬迁的要求。为了保障被征收人获得合理的补偿，《房屋征收与补偿条例》明确规定，征收国有土地上单位、个人的房屋，应当对被征收人给予公平补偿。这一补偿包括被征收房屋价值的补偿，因征收房屋造成的搬迁、临时安置的补偿，因征收房屋造成的停产停业损失的补偿。而且对被征收房屋价值的补偿，不得低于房屋征收决定公告之日被征收房屋类似房地产的市场价格。

第二节　房屋征收与补偿程序与内容

房屋征收必须遵循一定的原则，必须符合法定的程序，并且要对被征收人给予合理补偿。在尽可能的范围内，让被征收人的合法权益得到保障，让被征收人不因公共利益而牺牲个人的利益，统筹兼顾国家利益与个人利益。

一、房屋征收与补偿的原则

《房屋征收与补偿条例》第二条规定：“为了公共利益的需要，征收国有土地上单位、个人的房屋，应当对被征收人给予公平补偿。”第三条规定：“房屋征收与补偿应当遵循决策民主、程序正当、结果公开的原则。”公平补偿、决策民主、程序正当以及结果公开共同构成房屋征收与补偿的原则，始终贯穿于房屋征收与补偿的工作中[①]。

（一）决策民主原则

决策民主原则是指行政机关通过预定的程序、规则和方式，确保决策能广泛吸取各方意见，集中各方智慧，符合本地区实际，反映事物发展客观规律的制度设计和程序安排。按照该原则，《房屋征收与补偿条例》设置了一系列具体的制度措施。例如，市、县级人民政府应当组织有关部门对房屋征收部门拟定的征收补偿方案进行论证并予以公布，征求公众意见，征求意见期限不得少于30日；市、县人民政府应当将征求意见情况和根据公众意见修改的情况及时公布。因旧城改造需要征收房屋，多数被征收人不认同征收补偿方案

[①] 为了突出公平补偿这一原则，加重补偿一定要公平的分量，在立法时特意将其放在了第二条。

的情况下，市、县人民政府应当组织由被征收人和公众代表参加的听证会，并根据听证情况修改方案。

（二）程序正当原则

程序正当原则是指行政机关做出影响行政相对人权益的行政行为，必须遵循正当的法律程序，采取包括告知、说明理由、听取意见等方式，通过规范行政行为从而保障相对人的合法权益，主要包括公开原则、公正原则和民主参与原则。我国历来有“重实体，轻程序”的传统，因而更有必要借鉴发达法治国家的程序原则，将“程序正当”上升为行政法的基本原则，以规范行政主体的行政行为，特别是自由裁量行为。由于经济发展和现代社会生活的需要，行政主体自由裁量的范围越来越广，行政裁量是行政的自由领域，法律领域无法从实体上予以明确规定，又不能失控，因而程序的规范作用就显得尤为必要。《房屋征收与补偿条例》开创性地规定了程序正当原则，同时也在具体的房屋征收法律制度设计中有所体现，主要表现在被征收人参与征收决定与补偿方案的程序方面。例如，房屋征收决定事前告知被征收人，并允许其通过各种程序表达意见；设定了征收补偿方案的公告及征求意见程序，旧城区改建时的听证程序，以听取利害关系人的意见等。本章最后所附“艾正云、沙德芳诉马鞍山市雨山区人民政府房屋征收补偿决定案”能使读者深入理解这一原则的重要性。

（三）结果公开原则

为了避免征收补偿过程中的暗箱操作，做到公开透明、公平公正，确保相关工作的顺利开展，《房屋征收与补偿条例》将结果公开作为其基本原则之一，并以具体制度措施加以体现，例如公布征收补偿方案以及根据公众意见修改情况、房屋权属调查结果、分户补偿情况，公告房屋征收决定、补偿决定、对补偿费用管理和使用情况的审计结果等。结果公开原则以及与此相关的制度措施，有利于社会各界加强对政府征收补偿行为的监督，也有利于被征收人之间相互了解情况，防止不平、不公正的现象发生。

（四）公平补偿原则

由于包括房屋征收在内的公益征收属于对被征收人最重要财产权的剥夺，因此多数国家均将其上升至宪法高度，并明确规定公平补偿与征收之间的密切关系。如美国 1791 年第五宪法修正案规定：“任何人……不经正当法律程序不得被剥夺生命、自由或财产，未经公正补偿，私人财产不得被征作公用。”但是，与公共利益的难以界定一样，何为公平补偿（或公正补偿）一直以来争论不休。即使以严谨著称的德国人在其《基本法》中对此也是做了原则性的表述，我国宪法修正案第二十条和第二十二条的规定，也只是强调征收与补偿的不可分性，并未明确规定如何补偿的问题。《房屋征收与补偿条例》完成了我国宪法未能完成的任务，明确了公平补偿的法律原则地位，并使该原则以具体的条文（第十条、

第十三条、第十九条、第二十六条）体现，从而使得公平补偿在整个征收法律原则体系中处于重要的地位，这对于我国征收法制的完善有着非常积极的意义。

二、房屋征收与补偿的程序

房屋征收应当建立在公共利益需要的基础上，且应当符合国民经济和社会发展规划、土地利用总体规划、城乡规划和专项规划。相比于拆迁时代的行政审批制，房屋征收补偿中的"先补偿后征收"理念，是一种进步。其法定程序如下。

（一）拟订房屋征收方案补偿方案

《房屋征收与补偿条例》第十条规定，房屋征收部门拟订征收补偿方案，报市、县级人民政府。市、县级人民政府应当组织有关部门对征收补偿方案进行论证并予以公布，征求公众意见。征求意见期限不得少于30日。可见，房屋征收补偿的确定一般包括五个阶段。

1．初步拟订征收补偿方案

如前所述，房屋征收补偿方案最初由房屋征收部门拟订，报市、县级人民政府。房屋征收部门如何拟订征收补偿方案，《房屋征收与补偿条例》中并没有具体规定。由于房屋征收补偿是被征收人最为关心的问题，也是最易产生纠纷的焦点问题，因此房屋征收补偿方案是否科学合理，直接关系到房屋征收与补偿活动的进展和效果。有学者认为，房屋征收部门拟订的征收补偿方案应该满足以下条件：一是合法，即征收补偿方案的内容应当符合《房屋征收与补偿条例》的规定，包括补偿方式、征收评估等。二是合理，即征收补偿方案的内容应该是大多数人能够接受的，补偿标准不低于市场价格。三是可行，即征收补偿方案的内容，除符合法律法规规定之外，还应因地制宜，符合当地的实际情况，比方考虑当地的气候条件、风俗习惯、宗教信仰等。①

从各地实践来看，虽然房屋已征收补偿方案内容上存在差异，但一般应包含房屋征收的目的、范围、被补偿房屋类型和建筑面积的认定方法、补偿方法、补偿标准和计算方法、房屋征收评估机构选定方法、房屋征收补偿的签约期限、搬迁期限、搬迁过渡方式和期限等。

2．专业论证征收补偿方案

由于房屋征收补偿方案涉及被征收人的切身利益，因此市、县人民政府在收到房屋征收主管部门拟订的房屋征收补偿方案后，并不能简单认可，需要组织相关部门对征收补偿方案进行充分论证，才能决定其可行与否。这里所说的相关部门应包括财政、发展改革、城乡规划、国土资源、房屋住宅、环境保护、文物保护、建设、交通等部门。论证内容包括是否符合国民经济和社会发展规划、土地利用总体规划、城乡规划和专项规划以及国民

① 薛刚凌．国有土地上房屋征收与补偿条例理解与应用[M]．北京：中国法制出版社，2011．

经济和社会发展年度计划；房屋征收范围是否合法合理；征收补偿标准是否合法、合理、公平等。

另外，在论证过程中，不能忽视专业机构作为独立的第三方的参与。至少需要两个方面专业机构的参与：一是房地产价格专业研究机构。该地区房产交易价格及租赁价格的核实，政府本身并不一定掌握，需要委托专业机构来调查并提供。二是房地产价格评估机构。旧城区房屋实际残值的评估，是具体落实到每家每户补偿的客观依据，需要由专业的房地产价格评估机构进行评估。

3．公开征求公众意见

房屋征收补偿方案经过专业论证和修改后，应当向社会公众公布，征求公众意见。对于征求意见的形式，各地可因地制宜，可采用座谈会等形式进行。征求群众意见程序既可以督促政府征收过程公开、公正、透明，又可以保障公众的知情权、参与权、建议权，最终有利于获得被征收人的理解和支持。

4．修订征收补偿方案

征收补偿方案的修订有两种情况：一是征求后的直接修订。公开征求公众意见后，市、县级人民政府结合公众意见对征收补偿方案进行修改。修改完成后，市、县级人民政府应当将征求意见的情况和方案的修改情况及时公布。公布的内容应当能全面反映征求意见的内容、意见是否采纳、采纳的理由、修改的原因等方面。二是举行听证会后的修订。在旧城区改建需要征收房屋的，如果多数被征收人①认为征收补偿方案不符合《房屋征收与补偿条例》的规定，市、县级人民政府应当组织由被征收人和公众代表参加的听证会，并根据听证会情况修改方案。

5．确定征收补偿方案

市、县人民政府在充分听取公众意见的基础上，修正征收补偿方案后，进而确定征收补偿方案并及时公布。

以上程序为征收补偿方案确定的一般程序。值得注意的是，虽然《房屋征收与补偿条例》只要求在旧城区改建征收房屋中，多数被征收人认为征收补偿方案不符合《房屋征收与补偿条例》规定的，才应当增加听证程序，但从建设法治政府、化解社会矛盾角度考量，被征收人存在异议的征收决定，都应当举行听证。听证会由被征收人和公众代表参加。被征收人应当是指所有的被征收人，不是被征收人代表。

---

① 在“多数被征收人”的认定上，各地的实施细则存在一定的差异。如《上海市国有土地上房屋征收与补偿实施细则》规定：因旧城区改建房屋征收范围确定后，房屋征收部门应当组织征求被征收人、公有房屋承租人的改建意愿；有90%以上的被征收人、公有房屋承租人同意的，方可进行旧城区改建。《南京市国有土地上房屋征收与补偿办法》则规定：旧城区改建项目征收房屋，征收补偿方案在房屋征收范围内征求被征收人意见，超过半数被征收人对征收补偿方案持有异议的，市、区政府应当组织由被征收人和人大代表、政协委员参加的听证会，并根据听证会情况修改方案。

（二）做出房屋征收方案补偿决定并公告

房屋征收决定是市、县级人民政府征收被征收人房屋的重要法律行为。该决定一旦生效，就意味着被征收人将让渡征收房屋所有权和所占国有土地使用权。因此《房屋要征收与补偿条例》第十二条规定，市、县级人民政府做出房屋征收决定前，应当按照有关规定进行社会稳定风险评估；房屋征收决定涉及被征收人数量较多的，应当经政府常务会议讨论决定。

这里提到的社会稳定风险评估，是对一定范围内与人民群众利益密切相关的重大决策、重大改革措施、重大建设项目、与社会公共秩序相关的重大活动等重大事项，在制定出台、组织实施或审批审核前，对可能影响社会稳定的因素开展系统的调查、科学的预测、分析和评估，制定风险应对策略和预案，旨在避免重大事项实施过程中发生社会稳定风险的评判。社会稳定风险评估的重点是围绕重大事项的合法性、合理性、可行性、安全性等可能引发不稳定因素的问题评判。

近年来，征收与补偿中损害群众利益已经成为引发社会不稳定因素的一大根源。《房屋要征收与补偿条例》将进行社会稳定风险评估的要求写进法规，是立法的一大突破。进行社会稳定风险评估的要求，对于维护被征收人的合法权益，提高决策的科学性，维护稳定大局，促进社会和谐，保证征收和后续项目建设效果都具有重要的现实意义。

房屋征收决定及其内容依法应当予以公告，公告应当载明征收补偿方案和行政复议、行政诉讼权利等事项。公告由做出房屋征收决定的市、县级人民政府发布。发布公告应当以容易被被征收人知晓的方式进行，如将公告张贴于征收范围内及其周边较为醒目、易于公众查看的地点，还可以通过报纸、电视、网络等媒体予以公告。发布房屋征收决定公告的意义在于实现被征收人和公众的知情权，特别是告知被征收人其房屋已经被征收的事实，使被征收人了解自己的权利和义务。如果被征收人不服征收决定的权利需要明示，被征收人自公告公布之日起可以依法申请行政复议，也可以依法提起行政诉讼。

（三）签订房屋征收补偿协议

房屋征收补偿协议是房屋征收部门与被征收人之间，就房屋征收事宜依法签订的书面约定，该约定对当事人具有法律约束力。房屋征收补偿协议包括如下内容。

（1）征收人与被征收人的基本情况。如征收人的名称、地址、联系方式；被征收人的姓名、住处、通信地址等。

（2）被征收房屋的具体情况。包括被征收房屋的产权情况、房屋位置、建筑面积、结构楼层、装修及周边环境等。

（3）被征收房屋的评估价值。被征收的房屋的价值应由评估机构评估确定。

（4）补偿方式。主要包括货币补偿和产权调换两种方式。被征收人可以选择货币补偿，也可以选择房屋产权调换。被征收人选择房屋产权调换的，市、县级人民政府应当提供用

于产权调换的房屋，并与被征收人计算、结清被征收房屋价值与用于产权调换房屋价值的差价。因旧城区改建征收个人住宅，被征收人选择在改建地段进行房屋产权调换的，做出房屋征收决定的市、县级人民政府应当提供改建地段或者就近地段的房屋。

（5）补助费用。主要是指征收人应对被征收人支付的搬迁补偿费、过渡期限内的临时安置补偿费以及停产停业期间的补偿费。

（6）奖励措施。征收人通常会制定一些优惠奖励措施，鼓励被征收人尽早搬离被征收房屋。

（7）搬迁期限或过渡期限。搬迁期限是指被征收人最晚自行搬出被征收房屋的时间。过渡期限是指实行产权调换的补偿方式，征收人提供可以入住的调换房屋的最晚时间。

（8）违约责任。它是指违反房屋征收补偿协议后，按照约定应承担的法律后果。对征收人来说，违约的情况多为不能按照合同约定支付补偿款或逾期交付产权调换的房屋；被征收人的违约情况多表现为不能按时搬迁房屋。

（9）其他约定。双方约定的其他内容。

有两个特别需要注意的问题。一是补偿范围内的房屋认定问题，二是争议的处理。对于第一个问题，房屋征收部门首先对房屋征收范围内房屋的权属、区位、用途、建筑面积等情况组织调查登记，被征收人应当予以配合，调查结果应当在房屋征收范围内向被征收人公布。其次，房屋征收范围确定后，将在其范围内实施新建、扩建、改建房屋和改变房屋用途等不当增加补偿费用的行为视为违规行为，房屋征收部门对由此而新增的房屋将不予补偿。为了防止上述情况的发生，房屋征收部门应当将所列事项书面通知有关部门暂停办理相关手续。暂停办理相关手续的书面通知应当载明暂停期限，暂停期限最长不得超过1 年。最后，市、县级人民政府做出房屋征收决定前，应当组织有关部门依法对征收范围内未经登记的建筑进行调查、认定和处理。对认定为合法建筑和未超过批准期限的临时建筑的，应当给予补偿；对认定为违法建筑和超过批准期限的临时建筑的，不予补偿。

对于第二个问题，房屋征收部门与被征收人在征收补偿方案确定的签约期限内达不成补偿协议，或者被征收房屋所有权人不明确的，由房屋征收部门报请做出房屋征收决定的市、县级人民政府依照《房屋征收与补偿条例》的规定，按照征收补偿方案做出补偿决定，并在房屋征收范围内予以公告。补偿协议订立后，一方当事人不履行补偿协议约定的义务的，另一方当事人可以依法提起诉讼。涉及被征收人对补偿决定不服的情形，法律规定被征收人可以依法申请行政复议，也可以依法提起行政诉讼；被征收人在法定期限内不申请行政复议或者不提起行政诉讼，在补偿决定规定的期限内又不搬迁的，由做出房屋征收决定的市、县级人民政府依法申请人民法院强制执行。

上述规定意味着，房屋征收人应当严格按照上述程序进行，前一程序未进行或者未达到规定要求的，不得进入后一程序。所以，即使被征收人拒绝签约的行为可能会造成征收工程延误，征收人也不得在未与被征收人达成补偿安置协议的情况下，或者在未经行政裁

决或法院判决解决征收补偿问题之前，擅自拆除被征收人的房屋。这种规定充分保障了被征收人的权益。

（四）被征收人迁离被征收房屋

迁离即搬迁并离开。被征收人迁离被征收房屋，让渡被征收的房屋，是完成征收的最后一个环节。被征收人在与房屋征收部门签订补偿协议以后，应当按照补偿协议的约定，及时领取补偿费。鉴于先前拆迁之血的教训，并为维护被征收人之利益，《房屋征收与补偿条例》特别规定了如下被征收人迁离的原则。

1. 先补偿、后搬迁原则

即补偿是搬迁的前提，在补偿未到位之前被征收人有权拒绝搬迁。现实生活中，因补偿没有到位就强制搬迁住户造成了很坏的社会影响。征收强制性应该是以已经对被征收人给予充分的补偿为前提的。“先补偿、后搬迁”包含两种情况：一是征收当事人就房屋征收补偿达成一致，签订协议，双方按协议履行相关的给付义务；二是征收当事人未达成补偿协议，市、县级人民政府已经依法做出补偿决定，货币补偿已经专户存储、产权调换房屋和周转用房的地点和面积已经明确。符合这两种情况都属于先补偿。

补偿方式不同，具体情况也会有所不同。如实行货币补偿的，货币补偿已经专户存储、被征收人可以随时支取即可视为对被征收人进行了补偿；实行现房产权调换的，征收人可以确定安置房源，待被征收人搬迁完毕后再实际办理交付手续；实行期房产权调换的，征收人则可以在协议确定安置房源后要求被征收人搬迁，待安置房竣工后再按约定交付房屋。

2. 禁止非法强制搬迁原则

为了保护被征收人的合法权益，有效杜绝暴力拆迁悲剧的发生，《房屋征收与补偿条例》规定了禁止非法强制搬迁的原则。第二十七条明确规定，“做出房屋征收决定的市、县级人民政府对被征收人给予补偿后，被征收人应当在补偿协议约定或者补偿决定确定的搬迁期限内完成搬迁。任何单位和个人不得采取暴力、威胁或者违反规定中断供水、供热、供气、供电和道路通行等非法方式迫使被征收人搬迁。禁止建设单位参与搬迁活动。”第三十一条明确规定，“采取暴力、威胁或者违反规定中断供水、供热、供气、供电和道路通行等非法方式迫使被征收人搬迁，造成损失的，依法承担赔偿责任；对直接负责的主管人员和其他直接责任人员，构成犯罪的，依法追究刑事责任；尚不构成犯罪的，依法给予处分；构成违反治安管理行为的，依法给予治安管理处罚。”

三、房屋征收补偿的内容

根据《房屋征收与补偿条例》的规定，做出房屋征收决定的市、县级人民政府对被征收人给予的补偿包括以下几个方面。

（1）被征收房屋价值的补偿。对被征收房屋价值的补偿，不得低于房屋征收决定公告之日被征收房屋类似房地产的市场价格。

（2）因征收房屋造成的搬迁、临时安置的补偿。因征收房屋造成搬迁的，房屋征收部门应当向被征收人支付搬迁费；选择房屋产权调换的，产权调换房屋交付前，房屋征收部门应当向被征收人支付临时安置费或者提供周转用房。

（3）因征收房屋造成的停产停业损失的补偿。对因征收房屋造成停产停业损失的补偿，根据房屋被征收前的效益、停产停业期限等因素确定。具体办法由省、自治区、直辖市制定。《国有土地上房屋征收评估办法》第十四条规定："……停产停业损失等补偿，由征收当事人协商确定；协商不成的，可以委托房地产价格评估机构通过评估确定。"目前，各地市按照《房屋征收与补偿条例》和《国有土地上房屋征收评估办法》的相应规定，制定了本地的国有土地上房屋征收停产停业损失补偿办法。

此外，市、县级人民政府应当制定补助和奖励办法，对被征收人给予补助和奖励。征收个人住宅，被征收人符合住房保障条件的，做出房屋征收决定的市、县级人民政府应当优先给予住房保障。具体办法由省、自治区、直辖市制定。

第三节　房屋征收评估

继 2011 年 1 月《房屋征收与补偿条例》实行后，住建部于 6 月 3 日又发布了《国有土地上房屋征收评估办法》（以下简称《房屋征收评估办法》），原建设部发布的《城市房屋拆迁估价指导意见》同时废止。《房屋征收评估办法》的发布与实施，对于规范国有土地上房屋征收评估活动，保证房屋征收评估结果客观公平，维护被征收人权益，保障房屋征收工作顺利展开具有重要意义。

一、房屋征收评估的内涵

房屋征收评估是指依据《房屋征收与补偿条例》的有关规定，按照《房地产估价规范》和《房屋征收评估办法》及各地颁布的具体房屋征收估价技术规定，由房地产估价机构对被征收房屋价值进行的评估，作为确定被征收房屋的货币补偿金额的依据。这里，涉及如下几个概念。

（一）被征收房屋价值

根据《房屋征收评估办法》第十一条的规定，被征收房屋价值是指被征收房屋及其占用范围内的土地使用权在正常交易情况下，由熟悉情况的交易双方以公平交易方式在评估时点自愿进行交易的金额，但不考虑被征收房屋租赁、抵押、查封等因素的影响。

不考虑租赁因素的影响，是指评估被征收房屋的价值是无租约限制的价值；不考虑抵

押、查封因素的影响，是指评估价值中不扣除被征收房屋已抵押担保的债权数额、拖欠的建设工程价款和其他法定优先受偿款。

（二）对被征收房屋价值的补偿

对被征收房屋价值的补偿，即被征收房屋的货币补偿金额。根据《房屋征收与补偿条例》第十九条的规定，对被征收房屋价值的补偿，不得低于房屋征收决定公告之日被征收房屋类似房地产的市场价格。根据《房屋征收评估办法》第三十条的规定，被征收房屋的类似房地产是指与被征收房屋的区位、用途、权利性质、档次、新旧程度、规模、建筑结构等相同或者相似的房地产；被征收房屋类似房地产的市场价格是指被征收房屋的类似房地产在评估时点的平均交易价格。确定被征收房屋类似房地产的市场价格，应当剔除偶然的和不正常的因素。

对被征收房屋价值的补偿的这些规定，是要保证被征收人以被征收房屋价值的补偿，能够买到与被征收房屋处在同一供求范围内，并在用途、规模、建筑结构、新旧程度、档次、权利性质等方面相同或者相似的房地产。房屋征收工作中，保证被征收人所得补偿在市场上能买到类似房地产，将是一个无法回避的事实，这是保障被征收人居住权益的具体体现，是政府义不容辞的责任。保证被征收人以所获补偿买到类似房地产，是检验征收补偿是否合理的标尺，也是整个征收工作的重点和核心，关系到房屋征收工作的成败。

二、房屋征收评估的特点

一般的房地产市场价格评估对象通常是单宗或数宗房地产，数量有限，涉及面窄，所评估的各宗房地产之间往往不存在关联性。而房地产征收评估则不同，所需要评估的对象往往是量大面广，各宗房地产之间也往往存在密切关联性。房地产征收评估的特点如下。

（一）房屋征收评估的业务量大

随着城市化进程的不断加快，大规模房屋征收不可避免。基于公共利益需要而进行的房屋征收，往往涉及较多的征收户数。由于征收数量大，待征收的户数多，少则一两栋，多则成片乃至一个或多个小区，由此带来房屋征收评估业务量很大。

（二）房屋征收评估的面广、社会影响大

在所征收的房屋中，既可能有居民个人住宅，也可能有企事业单位的房屋；既可能有住宅用房，也可能有商业用房、办公用房、生产用房。对于企事业单位来说，征收不仅涉及企事业单位财产的补偿问题，还涉及单位及其职工的生存和生活问题；对于居民个人来说，房屋是其最大的财产，而房屋征收评估又是其获得补偿的主要依据。因此，房屋征收评估的公平真实与否关系到所有被征收人的切身利益，所产生的社会影响是非常巨大的。

（三）房屋征收评估的对象复杂

与其他房地产评估业务相比，房屋征收评估由于面广量大，涉及不同类型物业，造成评估对象比较复杂，这会使得评估方法的选择存在较大难度。同时，由于征收人和众多的被征收人各自利益上的差别，对于评估结果可能会持不同意见，这在无形中加大了评估的难度和复杂性，也使得协调各种利益关系成为房屋征收评估中一项非常重要的工作。

（四）房屋征收评估的结果关联性强

在同一城市，虽然征收时间、房地产所处地段、房地产类型等或许不同，但它们之间的某种程度上的关联性，会使得评估结果存在很强的关联性。如果忽视了这种关联性，可能引起征收冲突。

三、房屋征收评估的方法

《房屋征收评估办法》第十三条对于房屋征收评估中评估方法的选择做了相应规定：注册房地产估价师根据评估对象和当地房地产市场状况，对市场法、收益法、成本法、假设开发法等评估方法进行适用性分析后，选用其中一种或者多种方法对被征收房屋价值进行评估。被征收房屋的类似房地产有交易的，选用市场法评估；被征收房屋或者其类似房地产有经济收益的，选用收益法评估；被征收房屋是在建工程的，选用假设开发法评估。可以同时选用两种以上评估方法评估的，应选用两种以上评估方法评估，并对各种评估方法的测算结果进行校核和比较分析后，合理确定评估结果。

可见，房屋征收评估方法应从市场比较法、收益还原法、成本法和假设开发法中选择。由于房屋征收一般多为成片区征收，征收户数多，房屋类型多，有住宅、商业用房、工业用房等，同类型房屋往往集中在一起，评估时间紧，因而造成房屋征收评估的工作量十分巨大。为了提高工作效率，目前国内各地对房屋征收评估，一般是采用了批量估价作业方式。具体方法是根据同类用途房屋分类，选取在征收片区内有代表性的“标准房屋”，用市场比较法或其他方法评估出该“标准房屋”的价格，然后根据其修正参数，把每个需要评估的房屋和“标准房屋”一一比较修正得出比准价格，即得到欲评估房屋的价格。批量估价作业方式的评估思路如下。

（一）选择“标准房屋”

“标准房屋”的选取可考虑建筑类型、建造年代、建筑结构、楼层、户型、朝向、面积、装修等因素。从建筑类型来考虑，当征收片区存在多种类型的房屋时，应选择所占比重大的作为“标准房屋”，例如某征收片区的居住用房有高层、多层、平房等，且以多层居多，则应选择多层住宅作为居住用房的“标准房屋”；从建造年代来考虑，根据不同房屋的建造年代，确定平均使用年限，选择平均使用年限的房屋作为“标准房屋”，例如某

征收片区内多层住宅的平均使用年限为10年，则应以使用年限10年左右的房屋作为“标准房屋”；从建筑结构，根据不同建筑结构类型，选择所占比重大的结构类型房屋作为“标准房屋”，例如某征收片区内多层住宅大多为砖混结构，则以砖混结构的房屋作为“标准房屋”；从楼层、户型、朝向、面积、装修等，如果征收片区内多层住宅大多为两室一厅，一般都有朝南的房间，面积一般为60m^{2}左右，装修情况差异较大，则可选择位于中间层次（非顶层和底层），两室一厅至少有一间朝南，面积一般为60m^{2}左右，一般装修的房屋作为“标本房屋”。

（二）评估“标准房屋”的市场价格

根据“标准房屋”的实际情况，结合市场比较法、收益还原法、成本法和假设开发法的适用条件，从中选择合适的评估方法，评估出“标准房屋”的市场价格。

（三）评估其他被征收房屋的市场价格

以“标准房屋”的市场价格为基础，分别评估确定其他征收房屋的市场价格。将各被征收房屋分别与“标准房屋”进行比较修正，得出各被征收房屋的市场价格。

四、房屋征收评估程序

房屋征收评估需要遵循一定的程序，一般需要经过确定评估目的和评估时点、明确评估对象、实地查勘、进行价格评估、处理评估争议以及存档评估资料等阶段。

（一）确定评估目的和评估时点

被征收房屋价值评估目的应当表述为“为房屋征收部门与被征收人确定被征收房屋价值的补偿提供依据，评估被征收房屋的价值”。用于产权调换房屋价值评估目的应当表述为“为房屋征收部门与被征收人计算被征收房屋价值与用于产权调换房屋价值的差价提供依据，评估用于产权调换房屋的价值”。

被征收房屋价值评估时点为房屋征收决定公告之日。用于产权调换房屋价值评估时点应当与被征收房屋价值评估时点一致。

（二）明确评估对象

评估对象即征收范围内的房屋。房屋征收评估前，房屋征收部门应当组织有关单位对被征收房屋情况进行调查，明确评估对象。评估对象应当全面、客观，不得遗漏、虚构。

房屋征收部门应当向受托的房地产价格评估机构提供征收范围内房屋情况，包括已经登记的房屋情况和未经登记建筑的认定、处理结果情况。调查结果应当在房屋征收范围内向被征收人公布。对于已经登记的房屋，其性质、用途和建筑面积，一般以房屋权属证书和房屋登记簿的记载为准；房屋权属证书与房屋登记簿的记载不一致的，除有证据证明房屋登记簿确有错误外，以房屋登记簿为准。对于未经登记的建筑，应当按照市、县级人民政府的认定、处理结果进行评估。

（三）实地查勘

对被征收房屋进行实地查勘由房地产价格评估机构安排注册房地产估价师实施，主要是调查被征收房屋状况，拍摄反映被征收房屋内外部状况的照片等影像资料，做好实地查勘记录，并妥善保管。当然，被征收人应当协助注册房地产估价师对被征收房屋进行实地查勘，提供或者协助收集被征收房屋价值评估所必需的情况和资料。

房屋征收部门、被征收人和注册房地产估价师在实地查勘记录上签字或者盖章确认。被征收人拒绝在实地查勘记录上签字或者盖章的，由房屋征收部门、注册房地产估价师和无利害关系的第三人见证，有关情况应当在评估报告中说明。

（四）进行价格评估

房地产评估机构进行实地勘查后，遵循独立、客观、公正与合法的评估原则，选择适宜的评估方法（见前），对征收范围内的房屋进行评估，并出具评估报告。

房屋征收评估报告分为整体评估报告和分户评估报告。首先由房地产价格评估机构按照房屋征收评估委托书或者委托合同的约定，向房屋征收部门提供分户的初步评估结果。分户的初步评估结果包括评估对象的构成及其基本情况和评估价值。房屋征收部门将分户的初步评估结果在征收范围内向被征收人公示。公示期间，房地产价格评估机构安排注册房地产估价师对分户的初步评估结果进行现场说明解释。存在错误的，房地产价格评估机构应当修正。

委托评估范围内被征收房屋的整体评估报告和分户评估报告是在分户初步评估结果公示期满后，由房地产价格评估机构向房屋征收部门提供。房屋征收部门向被征收人转交分户评估报告。由负责房屋征收评估项目的两名以上注册房地产估价师在整体评估报告和分户评估报告上签字，并加盖房地产价格评估机构公章，不得以印章代替签字。

（五）处理评估争议

对于评估报告，被征收人或者房屋征收部门可能会存有异议，此时出具评估报告的房地产价格评估机构应向其做出解释和说明。

1．异议评估结果的复核

被征收人或者房屋征收部门对评估结果有异议的，自收到评估报告之日起 10 日内，向房地产价格评估机构申请复核评估，同时提交书面复核评估申请，并指出评估报告存在的问题。原房地产价格评估机构自收到书面复核评估申请之日起 10 日内对评估结果进行复核。复核后，改变原评估结果的，则应重新出具评估报告；评估结果没有改变的，应书面告知复核评估申请人。

2．复核结果的鉴定

被征收人或者房屋征收部门对原房地产价格评估机构的复核结果仍有异议的，自收到复核结果之日起10日内，向被征收房屋所在地评估专家委员会申请鉴定。各省、自治区住房城乡建设主管部门和设区城市的房地产管理部门组织成立评估专家委员会，对房地产价格评估机构做出的复核结果进行鉴定。

评估专家委员会由房地产估价师以及价格、房地产、土地、城市规划、法律等方面的专家组成。评估专家委员会选派成员组成专家组，对复核结果进行鉴定。专家组成员为 3 人以上单数，其中房地产估价师不得少于 1/2。评估专家委员会自收到鉴定申请之日起 10 日内，对申请鉴定评估报告的评估程序、评估依据、评估假设、评估技术路线、评估方法选用、参数选取、评估结果确定方式等评估技术问题进行审核，出具书面鉴定意见。经评估专家委员会鉴定，评估报告不存在技术问题的，维持评估报告；评估报告存在技术问题的，出具评估报告的房地产价格评估机构应改正错误，重新出具评估报告。房屋征收评估鉴定过程中，房地产价格评估机构应按照评估专家委员会要求，就鉴定涉及的评估相关事宜进行说明。需要对被征收房屋进行实地查勘和调查的，有关单位和个人应当协助。

因房屋征收评估、复核评估、鉴定工作需要查询被征收房屋和用于产权调换房屋权属以及相关房地产交易信息的，房地产管理部门及其他相关部门应提供便利。在房屋征收评估过程中，房屋征收部门或者被征收人不配合、不提供相关资料的，房地产价格评估机构应在评估报告中说明有关情况。

被征收人对补偿仍有异议的，按照《房屋征收与补偿条例》第二十六条的规定处理。

3．复核与鉴定费用的缴纳

房屋征收评估、鉴定费用由委托人承担。但鉴定改变原评估结果的，鉴定费用由原房地产价格评估机构承担。复核评估费用由原房地产价格评估机构承担。房屋征收评估、鉴定费用按照政府价格主管部门规定的收费标准执行。

（六）存档评估资料

房屋征收评估业务完成后，房地产价格评估机构应将评估报告及相关资料立卷、归档保管。根据《房地产估价机构管理办法》第三十四条的规定，房屋征收评估报告及相关资料的保管期限自估价报告出具之日起不得少于 10 年。保管期限届满而估价服务的行为尚未结束的，应保管到估价服务的行为结束为止。之所以要把估价资料存档，是为了针对可能出现的评估或者征收纠纷，10 年的保存期也主要是为了在一定时期内发生纠纷时，可以查询和检验当时的评估资料和过程。

五、房屋征收评估机构的选定及委托

根据《房屋征收与补偿条例》第十九条的规定，被征收房屋的价值，由具有相应资质

的房地产价格评估机构按照房屋征收评估办法评估确定。根据《房地产估价机构管理办法》[①]第二十四条的规定，除了三级暂定资质房地产估价机构外，其他资质的估价机构（包含一级、二级和三级）都可以从事房屋征收评估工作。《房屋征收评估办法》第四条规定，房地产价格评估机构由被征收人在规定时间内协商选定；在规定时间内协商不成的，由房屋征收部门通过组织被征收人按照少数服从多数的原则投票决定，或者采取摇号、抽签等随机方式确定。具体办法由省、自治区、直辖市制定。

同一征收项目的房屋征收评估工作，原则上由一家房地产价格评估机构承担。房屋征收范围较大的，可以由两家以上房地产价格评估机构共同承担。两家以上房地产价格评估机构承担的，应当共同协商确定一家房地产价格评估机构为牵头单位；牵头单位应当组织相关房地产价格评估机构就评估对象、评估时点、价值内涵、评估依据、评估假设、评估原则、评估技术路线、评估方法、重要参数选取、评估结果确定方式等进行沟通，统一标准。

房地产价格评估机构选定或者确定后，一般由房屋征收部门作为委托人，向房地产价格评估机构出具房屋征收评估委托书，并与其签订房屋征收评估委托合同，评估费用由委托人承担。

房屋征收评估委托书应当载明委托人的名称、委托的房地产价格评估机构的名称、评估目的、评估对象范围、评估要求以及委托日期等内容。房屋征收评估委托合同应当载明下列事项。

（1）委托人和房地产价格评估机构的基本情况。

（2）负责本评估项目的注册房地产估价师。

（3）评估目的、评估对象、评估时点等评估基本事项。

（4）委托人应提供的评估所需资料。

（5）评估过程中双方的权利和义务。

（6）评估费用及收取方式。

（7）评估报告交付时间、方式。

（8）违约责任。

（9）解决争议的方法。

（10）其他需要载明的事项。

房地产价格评估机构应当指派与房屋征收评估项目工作量相适应的足够数量的注册房地产估价师开展评估工作。房地产价格评估机构不得转让或者变相转让受托的房屋征收评估业务。

---

① 《房地产估价机构管理办法》于 2005 年 10 月 12 日以建设部令第 142 号发布，根据 2013 年 10 月 16 日中华人民共和国住房和城乡建设部令第 14 号修正。1997 年 1 月 9 日建设部颁布的《关于房地产价格评估机构资格等级管理的若干规定》（建房〔1997〕12 号）予以废止。本办法施行前建设部发布的规章的规定与本办法的规定不一致的，以本办法为准。

第四节　《房屋征收与补偿条例》的进步与不足[1]

房屋拆迁是我国城市化进程的产物，而其中又以城市房屋拆迁备受关注。这不仅仅是因为城市房屋拆迁使得城市面貌焕然一新，市民生活环境得到很大改善，提升了城市的经济总量和发展前景，更是因为城市房屋拆迁涉及公民的财产权问题，包括公民房屋的所有权、土地使用权及享有的生活环境、便利的交通设施、子女入学和户口落户等方面的无形资源的变动。这期间，拆迁和被拆迁者的利益始终处于焦灼状态，由此引发了一系列拆迁暴力事件的发生。《房屋征收与补偿条例》则是对当下“暴力拆迁”的一个强有力回击，以条例的形式制约公权力的运行，基本上完成了我国城市房屋拆迁问题上的制度变革。本节从该条例的进步之处入手，分析其仍然存在的问题，并针对存在的问题及该条例的实施现状提出相应的对策建议。

一、《房屋征收与补偿条例》的进步

（一）改拆迁管理为征收与补偿

该条例最明显的特点首先就是在名称上的变化，将“拆迁管理”改为“征收补偿”，体现的是一种立法理念的转变。拆迁发生于拆迁人和被拆迁人之间，体现的是一种民事法律关系。而征收则是在政府和被征收人之间，体现的是一种行政关系。原来的拆迁人不再直接面对被拆迁人，取而代之的是在拆迁活动中向民众承担责任的政府。“要拆迁，先补偿”的原则将拆迁补偿放在了极为重要的地位，这也成了避免强拆的有力屏障。从这一字面上的改动，也可以看出条例更加突出房屋征收和补偿的规范、合理和公平。

（二）界定了公共利益的内涵和外延

《房屋征收与补偿条例》确立了与《宪法》《土地管理法》《城市房地产管理法》和《物权法》均规定相同的征收、拆迁必须以“公共利益”为前提条件的基本原则。在《城市房屋拆迁管理条例》终止之前，由于条例未对公共利益进行区分，导致现实生活中存在诸多打着公益拆迁的幌子进行的商业拆迁。这样不仅让房屋所有权人的利益得不到保障，而且使得政府的公信力下降。公共利益征收与商业开发彻底分开，标志着“官商合谋”、征收与商业开发征收混为一谈的拆迁模式已成为历史。

（三）改进了征收补偿范围、标准和方式

该条例除了对被征收房屋价值、因征收房屋造成的搬迁和临时安置进行补偿外，还对

[1] http://www.66law.cn/lawarticle/9652.aspx

因征收房屋造成的停产停业损失进行补偿，与原来的拆迁条例相比在补偿范围上有所扩大。对被征收房屋价值的补偿，不得低于房屋征收决定公告之日被征收房屋类似房地产的市场价格。征收个人住宅，被征收人符合住房保障条件的，应当优先给予住房保障。这种规定客观上增加了征收补偿的成本，可以一定程度上制约政府轻易做出征收的决定，同时也可以缓解征收双方利益的紧张关系，保护被征收人的合法权益。对于“市场价格”的评估，条例规定，被征收房屋的价值，由具有相应资质的房地产价格评估机构按照房屋征收评估办法评估确定，房地产价格评估机构由被征收人选定。这样选定评估机构的主动权掌握在了被征收人手中，一定程度上防止了征收房屋评估的暗箱操作。另外，被征收人可以选择货币补偿，也可以选择房屋产权调换。因旧城区改建征收个人住宅，被征收人选择在改建地段进行房屋产权调换的，做出房屋征收决定的市、县级人民政府应当提供改建地段或者就近地段的房屋。在征收补偿的方式选择上，也给了被征收人自主权，既可以选择货币补偿，也可以选择进行房屋产权置换。

（四）规定政府为唯一征收补偿主体

该条例规定政府是房屋征收与补偿的唯一主体，同时负责房屋征收与补偿具体工作的单位不得以营利为目的。房屋征收部门可以委托房屋征收实施单位，承担房屋征收与补偿的具体工作。房屋征收部门对房屋征收实施单位在委托范围内实施的房屋征收与补偿行为负责监督，并对其行为后果承担法律责任。确需征收房屋的建设活动应当符合规划、纳入年度计划的规定。征收决定做出前，征收补偿费用应当足额到位、专户专用、专款专用。征收决定的做出既保证国民经济和社会发展需要正常的土地需求，又防止不当或者过度地动用征收权，强调规划在先、规划民主。

（五）由司法强拆取代行政强拆

司法强拆替代行政强拆的条例规定，被征收人在法定期限内不申请行政复议或不提起行政诉讼，又不履行补偿决定的，由做出房屋征收决定的市、县级人民政府依法申请法院强制执行。以司法强拆取代行政强拆，被多数人认为是条例的一大进步，限制了政府的权力。原拆迁条例政府既可以责成有关部门强制拆迁，也可以申请法院强制拆迁，而很多地方政府基于本地区的经济发展的考虑都选择责成有关部门强制拆迁，实际上就架空了司法强拆这一规定。条例明确了强拆只能由法院来执行，这无疑是法治社会建设进程的重要举措，在一定程度上有利于为公民的申诉救济提供保障。

二、《房屋征收与补偿条例》的不足

（一）征收补偿协议的法律属性界定模糊

从法律性质上来看，房屋证征收补偿协议是属于民事协议还是行政合同，该条例中并

没有界定清楚，只做了原则规定："补偿协议订立后，一方当事人不履行补偿协议约定的义务的，另一方当事人可以依法提起诉讼。"但是，房屋征收补偿协议订立后，一方不履行，另一方如果提起诉讼，有关征收补偿协议的问题就来了。另一方是应该提起民事诉讼，还是应该提起行政诉讼呢？这涉及房屋征收补偿协议是属于民事协议还是行政合同的问题。所以要区分这个问题，是因为向法院起诉时要区分民事诉讼和行政诉讼，根据民事诉讼与行政诉讼的不同，法院要适用不同的诉讼程序。因此确定征收补偿协议是民事协议还是行政合同不是玩无聊的概念游戏，而是一个实务中必须要解决的问题。

《房屋拆迁条例》实施过程中，也曾经产生房屋拆迁补偿安置协议的法律属性之争，但民法学者的观点最终被采纳。《房屋拆迁条例》变成《房屋征收条例》，"拆迁"变成"征收"绝不只限于两个词引起的称呼变化，变化的是两套制度的法律性质，即转移国有土地上房屋所有权的方式从民事方式变成行政方式，从非强制的方式变成强制性的方式。《房屋拆迁条例》规定的转移国有土地上房屋所有权行为的性质属于民事行为，虽然该民事行为是一种经行政许可的民事行为，其行为性质在法律上仍然是民事行为。《房屋征收条例》则将转移国有土地上房屋所有权的行为性质从民事行为转变成行政行为，将基于平等、自愿的行为转变成由行政机关单方决定的强制性行为。

房屋征收补偿协议的民事行政法律属性之争，也许该轮到行政法学者的观点优势。因为房屋征收行为是一个具体行政行为应该不会有争议，其行为主要组成部分的征收补偿协议，实在没有理由成为民事协议。一个民事行为成为一个行政行为的主要组成部分，这样的法理实在是难以成立。法理学上将征收补偿协议认定为行政合同并不难，定性其为行政合同，规定适用行政诉讼程序受理、立案也容易。只是当征收人要作为征收补偿协议纠纷的原告起诉时，麻烦就会产生，行政诉讼的被告只能是行政机关，而不能是公民个人。如何可以适用行政诉讼程序告公民个人，这成为立法者和执法者不得不面临的一问题。

（二）公共利益的界定仍然存在漏洞

首先，单从条文来讲，条例将房屋征收补偿的动因规定为只能是基于公共利益的目的，不仅与《宪法》《物权法》所规定的基于公共利益的目的而征收公民的私有财产是相一致的，而且一定程度上能防范拆迁泛滥情况的出现。但细读条文可以发现该条文还是存在隐患的，"为了保障国家安全、促进国民经济和社会发展等公共利益的需要，确需征收房屋的，由市、县级人民政府做出房屋征收决定"这个界定，显然还造成不同的解读。"国家安全"作为公共利益的限定词应当没有任何异议，但将"促进国民经济和社会发展"作为公共利益的一个方面，则会明显出现误解。这个标准是什么，什么样的征收才符合促进国民经济和社会发展？对于一个地区而言，不管是开设一家工厂，还是修建一个娱乐场所，抑或是开发一个小区，都是有利于促进国民经济和社会发展的行为，将所有的"促进国民经济和社会发展"的行为都界定为公共利益，不仅没有起到很好的限定作用，反而使得"公共利益”的边界更为模糊。

其次，在条例中列举的诸多公共利益情形，也使得公共利益的范围更加模糊。例如，将由政府组织实施的能源、交通、水利等基础设施建设的需要，以及由政府组织实施的科技、教育、文化、卫生、体育、环境和资源保护、防灾减灾、文物保护、社会福利、市政公用等公共事业的需要都列举为公共利益。而对于“由政府组织实施”的含义，应该怎么理解？是政府出资，还是政府纳入国民经济发展规划的项目，抑或是完全的公益性项目？我们知道，能源、交通、文化、卫生、体育等的界限极为复杂，比如，建立一家普通的养老院、小体育馆、私人的电厂、幼儿园，就可以挂着“公共利益”的名义征收居民的房屋吗？这样宽泛的界定反而使得“公共利益”的外延变得更为庞大。

（三）征收补偿上的不足

条例扩大了征收补偿的范围和标准，这些都是很明显的进步表现，但也存在着一些问题。征收房屋的补偿标准是不低于房屋征收决定公告之日被征收房屋类似房地产的市场价格，给人感觉是房屋征收今后就会“不低于市场价”。此处对“市场价格”的限制词——“类似房地产”的认定，不同地段的同类房屋市场价格相差可能会很大，事实上就留下了很大的操作空间。而对于产权调换的补偿方式，若征收后原地被改建为公共设施场所，周边又无房可供被征收人回迁，这个规定就成为“一纸空文”。旧城改建涉及的是一揽子计划，要保障被征收人的回迁权利，前提是要有现成的住房可提供，但实际情况往往能做到的可能性很小，因此公民的产权调换的回迁权缺乏有力保障。即使公民选择的是进行产权置换，但如果是从交通、生活环境等资源相对较好的地区转到更差的地区，这实际上又给居住带来诸多不便，反而让生活质量不升反降。另外，条文中征收房屋“不得以营利为目的”的规定，言辞显得过于模糊。征收房屋的成本是多少？卖地收入是多少？怎样才能属于非营利的要求？超过多少属于营利的范畴？如果这些问题得不到解决，这一规定很可能成为空话。

（四）司法强拆所面临的挑战

首先，强拆涉及“强拆裁决”和“强拆执行”的问题。强拆裁决是司法行为，实施强拆是行政行为，或者说是一个行政行为。“司法强拆”如果不以裁决、执行分离制度为前提，统一由法院执行庭或行政庭实施，同样会导致滥权、侵权和腐败。

其次，司法强拆能比行政强拆公正，是假定司法相对超脱、独立，不受地方行政和其他外力干预，从而能兼顾和平衡各方利益而得出的结论。但是我们在实行司法强拆后，如果司法仍受地方行政和其他外力的干预，行政强拆发生的问题就可能同样在司法强拆中重演。

最后，司法强拆能否有效地保障被征收人权益，是以司法机关对行政行为的严格审查为前提的，而这就要求法院在依法做出判决以前，任何人不得实施强拆，即诉讼期间停止执行。现行生效的条例并未规定复议和诉讼期间不停止执行，如果仍像过去一样，被征收人起诉后，只要政府一提起申请，法院就强拆，在这种情况下，即使被征收人胜诉，权益也难以恢复了。

（五）集体土地上房屋征收规定的空白

此次条例未涉及集体土地上房屋征收问题，而我国《物权法》第四十二条规定，为了公共利益的需要，依照法律规定的权限和程序可以征收集体所有的土地和单位、个人的房屋及其他不动产。征收集体所有的土地，应当依法足额支付土地补偿费、安置补助费、地上附着物和青苗的补偿费等费用，安排被征地农民的社会保障费用，保障被征地农民的生活，维护被征地农民的合法权益。这里的"土地附着物"当然主要指集体土地上的房屋，而由于农村房屋市值小，当时未引起立法者的足够重视，条例未对此做出相应的规定。但随着我国城市化进程的发展，当老城区的改造完成后，城区可被征收开发的国有土地达到饱和时，势必要向城区外延的农村发展。

2011 年 5 月 9 日，最高人民法院发布了《关于审理涉及农村集体土地行政案件若干问题的规定》，最高院认为"征收农村集体土地时未就被征收土地上的房屋及其他不动产进行安置补偿，补偿安置时房屋所在地已纳入城市规划区，土地权利人请求参照执行国有土地上房屋征收补偿标准的，人民法院一般应予以支持，但应当扣除已经取得的土地补偿费"。这也间接反映出农村集体土地上房屋征收已经开始一股浪潮，但对于没有纳入城市规划区的集体土地上的房屋被征收应该怎样补偿？国有土地上房屋征收补偿标准与集体土地上房屋征收补偿标准差异之大，导致"同地不同价"。若一个工程项目的征收补偿跨县、区，不同县、区的征收补偿标准差异可能也会很大，这样容易使被征收人产生一种不平衡的抵触心理。虽然中纪委监察部下发通知，要求在《土地管理法》等法律做出修订之前，集体土地上房屋拆迁要参照《国有土地上房屋征收补偿条例》精神执行，但以这样的通知形式下发，而且是参照条例精神执行，最终到各个地方的执行效果可想而知是没有保障的。

三、政策建议

（一）完善土地征收补偿法律制度，出台相应的条例实施细则

一方面，虽然条例已经生效，但考虑到各地实际情况，还要求各省、自治区、直辖市深入开展实践调研，在面向社会各界广泛征求意见的基础上，尽快因地制宜制定相应的实施细则，完善和规范征收补偿制度。在政府出台地方法规的这一过渡阶段，应当严格控制地方政府做出房屋征收的决定，对公共利益进行严格审查。另一方面，条例未涉及集体土地上房屋的征收问题，因此立法部门应当广泛征求意见，加快推进土地管理法修订，切实规范和完善集体土地征收与补偿，以满足我国城市化进程蔓延到农村集体土地征收的工作需要，使农村房屋征收拆迁纳入法制轨道，保障拆迁农民的合法利益。

（二）坚持依法行政，严格规范征收行为

虽然条例规定国有土地上房屋征收只能是基于公共利益，并列举了六种属于公共利益的情形，但正如上文分析的一样，公共利益的标准仍然存在着模糊和不确定性，要谨防打着“公共利益”的幌子进行的商业开发。因此，政府部门应当严格审核项目的性质，采取实体规定和程序审议的方式，在纳入年度发展计划之前严格把握好界定关。对于政府征收部门委托的实施房屋征收工作的单位，应当严格审核其资质，并对其征收活动进行监督。在制订征收补偿方案时，应公平合理，平衡政府和被征收人之间的利益。建立完善的听证会制度，让被征收人能真正参与补偿方案的修订、调整环节。同时要完善安置政策措施，制定相应的奖励政策，提高被征收人的积极性。坚持以人为本、合理安置的原则，制定灵活多样的安置办法，充分尊重被征收人的安置选择权。另外还要完善纠纷解决的司法救济制度，不但对政府征收行为的合法性进行审查，也对其行为的合理性进行审查。遵循司法终局的原则，保障被征收人的权利能得到法律救济。

（三）加大舆论宣传，做好对被征收人的宣传、解释工作

一要加强房屋征收的正面引导宣传，营造良好的大环境氛围。有条件的地区可以临时组建一支专业化的宣传队伍，从法规政策、建设发展、生活居住等多方面、多角度进行宣传，既做到公平合理补偿，也打消被征收人漫天要价、期望过高的念头。二要强化咨询服务，宣传政策法规。利用广播、电视、报纸、网络等平台，通过宣传标语、手册、公开信息、手机短信、征收事例等宣传方式，让被征收人充分享有知情权、参与权和选择权。利用舆论的引导作用，让征收政策深入人心，争取被征收人的理解和支持，充分调动被征收人的积极性。三要制定征收紧急预案，针对特殊事件，不可一味压制舆论，要做好积极妥善处理，做到公正合理。通过规范全面的组织策划，形成立体宣传网络，让群众认识到政府的征收行为不仅是改变城市面貌、发展城市的市政建设的需要，更是改善群众生活环境、共享城市化发展成果、提高居民生活幸福指数的有力措施。

【案例分享】艾正云、沙德芳诉马鞍山市雨山区人民政府房屋征收补偿决定案[①]

一、基本案情

2012年3月20日，雨山区人民政府发布雨城征〔2012〕2号《雨山区人民政府征收决定》及《采石古镇旧城改造项目房屋征收公告》。艾正云、沙德芳名下的马鞍山市雨山区采石九华街22号房屋位于征收范围内，其房产证上记载房屋建筑面积774.59平方米；房屋

[①] 最高法公布全国法院征收拆迁十大典型案例[EB/OL]. http://www.chinacourt.org/article/detail/2014/08/. id/1429378shtml/2016-10-28.

产别：私产；设计用途：商业。土地证记载使用权面积 1 185.9 平方米；地类（用途）：综合；使用权类型：出让。2012 年 12 月，雨山区房屋征收部门在司法工作人员全程见证和监督下，抽签确定雨山区采石九华街 22 号房屋的房地产价格评估机构为安徽民生房地产评估有限公司。2012 年 12 月 12 日，安徽民生房地产评估有限公司向雨山区房屋征收部门提交了对艾正云、沙德芳名下房屋做出的市场价值估价报告。2013 年 1 月 16 日，雨山区人民政府对被征收人艾正云、沙德芳做出雨政征补〔2013〕21 号《房屋征收补偿决定书》。艾正云、沙德芳认为，被告做出补偿决定前没有向原告送达房屋评估结果，剥夺了原告依法享有的权利，故提起行政诉讼，请求依法撤销该《房屋征收补偿决定书》。

二、裁判结果

马鞍山市中级人民法院认为，根据《国有土地上房屋征收与补偿条例》第十九条的规定，被征收房屋的价值，由房地产价格评估机构按照房屋征收评估办法评估确定。对评估确定的被征收房屋价值有异议的，可以向房地产价格评估机构申请复核评估。对复核结果有异议的，可以向房地产价格评估专家委员会申请鉴定。根据住房和城乡建设部颁发的《国有土地上房屋征收评估办法》第十六条、第十七条、第二十条、第二十二条的规定，房屋征收部门应当将房屋分户初步评估结果在征收范围内向被征收人公示。公示期满后，房屋征收部门应当向被征收人转交分户评估报告。被征收人对评估结果有异议的，自收到评估报告 10 日内，向房地产评估机构申请复核评估。对复核结果有异议的，自收到复核结果 10 日内，向房地产价格评估专家委员会申请鉴定。从本案现有证据看，雨山区房屋征收部门在安徽民生房地产评估有限公司对采石九华街 22 号做出的商业房地产市场价值评估报告后，未将该报告内容及时送达艾正云、沙德芳并公告，致使艾正云、沙德芳对其房产评估价格申请复核评估和申请房地产价格评估专家委员会鉴定的权利丧失，属于违反法定程序。据此，判决撤销雨山区人民政府做出的雨政征补〔2013〕21 号《房屋征收补偿决定书》。宣判后，各方当事人均未提出上诉。

三、典型意义

本案典型意义在于：通过严格的程序审查，在评估报告是否送达这一细节上，彰显了司法对被征收人获得公平补偿权的全方位保护。房屋价值评估报告是行政机关做出补偿决定最重要的依据之一，如果评估报告未及时送达，会导致被征收人申请复估和申请鉴定的法定权利无法行使，进而使得补偿决定本身失去合法性基础。本案判决敏锐地把握住了程序问题与实体权益保障的重要关联性，果断撤销了补偿决定，保障是充分到位的。

本章小结

房屋征收与补偿是指国家（征收人）为了公共利益的需要，依法律程序剥夺房屋及其

他不动产所有权人（被征收人）的所有权及其使用权，同时被征收人丧失土地使用权并由征收人给予被征收人市场价值补偿的行政强制购买行为。房屋征收与补偿必须遵循严格的法定条件，即征收范围属于国有土地、基于公共利益需要、符合四规划一计划及必须给予被征收人合理补偿。房屋征收还必须遵循一定的原则，必须符合法定的程序，并且要对被征收人给予合理补偿。

被征收人的补偿金额由房屋征收评估结果决定，因此客观公正地进行房屋征收评估，对于维护被征收人权益，保障房屋征收工作顺利展开具有重要意义。房屋征收评估一般需要经过确定评估目的和评估时点、明确评估对象、实地查勘、进行价格评估、处理评估争议以及存档评估资料等阶段，评估方法应从市场比较法、收益还原法、成本法和假设开发法中选择。

综合练习

一、基本概念

房屋征收与补偿；房屋征收评估；征收人；被征收人；征收客体

二、思考题

1. 简述房屋征收与补偿的法定条件。
2. 简述房屋征收与补偿的基本原则。
3. 简述房屋征收与补偿的程序与内容。
4. 简述房屋征收评估的特点。
5. 简述批量估价作业的评估思路。
6. 简述房屋征收评估的程序。

第三章　房地产开发用地管理

学习目标

通过对本章的学习，学生应掌握如下内容：

1. 房地产开发用地的概念、特征、类型及获取方式；
2. 国有土地使用权出让的概念、特征、原则及程序；
3. 国有土地使用权出让的转让、出租和抵押；
4. 土地储备制度。

导言

房地产开发用地，是指进行房地产开发、建设与经营而使用的土地。《城市房地产管理法》第二条规定："本法所称房地产开发，是指在依据本法取得国有土地使用权的土地上进行基础设施、房屋建设的行为。"可见，在现行法律规制下，在我国领土范围内能够成为房地产开发载体的土地是依法取得国有土地使用权的土地，如何获得国有土地使用权就成为房地产开发的关键。国有土地一级市场的政府垄断，加之"地王"的涌现，在为地方政府带来巨额财政收益之时，也饱受诟病。如何在满足房地产开发用地的同时，充分发挥土地市场价值，惠及民生，促进经济和社会良性发展，考量着各级政府的施政智慧。

第一节　房地产开发用地概述

如前所述，要在国内领土范围内从事房地产开发活动，首先要依法取得国有土地使用权，而后在其上进行基础设施和房屋建设。本节围绕房地产开发用地涉及的国有土地使用权及其相关联的土地所有权，对房地产开发用地的特征、类型以及获取方式作一简要介绍。

一、房地产开发用地的特征

房地产开发用地具有以下特征。

（一）必须依法获得国有土地使用权

根据《城市房地产管理法》和《土地管理法》的规定，房地产开发用地仅限于城市规划区内的国有[①]土地，城市规划区内的集体土地，只有在依法征收转为国有土地后，方可用于房地产开发。可见，目前我国的国有土地包含城市规划区内国家所有的土地及城市规划区内被国家依法征收的集体所有的土地。《宪法》《城市房地产管理法》和《土地管理法》同时规定：城市土地属于国家所有，房地产开发企业只有通过土地使用权出让、转让、划拨等方式，才能获得开发用地，因此房地产开发用地对应的权力仅限于国有土地使用权，而非国有土地所有权。[②]

（二）是有偿有限期的使用权

《宪法》规定，任何组织或者个人不得侵占、买卖或者以其他形式非法转让土地，土地的使用权可以依照法律的规定转让。而根据《城市房地产管理法》的规定，国家依法实行国有土地有偿、有限期使用制度。但是，国家在本法规定的范围内划拨国有土地使用权的除外。也就是说，除了依法取得划拨国有土地使用权外，房地产开发用地的使用权均是有偿、有限期的使用权。关于房地产开发用地使用的最高年限，按照目前国务院颁布的规定：居住用地 70 年；工业用地 50 年；教育、科技、文化、卫生、体育用地 50 年；商业、旅游、娱乐用地 40 年；综合或其他用地 50 年。

（三）必须在其上进行基础设施和房屋建设

基础建设一般是指给水、排水、污水处理、供电、通信、煤气、热力、道路、桥涵、公共交通、园林绿化、环境卫生、消防、路标、路灯等设施；房屋建设，一般是指住宅、工业、交通、仓库用房、商业服务用房、文化、体育、娱乐用房、教育、医疗、科研用房以及办公用房等各类房屋建设。为此，《城市房地产管理法》做了相应规定：以出让方式取得土地使用权的，转让房地产时，应当符合下列条件：按照出让合同约定已经支付全部土地使用权出让金，并取得土地使用权证书；按照出让合同约定进行投资开发，属于房屋建设工程的，完成开发投资总额的百分之二十五以上，属于成片开发土地的，形成工业用地或者其他建设用地条件；转让房地产时房屋已经建成的，还应当持有房屋所有权证书。若对房地产开发用地不做这种强制性的规定，很可能会出现买家在购买土地使用权后，不去做投资和开发，靠炒卖地皮哄抬地价（土地投机）而获取暴利，这样就会扰乱房地产市场秩序，影响房地产市场的良性发展。

---

① 国有即国家所有，也就是全民所有制。

② 对集体所有的土地变为国有土地的表述，《房地产管理法》和《土地管理法》表述存在差别。《房地产管理法》第九条：城市规划区内的集体所有的土地，经依法征用转为国有土地后，该幅国有土地的使用权方可有偿出让；《土地管理法》第四十三条第二款：前款所称依法申请使用的国有土地包括国家所有的土地和国家征收的原属于农民集体所有的土地。我们倾向于使用“征收”一词。

二、房地产开发用地的类型

房地产开发用地的类型可以从不同的角度划分。按照土地所处区位的不同，可以将城市土地划分为不同的级别，即所谓的土地分等定级，任何一宗房地产开发用地都处于不同的等级中。按照土地用途、来源以及状态，房地产开发用地可作如下划分。

（一）按照房地产开发用地的性质和功能划分

按照房地产开发用地的主要性质和功能，可将划分其可分为居住用地、公共设施用地、工业用地、仓储用地、对外交通用地、道路广场用地、市政公用设施用地、绿地、特殊用地共九大类。每类用地又有各自的组成部分，如居住用地又可分为普通住宅用地、公寓用地、别墅用地以及为居住服务的公共服务设施、道路（含停车场）、绿地等用地。

（二）按照房地产开发用地的来源划分

按照房地产开发用地的来源不同，可将其划分为存量国有土地和增量国有土地。其中，存量国有土地是指城市规划区内原有的国有土地；增量国有土地是指城市规划区内被政府征收的原集体所有制土地。

（三）房地产开发用地的状态划分

按照房地产开发用地状态的不同，可将其划分为生地、毛地和熟地。其中，生地是指可能为房地产开发与经常活动所利用，但尚未开发的农地和荒地；毛地主要是指城市中需要拆迁而尚未拆迁的土地；熟地是指经过“几通一平”的开发或已经拆迁完毕、可供直接建设的土地，即建筑地块产品。

三、获取土地使用权的方式

房地产开发用地，严格限制在城市里的国有土地上进行，这是一项基本原则。实践中，房地产开发商取得城市国有土地的开发权主要有以下四种方式。

（一）通过出让方式获得土地

通过出让方式获得土地，即在一级土地市场，以开发商作为一方主体，以国家作为另一方主体，通过签订土地使用权出让合同并交付地价款获得土地使用权。这是目前主要的房地产开发用地取得的方式，有协议出让、招标、拍卖、挂牌出让四种形式。

（二）通过转让方式获得土地使用权

有一些开发商，无法从房地产一级市场中获得土地，只有通过转让这种方式获得土地使用权。土地的转让要符合一定的条件，严禁地皮倒卖。

（三）通过划拨方式获得土地使用权

我国以前绝大多数土地占用单位，都是通过划拨方式获得土地使用权的，这些以划拨方式获得的土地使用权，除法律、行政法规另有规定外，没有使用期限的限制，土地使用权不能进行转让。

（四）与土地使用权拥有者合作

对于一些拥有资金但却缺少土地的房地产开发企业而言，通过土地的转让、公司入股、并购或合伙是另一种获得房地产开发用地的方式。

第二节　国有土地使用权出让

国有土地使用权出让是国有土地有偿使用制度的重要内容之一，是获取房地产开发用地的主要途径。能有偿出让土地使用权的土地只能是城镇国有土地，集体所有土地除国家征收外，不得出让，不得用于经营性房地产开发，不得转让、出租用于非农业建设。国有土地使用权出让主要通过招标、拍卖和挂牌方式实施。

一、国有土地使用权出让的概念和特征

土地使用权出让是指国家以土地所有者的身份将土地使用权在一定年限内让与土地使用者，并由土地使用者向国家交付土地使用权出让金的行为。土地使用权出让制度的实施，改变了在此制度实施之前土地无偿使用的状况，从而使土地所有权在经济利益上得以实现。土地使用权出让使得土地使用权从土地所有权中分离出来，土地使用者依法通过出让方式取得的土地使用权一经成立，便获得相应权利，例如在出让期限内享有使用权、转让权、出租权、抵押权等民事权利，其他任何单位，组织和个人不得非法干预。土地使用权出让权只能由国家行使。在执行过程中，由土地所在地县级以上人民政府地政部门在国务院授权范围内行使。

根据《土地管理法》和《城镇国有土地使用权出让和转让暂行条例》等相关规定，国有土地使用权出让具有以下主要特征。

（1）出让主体的垄断性。国家以土地所有者的身份将土地使用权在一定年限内让与土地使用者；国有土地使用权出让，由市、县人民政府负责，由市、县地政部门实施。这说明出让方只能是国家或其代表，其他任何组织或个人不得以土地使用权出让主体参与出让活动。土地使用权出让后并不改变国家作为土地所有者的地位。

（2）受让主体的广泛性。我国境内外的任何组织或个人，除法律另有规定外，均可依

照相关法律、法规的规定取得土地使用权。

（3）出让数量的计划性。出让使用权的国有土地的用地指标，要纳入国家下达的地方年度建设用地计划，未经批准，不得突破。土地使用权的出让，要有计划、有步骤地进行。因此，市、县地政部门应会同计划、城市规划和建设管理、房产管理等部门，根据本地区各项计划、规划编制土地使用权出让年度计划，经同级人民政府批准后实施；土地出让，应拟订土地出让方案，报请人民政府批准后，由地政部门实施。

（4）出让时间的期限性。土地使用权出让有年限限制，其最高年限按下列用途确定：居民居住用地70年，工业用地，教育、科技、文化、卫生、体育用地，综合或者其他用地均为50年，商业、旅游、娱乐用地40年。

（5）出让行为的有偿性。以出让等有偿使用方式取得国有土地使用权的单位，按照国务院规定的标准和办法，缴纳土地使用权出让金等土地有偿使用费和其他费用后，方可使用土地。这一规定使国有土地所有权通过使用权出让在经济上得以实现，既扩大了政府财政收入来源，又加大了对土地使用者在经济上的制约力度，调动了使用者合理利用土地的积极性。

二、国有土地使用权出让的原则

根据《中华人民共和国城乡规划法》《城市房地产管理法》《城镇国有土地使用权出让和转让暂行条例》和《招标拍卖挂牌出让国有土地使用权规范》（试行）的规定，国有土地使用权出让应遵循如下原则。

（一）先规划后出让原则

国有土地使用权出让是土地资源使用分配的方式，也是土地利用规划和城乡建设规划实施的过程，土地使用权出让的规划条件，直接影响着土地利用规划和城乡建设规划的实施。因此，必须坚持先规划后出让的原则。2008年实施的《中华人民共和国城乡规划法》第三十八条明确规定，在城市、镇规划区内以出让方式提供国有土地使用权的，在国有土地使用权出让前，城市、县人民政府城乡规划主管部门应当依据控制性详细规划，提出出让地块的位置、使用性质、开发强度等规划条件，作为国有土地使用权出让合同的组成部分。未确定规划条件的地块，不得出让国有土地使用权。以出让方式取得国有土地使用权的建设项目，在签订国有土地使用权出让合同后，建设单位应当持建设项目的批准、核准、备案文件和国有土地使用权出让合同，向城市、县人民政府城乡规划主管部门领取建设用地规划许可证。[①]城市、县人民政府城乡规划主管部门不得在建设用地规划许可证中，擅自

① 按规定，在签订国有土地使用权出让合同后，建设单位需办理用地规划许可证，此后再办理土地使用权证。但在实际操作过程中，很多开发企业往往是等到土地使用权证拿到后，再办理建设用地规划许可证。例如，根据我们的调研，万科青岛小镇，2014年办理了土地使用权证，直到2016年才办理了建设用地规划许可证。

改变作为国有土地使用权出让合同组成部分的规划条件。

（二）政府垄断原则

土地使用权出让既是国家依法行使土地所有权的行为，又是国家行使土地管理权，对土地资源的使用进行分配的一种方式。出让土地使用权的最终目标是实现土地资源的最佳配置，创造最好的社会效益、经济效益和生态效益。因此，国有土地使用权出让必须由政府垄断。只有坚持政府垄断原则，才能保证最终目标的实现，才能有效地控制土地供应量，进而有效地调整二级市场，防止国有土地收益的流失。土地使用制度改革以来的实践证明，在土地使用权出让中，坚持政府垄断一级市场的原则是完全正确的，也是十分必要的。

（三）合理利用土地原则

国有土地使用权出让是国家分配土地资源的一种重要的方式，也是保证土地资源合理利用的一个重要的方面。因此，土地使用权的出让必须坚持合理利用土地资源的原则。《城镇国有土地使用权出让和转让暂行条例》明确规定：土地使用权的出让，由市、县人民政府负责，有计划、有步骤地进行。土地使用权出让的地块、用途、年限和其他条件，由市、县人民政府土地管理部门会同城市规划和建设管理部门、房产管理部门共同拟订方案，按照国务院规定的批准权限批准后，由土地管理部门实施。另外，对于土地使用权出让后，未按合同规定的期限和条件开发、利用土地的，市、县土地管理部门可以根据情节轻重给予警告、罚款，直至无偿收回土地使用权的处罚。这些法律规定是合理利用土地原则的具体体现。

（四）自愿、公平、等价有偿和诚实信用原则

在具体的土地使用权出让法律关系中，国家作为土地所有权人，与受让方土地使用者之间的关系是一种平等主体之间的民事关系，必须遵循民事法律的一般原则，即自愿、公平、等价有偿、诚实信用。只有这样才能真正维护出让、受让双方的合法权益，保证出让合同约定的各项权利和义务得到全面履行。

三、国有土地使用权出让的方式

根据《城市房地产管理法》《城镇国有土地使用权出让和转让暂行条例》和《招标拍卖挂牌出让国有土地使用权规定》的规定，国有土地使用权的出让可以采取协议、招标、拍卖、挂牌四种方式。土地公开出让方式包括招标、拍卖和挂牌。

协议出让是指土地使用者在用地申请经相关部门批准后，与土地行政主管部门进行协商地价、用地年限、面积、付款方式、时间和用地条件等相关事项，在双方意见达成一致的前提下，签订出让合同，受让方按合同约定支付土地出让金，取得土地使用权。这种方式经常用在土地使用者向政府提出用地要求，且要求地块没有竞争者的场合，主要适用于

工业项目和国家鼓励的相关产业的项目用地。协议出让金的确定不是竞争的结果，而是谈判协商的结果。

招标出让是政府对某块土地有了明确的开发意图和规划条件后，在市场中寻求一个有利于实现政府开发计划的开发者而采取的一种方式，这种方式要求在一定的时间内，符合相关规定的单位、集体和个人以书面形式提出开发意愿，经政府选择后，确定将土地使用权出让给某个开发者。在这种出让方式中，投标者有多个，有一定程度的竞争性。政府在选择中标者时，不但考虑投标者的投标价，而且考虑投标者对实施这块土地开发是否有利。

拍卖出让是指政府对某块土地有了明确的规划条件后，在指定的时间、地点，组织符合条件的有意受让人到场，对出让使用权的土地公开叫价竞投，按“出价最高者得”的原则确定受让人的一种出让方式。这种方式主要用于竞争激烈的某类或某块用地，具有激烈竞争性。

挂牌出让国有土地使用权，是指出让人发布挂牌公告，按公告规定的期限将拟出让宗地的交易条件在指定的土地交易场所挂牌公布，接受竞买人的报价申请并更新挂牌价格，根据挂牌期限截止时的出价结果确定土地使用者的行为。

从 2003 年 8 月 1 日起，协议出让土地的方式受到严格规范，土地利用方面存在的暗箱操作等问题得到进一步遏制。根据国土资源部公布的《协议出让国有土地使用权规定》，出让国有土地使用权，除依照法律法规和规章的规定应当采用招标、拍卖或者挂牌方式外，可采取协议方式。商业、旅游、娱乐和商品住宅等经营性用地，不得以协议方式出让。同一块地有两个以上意向用地者的，也不得以协议方式出让。规定还明确了协议出让最低价的确定标准、协议出让的各个环节、公布协议出让结果的时间及各种违法行为的法律责任。

四、国有土地使用权出让的程序

根据《城市房地产管理法》《城镇国有土地使用权出让和转让暂行条例》等相关法律的规定，土地使用权出让要符合土地利用总体规划、城市规划和年度建设用地计划。因此，土地使用权的出让程序应从政府制订土地使用权出让的计划开始，到实施具体出让行为完毕而结束。

（一）国有土地使用权出让的审批权限

在执行年度出让计划中，就某块土地的使用权而言，不管是拍卖出让、招标出让还是协议出让，均必须在具体实施前依法报经有权限的人民政府批准；未经批准，不得出让土地使用权。具体规定如下。

（1）国家实行基本农田保护制度。下列耕地应当根据土地利用总体规划划入基本农田保护区，严格管理。

① 经国务院有关主管部门或者县级以上地方人民政府批准确定的粮、棉、油生产基地

内的耕地。

② 有良好的水利与水土保持设施的耕地，正在实施改造计划以及可以改造的中、低产田。

③ 蔬菜生产基地。

④ 农业科研、教学试验田。

⑤ 国务院规定应当划入基本农田保护区的其他耕地。

各省、自治区、直辖市划定的基本农田应当占本行政区域内耕地的百分之八十以上。基本农田保护区以乡（镇）为单位进行划区定界，由县级人民政府土地行政主管部门会同同级农业行政主管部门组织实施。

（2）征收下列土地的，由国务院批准。

① 基本农田。

② 基本农田以外的耕地超过三十五公顷的。

③ 其他土地超过七十公顷的。

征收前款规定以外的土地的，由省、自治区、直辖市人民政府批准，并报国务院备案。征收农用地的，应当按照《土地管理法》的相关规定先行办理农用地转用审批。其中，经国务院批准农用地转用的，同时办理征地审批手续，不再另行办理征地审批；经省、自治区、直辖市人民政府在征地批准权限内批准农用地转用的，同时办理征地审批手续，不再另行办理征地审批，超过征地批准权限的，应当按照《土地管理法》的相关规定另行办理征地审批。

《国务院关于出让国有土地使用权批准权限的通知》对出让国有土地使用权的批准权限做了更为具体的规定：耕地 1 000 亩以上、其他土地 2 000 亩以上的，由国务院批准；耕地 3 亩以下、其他土地 10 亩以下的，由县级人民政府批准；省辖市、自治州人民政府的批准权限，由省、自治区人民代表大会常务委员会决定。各地必须严格执行上述规定，对一次出让国有土地使用权的土地不得“化整为零”，变相扩大批准权限。

（3）土地使用权出让的每幅地块、用途、年限和其他条件，由市、县人民政府地政部门会同城市规划、建设、房产管理部门共同拟订方案，按照国务院规定，报经有批准权的人民政府批准后，由市、县人民政府地政部门实施。

（二）国有土地使用权出让的报批程序

根据出让计划，由市、县土地行政主管部门组织实施每一出让地块的出让工作。一般按下列程序进行审报、审批。

1．事先预报

《土地使用权出让审批规定》第三条规定：“出让国有土地使用权实行预报制度。”就是出让方案初步确定后，按照国务院规定的出让国有土地使用权批准权限，需经上级人民政府批准的，市、县土地行政主管部门应及时向上级人民政府的土地行政主管部门预先

报告。预报内容主要包括：出让土地的位置、面积、利用现状、出让年限、规划方式、地价评估、效益测算及方案实施进展情况等。

实行预报制度的目的主要是让上级人民政府土地行政主管部门及早了解情况，尽可能参与出让地块的可行性研究和技术经济论证，帮助指导市、县土地行政主管部门做好出让前期工作。上级土地行政主管部门参与了出让的前期工作，也为以后报批加快审核进度，提高办事效率创造了有利条件。

2．拟订方案

市、县土地行政主管部门在向上级土地行政主管部门预报后，就要会同城市规划和建设管理部门、房产管理部门共同拟订出让地块具体方案，包括面积、年限、出让金底价、使用条件等，编制出《土地使用条件》《土地使用权出让合同》（草本）等；如为招标出让还需起草《招标通知书》或《招标公告》《投标须知》《投标书》《中标证明通知书》等；如为拍卖出让需起草《拍卖公告》《竞投须知》等。如拟出让的土地属农村集体土地，还要首先拟订农用地转用方案、征地补偿安置方案；属旧城改造用地，要拟订征收补偿安置方案。上述方案及文件都要一并报同级人民政府审核。

拟订方案是出让前期工作，涉及方方面面，并且政策性、技术性、综合性都很强，因此土地行政主管部门要主动争取有关部门的协作，以求得他人的支持和配合。在意见不一致时，可由政府出面协调解决。

3．正式报批

出让方案在经市、县人民政府审核同意后，可按照出让国有土地使用权批准权限，向上级人民政府正式报批。报批出让方案除正式报告外，还需附：

（1）《出让国有土地使用权呈报载》。

（2）出让地块的地理位置图和规划设计。

（3）征地、拆迁补偿安置方案或有关协议。

（4）《土地使用条件》。

（5）《出让土地使用权合同》（草本）。

（6）人民政府或有关部门的文件或意见。

由于协议出让一般是用地单位已有建设项目，提出用地申请，需附经批准的《项目设计任务书》或《可行性研究报告》《协议出让国有土地使用权附加表》。

对报批的出让方案，上级土地行政主管部门应负责审核。未按规定提出报告或报送材料不全的，可通知限期补报，逾期不补报的，应将原件退回。在上级土地行政主管部门审查后，报县级人民政府批准，如涉及集体土地先征收后出让，征地和出让可以同时审批。

4．组织实施

出让方案经有权人民政府批准后，由市、县土地行政主管部门组织实施。协议则和有意受让方就地价、土地使用条件进行协商谈判，双方意见一致便签订合同。招标、拍卖、

挂牌出让则发出公告，向有意受让方提供招标、拍卖、挂牌文件，包括拟订的《土地使用条件》《土地使用权出让合同》（草本）。在规定的时间、地点或公开场合由有意受让方进行投标或参加竞投，按照价高者得的原则确定受让方，当场签订出让合同，并支付一定的定金。

由于土地出让合同草本已经上级人民政府审查同意，因此，正式签字后的合同无须再报批就可生效，成片出让合同自批准之日才生效，双方应按合同规定分别履行各自的权利和义务。由于出让土地是政府行为，无须进行公证，但组织招标和拍卖涉及公开竞争，为防止舞弊行为，应邀请公证部门现场公证。

5. 登记发证

按照《城镇国有土地出让转让暂行条例》的规定，受让方应当在签订《土地使用权出让合同》后60日内，支付全部土地使用权出让金。然后，才能按照规定到土地行政主管部门办理登记，领取土地使用证，取得土地使用权。有的地方规定可以分期支付出让金，支付一定比例的出让金只能发放相应比例土地面积的土地使用证。

土地使用证是获得土地使用权的法律凭证。签订出让合同，受让方还没有真正获得土地使用权，只有经过登记发证，土地使用权才受法律保护。

6. 备案建档

《土地使用权出让审批规定》第九条规定，国有土地使用权依法批准出让后，市、县土地行政主管部门须向上级管理部门填报《出让国有土地使用权备案表》，同时向批准出让的人民政府土地行政主管部门增报正式签订的《出让国有土地使用权合同》副本和出让土地登记卡复印件。作此规定，是为了使上级人民政府和土地行政主管部门及时掌握土地出让动态，了解市场行情，以便做好宏观调控工作，增报正式出让合同文本副本和出让地块登记复印卡是为了使批准机关的档案保持完整性，便于若干年后后人查询；此项工作会给市、县土地行政主管部门增加负担，但这是土地出让后必不可少的工作。

第三节　国有土地使用权出让的转让、出租和抵押

按规定取得土地使用权的土地使用者，其使用权在使用年限内可以转让、出租、抵押或者用于其他经济活动，合法权益受国家法律保护。

一、国有土地使用权的转让

（一）国有土地使用权转让的概念

国有土地使用权转让，是指土地使用者将土地使用权再转移的行为。具体来说，就是

土地使用者在其拥有的土地使用权剩余使用年限内，有偿让渡该土地使用权的行为。原来由行政划拨方式获得的土地须办理土地使用权出让手续后，方可转让。凡未按土地使用权出让合同规定的期限和条件投资开发、利用土地的，土地使用权不得转让。国有土地使用权转让的方式有三种，即出售、交换和赠予。

1．国有土地使用权的出售

这是指土地使用者将土地使用权转移给其他公民、法人，并获得土地使用权出让金的行为。这种出售行为与一般意义上的买卖不同，一般买卖行为涉及所有权的转移，而土地使用权的出售只转移使用权，所有权仍属于国家。

2．土地使用权的交换

这是指双方当事人约定相互转移土地使用权，其本质是一种权利交易。交换的双方在很多情况下，都是为了更好更合适地满足自己的经济需要。

3．土地使用权的赠予

这是指赠予人把所占有的土地使用权无偿转移给受赠人的行为。土地使用权作为一种财产，其权利人可以将其赠予任何公民、法人，其法律关系与一般赠予关系一致。

在实际经济生活中，土地使用权还存在其他的转让方式，如土地入股联建联营、企业兼并等经营性土地使用权转移方式以及土地使用权继承、用地单位合并、分离等经营性土地使用权转让方式。

（二）国有土地使用权转让的条件

《城市房地产管理法》第三十九条规定，以出让方式取得土地使用权的，转让房地产时，应当符合下列条件。

（1）按照出让合同约定已经支付全部土地使用权出让金，并取得土地使用权证书。

（2）按照出让合同约定进行投资开发，属于房屋建设工程的，完成开发投资总额的25%以上，属于成片开发土地的，形成工业用地或者其他建设用地条件。

（3）转让房地产时房屋已经建成的，还应当持有房屋所有权证书。

（三）禁止转让土地使用权的情形

《城市房地产管理法》第三十八条规定，下列房地产，不得转让。

（1）以出让方式取得土地使用权的，不符合本法第三十九条规定的条件的。

（2）司法机关和行政机关依法裁定、决定查封或者以其他形式限制房地产权利的。

（3）依法收回土地使用权的。

（4）共有房地产，未经其他共有人书面同意的。

（5）权属有争议的。

（6）未依法登记领取权属证书的。

（7）法律、行政法规规定禁止转让的其他情形。

（四）国有土地使用权转让原则

土地使用权转让时，应遵循如下三个原则。

1．“认地不认人”原则

即出让合同规定的全部权利和义务随土地使用权同时转移的原则。土地使用权在合同期限内可以多次转让，但无论转移到谁手里，政府和土地使用者仍是出让关系，新的土地使用者仍要履行出让合同登记文件中所载明的权利和义务。这就是所谓的“认地不认人”的原则。

2．“房地一体”原则

即当土地使用权发生转让时，转让土地上的建筑物和其附着物也随着发生转让，当地上建筑物和其附着物的所有者发生转移时，土地使用权也随着转移。

3．“效益不可损”原则

在进行土地使用权或地上建筑物转让时，皆不可损害地上建筑物或其他附着物。旨在防止损害土地整体效益、违反城市规划要求的行为发生。

（五）国有土地使用权转让程序

土地使用权转让，需经过“提交转让申请—审查批准—缴纳有关税费—登记发证”四个阶段。

1．提交转让申请

在符合法定的转让条件后，现土地使用者方可向当地的土地主管部门提出土地使用权转让的申请。提交申请时应提交已经符合转让条件的相关证明，以及与受让方签订的转让合同等文件。

2．审查批准

审查批准是土地使用权转让最重要的程序之一。这一程序性规定是一种强制性规范，即任何土地使用权的转让如果未经主管部门批准同意，都将是无效的。在这一程序中，土地主管部门除了要审查土地使用权转让是否已经符合法定转让条件外，还应当审查转让方和受让方所签订的转让合同是否与此前土地部门与转让方签订的《国有土地使用权出让合同》有实质性的冲突；是否改变了土地使用用途；审查双方的成交价格，必要时委托评估机构对转让价格进行评估。

3．缴纳有关税费

以出让方式获得土地使用权转让时，应按有关规定缴纳土地增值税、契税等各项税费。以划拨方式取得的土地使用权的转让，还应向当地市、县人民政府补交土地使用权出让金或者以转让、出租、抵押所获收益抵交土地使用权出让金。

4．登记发证

上述程序完成后，市、县人民政府土地管理部门应当为转让双方办理过户登记手续，

并为新的受让人颁发土地使用权证。

二、国有土地使用权的出租

按照《城镇国有土地使用权出让和转让暂行条例》第二十八条规定，土地使用权出租是指土地使用者作为出租人将土地使用权随同地上建筑物、其他附着物租赁给承租人使用，由承租人向出租人支付租金的行为。未按土地使用权出让合同规定的期限和条件投资开发、利用土地的，土地使用权不得出租。

必须指出的是，土地使用权的出租与土地使用权的转让不同。出租土地使用权，出租者（原土地使用者）仍将履行土地使用者的权利和义务。国有土地使用权出租是一种民事法律行为，出租人与承租人之间的权利义务，在不违背法律及土地使用权出让合同的前提下，由双方订立租赁合同加以确定。出租国有土地使用权，必须满足如下条件。

（1）已按照国有土地使用权出让合同的约定对土地进行了开发。未按土地使用权出让合同规定的期限和条件投资开发、利用土地的，土地使用权不得出租。

（2）国有土地使用权的出租应当随同地上建筑物、其他附着物一起出租。

（3）国有土地使用权的出租人和承租人应当签订书面的租赁合同，并依法办理登记。租赁合同不得违背国家法律、法规和土地使用权出让合同的规定。土地使用权和地上建筑物、其他附着物出租，出租人应当依照规定办理登记。

三、国有土地使用权的抵押

《城镇国有土地使用权出让和转让暂行条例》第三十二条规定，土地使用权可以抵押。所谓土地使用权抵押就是土地使用权受让人（即抵押人）以自己享有的土地使用权作为履行债务的担保，当抵押人不能按期履行债务时，债权人（即抵押权人）有权依照法律规定从变卖土地使用权的价款中优先受偿的行为。土地使用权抵押实质为一种权利抵押，即以一定的权利作为抵押权的标的，其显著特点如下。

（一）无转移抵押性

即在土地使用权抵押规程中，作为抵押标的物的土地使用权一般仍归抵押人行使，抵押权人获得该土地使用权的“光秃产权”，或者称之为“衡平产权”。这种产权不赋予抵押权人任何权利，只有抵押人到期未能履行债务或者在抵押合同期间宣告解散、破产的，抵押权人有权依照国家法律、法规和抵押合同的规定处分抵押财产。因处分抵押财产而取得土地使用权和地上建筑物、其他附着物所有权的，应当依照规定办理过户登记。处分抵押财产所得，抵押权人有优先受偿权。抵押权因债务清偿或者其他原因而消灭的，应当依照规定办理注销抵押登记（《城镇国有土地使用权出让和转让暂行条例》第三十六至第三十八条）。

（二）共同抵押

土地使用权与其地上建筑物及其附着物实行不可分割抵押，因为不论是土地使用权还是它的地上建筑物及其他附着物所有权，两者的主体相同，故一般无法分开抵押。土地使用权抵押时，其地上建筑物、其他附着物随之抵押。地上建筑物、其他附着物抵押时，其使用范围内的土地使用权随之抵押（《城镇国有土地使用权出让和转让暂行条例》第三十三条）。

（三）特殊目的性

土地使用权抵押的目的，大多数是获取贷款以用于该抵押土地的开发，这有别于一般的财产抵押目的。

第四节　土地储备制度

我国城市土地属于国家所有，随着城市化进程的不断推进，大量的农村集体土地变为城市的国有土地。如何更高效地利用这部分国有土地，成为迫切需要解决的问题。已有实践证明，土地储备、出让制度的建立和实施，为上述问题的解决提供了一条行之有效的途径，这也是目前土地使用者获得合法土地使用权的唯一途径。

一、概述

土地储备概念来自于国外的 Land Banking，类似的表述还有 Land Bank、Land Storage、Land Reserve 等。1896 年，土地储备制度首次在荷兰实行，随后土地储备推广到瑞典、挪威、丹麦、英国、法国等欧洲国家，之后澳大利亚、加拿大、美国纽约和夏威夷、马来西亚、韩国、中国台湾和香港等国家和地区也开展了土地储备。部分国家土地储备经过一个世纪的发展，已形成较成熟的运行机制。国外及国内港台学者对土地储备的研究十分深入，对土地储备概念的认识也基本一致，即：由政府或公共机构预先取得土地进行储备，以备适时供应市场，从而达到实现公共政策目标、抑制投机、平稳地价的目的。我国的土地储备出现于 20 世纪 90 年代中后期，仅有十余年历史，发展时间短，运行机制尚不成熟。但是，随着土地储备工作的广泛推广，公众对土地储备概念的认识也随之深入。

我国在建立规范、统一的土地储备机制之前，并没有相对一致的土地储备概念。很多城市出台了相关文件以及地方法规来定义土地储备行为、规范土地储备流程。虽然各地对土地储备的定义大体一致，但是在很多方面依然存在不同的地方，主要表现在对土地储备主体和土地储备工作环节的界定有所不同。例如，上海市 1997 年出台的《上海市国有土地使用权收购、储备、出让试行办法》规定："所称收购，是指由上海市房屋土地管理局（以

下简称市房地局）依法征用土地、置换土地、收回国有土地使用权的行为；所谓储备，是指市政府对收购、收回的土地进行前期开发，并予以储存的行为。”收购主体是市房地局，储备主体是上海市政府，都由土地储备机构具体实施。土地储备的主要环节为土地取得、整治和储存。根据杭州市1999年出台的《杭州市土地储备实施办法》相关规定，杭州市土地储备的主体是土地储备机构，土地储备主要环节为土地取得、整治、储存和预出让。北京市2002年发布的《北京市人民政府批转市国土房管局〈关于加强国有土地资产管理建立土地储备制度意见〉的通知》则表示土地储备主体为北京市政府，土地储备环节包括土地取得、整治、储存和出让。

国土资源部、财政部、中国人民银行于2007年11月19日联合制定发布了《土地储备管理办法》，对土地储备主体与工作环节进行了界定，起到了统一规范土地储备工作，完善土地储备制度的作用，以“完善土地储备制度，加强土地调控，规范土地市场运行，促进土地节约集约利用，提高建设用地保障能力”，并指出，土地储备是指市、县人民政府国土资源管理部门为实现调控土地市场、促进土地资源合理利用目标，依法取得土地，进行前期开发、储存以备供应土地的行为。土地储备工作的具体实施，由土地储备机构承担。各地应根据调控土地市场的需要，合理确定储备土地规模。土地储备实行计划管理。市、县人民政府国土资源管理部门实施土地储备计划，应编制项目实施方案，经同级人民政府批准后，作为办理相关审批手续的依据。《土地储备管理办法》明确规定，储备土地必须符合规划、计划，优先储备闲置、空闲和低效利用的国有存量建设用地。

综合各方观点，可认为土地储备是指依据土地利用总体规划、城市规划的要求，土地储备机构通过征用、收购、置换、收回、转制等方式取得土地，直接或者对土地进行适度开发整理后储存起来的过程。

二、现行土地储备制度的组织体制

现行土地储备制度的组织体制实行分层次的两极管理模式。

第一层次是土地储备管理委员会。土地储备管理委员会是土地储备体系的决策机构，其主要职责是：研究制定有关土地收购、储备和供应的规章制度和政策；审查批准土地储备中心的工作计划和重要的土地收购、储备和供应项目；协调有关职能部门之间的关系；对土地储备中心的工作进行指导和监督。

第二层次是土地储备中心。它是土地储备体系的执行机构，在土地储备管理委员会的领导下，具体实施土地收购、储备以及供应的前期开发等准备工作。土地储备中心应为市、县人民政府批准成立，具有独立的法人资格，隶属于国土资源管理部门，统一承担本行政辖区内土地储备工作的事业单位。其主要职责包括：

（1）根据城市规划和城市政府决策，制订土地储备计划；

（2）进行土地征用、转制、回收、置换和购买，保证土地储备库有充足的土地储备；

（3）对进入土地储备库的土地，根据城市规划完成拆迁、安置、归并组合、平整等土地整理工作；

（4）对储备库中尚未出让的土地进行临时经营、使用和管理；

（5）根据城市规划、城市建设需要以及城市土地市场供求状况制订合理的土地供应计划，按照计划将储备的土地由土地管理局通过招标、拍卖和划拨方式提供给土地使用者；

（6）筹集并运作土地储备资金；

（7）及时向社会公布城市土地储备信息和土地供应计划，为房地产市场投资者和社会各界服务。

三、可纳入土地储备范围的土地类型

根据《土地储备管理办法》的规定，下列土地可以纳入土地储备范围。

（1）依法收回的国有土地。主要指市、县人民政府或国土资源管理部门依法无偿收回国有土地使用权的土地，由土地登记机关办理注销土地登记手续后纳入土地储备。如国有土地使用者未按照土地使用权出让合同支付土地使用权出让金，应依法收回的土地；国有土地使用年限届满，被依法收回的土地；被依法没收使用权的国有土地等。

（2）收购的土地。主要指以下两种情况。

① 旧城区改建。因实施城市规划进行旧城区改建需要调整使用土地的，应由国土资源管理部门报经有批准权的人民政府批准，依法对土地使用权人给予补偿后，收回土地使用权。对政府有偿收回的土地，由土地登记机关办理注销土地登记手续后纳入土地储备。

② 土地储备计划。根据土地储备计划收购国有土地使用权的，土地储备机构应与土地使用权人签订土地使用权收购合同。收购土地的补偿标准，由土地储备机构与土地使用权人根据土地评估结果协商，经国土资源管理、财政部门或地方法规规定的机构批准确认。完成收购程序后的土地，由土地登记机关办理注销土地登记手续后纳入土地储备。

（3）行使优先购买权取得的土地。政府行使优先购买权取得的土地，由土地登记机关办理注销土地登记手续后纳入土地储备。

（4）农用地转用。已办理农用地转用、土地征收批准手续的土地，由土地登记机关办理注销土地登记手续后纳入土地储备。

（5）其他依法取得的土地。

四、土地储备的基本运作模式

土地储备工作重点为土地取得、开发整理与储存，如图 3-1 所示。

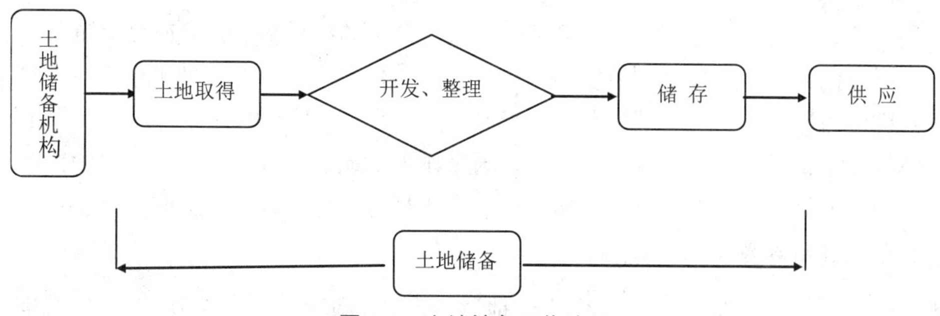

图 3.1　土地储备运作流程

（一）土地取得

土地取得即土地收购，通常是由市政府领导的一个专门机构（土地储备中心）负责，先于开发商，物色那些在未来有发展潜力的土地，调集资金从原土地使用权人（主要是原国有土地）购回土地使用权，或从原土地所有权人（主要指农村集体用地）购买所有权的行为。土地收购在许多国家都是惯常的做法，如瑞典斯德哥尔市政府曾一度拥有该市周边两倍于市区的土地面积。其中，大多数用地是几十年前仅以农地或相当于农地的价格购得的。巨大的土地储备，使斯德哥尔市能以更有秩序、更有效率的方式快速发展并实现了以合理价位为居民提供大量住宅的目标。到 1964 年，斯德哥尔市 70%的土地通过征购成为公有土地。

（二）土地开发整理与储存

土地储备机构应对依法征收后纳入储备的土地进行必要的前期开发，使之具备供应条件。前期开发涉及道路、供水、供电、供气、排水、通信、照明、绿化、土地平整等基础设施建设的，要按照有关规定，通过公开招标方式选择工程实施单位。土地储备机构应对纳入储备的土地采取必要的措施予以保护管理，防止侵害储备土地权利行为的发生。在储备土地未供应前，土地储备机构可将储备土地或连同地上建（构）筑物，通过出租、临时使用等方式加以利用。设立抵押权的储备土地临时利用，应征得抵押权人同意。储备土地的临时利用，一般不超过两年，且不能影响土地供应。

五、土地储备制度对房地产市场的影响

土地储备制度的实行改变了房地产开发企业的供地渠道，从根本上引发了房地产开发企业结构的重大调整，这一制度的运行给我国房地产市场带来了深刻的变革。

（一）土地储备制度与土地价值

在实施土地储备制度以前，土地大多是通过协议方式进入市场，土地供应主体众多，开发商均能以较低的价格取得城市土地使用权，土地交易价格低，加之人们对房地产的需求有限，因而蕴含在土地中的价值并没有真正发挥出来。一方面是土地隐形市场不注重价格

杠杆作用的结果；另一方面，灰色交易造成了国家利益的严重损失，从而导致每年全国土地资产流失近百亿元。土地储备制度实施以来，土地市场在公平、公开的平台上，通过招标、拍卖、挂牌的方式运作，必然带来地价的上涨， 这种方式带来的地价合理上涨是土地价值的真实体现，纠正了扭曲的地价，其实质是国家作为土地所有者对土地收益权的体现。土地储备制度使土地真实价值得到体现，扭转了过去不规范土地市场中建立起来的土地价格。

（二）土地储备制度与房地产价格

土地储备通过招、拍、挂方式供应土地以后，切断了土地供给的其他来源，并且其供给量被政府垄断和限制，土地形成了供给短缺和来源单一的非竞争规则。土地源头的垄断形成了非市场化的土地市场。“ 一个池子蓄水，一个龙头放水”，使得开发商只能从政府的手中获得土地，导致了土地供应量不能随意增加，进而土地价格的非正常上涨，带动商品房价格的上升。尤其是一线城市和部分二线城市，近年来由于商品房需求量剧增，各种投资和投机需求涌入，再加上刚性需求的急剧增加，致使商品房价格快速上升，这一现象又反过来吸引着越来越多的开发商到这些城市争相拿地，其中不乏手中握有巨额资金的国企和央企，于是地王不断涌现，“面粉贵过面包”，引发新一轮房地产价格的大幅度上涨。

（三）土地储备制度的负面效应

土地储备制度实施以来，出现城市政府片面强调土地储备作为城市建设资金的一种来源功能，而忽视土地储备作为改进居民住房条件，增加社会总福利的功能；城市政府出让土地的热情高，只顾短期利益，不顾长期利益，超量出让土地；根据有关部门公布的数据显示，土地取得成本一般占到房地产开发成本的 1/3 以上，公开拍卖获得的土地价格太高，必然导致房地产开发商的总开发成本增加，但是房地产开发商最终将增加的土地取得成本大部分转嫁给购房者；地价过高间接地增加了其他行业的企业的经营成本，而其也会通过商品将增加的成本大部分转嫁给消费者。总之，这种储备土地供应方式使政府呈现一种“与民夺利”的态势，政府形象受到损害；老百姓生活成本大大增加，社会福利受到损害。

土地储备的招、拍、挂的供应方式之所以出现这样的负面效应，与招标、拍卖和挂牌这几种市场交易行为本身片面追求出让价格指标的规则设计有关。要改变城市储备土地供应的这些负面效应，显然必须对土地的供应方式进行改革和创新。

【案例分享】2016 年成史上最可怕地王年　四季度楼市风险或爆发[1]

“2016 年是史上最可怕的地王年。”针对中国房地产市场的“地王”现象，业内分析

[1] 2016 年成史上最可怕地王年 四季度楼市风险或爆发[EB/OL]. http://qd.house.sina.com.cn/esf/2016-08-22/10316173315444628581630.shtml/2016-10-10/.

认为，2016 年一、二线城市地王潮全面出现，地价超过房价已经从一线城市蔓延到二线城市，二线城市成为 2016 年地王出现最多的区域。这种不理性不健康的拿地行为导致房地产市场后续酝酿巨大风险。

2016 年以来，全国各地区地王频出。8 月 17 日，融信以 110.1 亿元的总价击败 17 家各路土豪，以 10 万元/平方米的名义楼板价，14.3 万元/平方米的可售面积楼板价，创下全国楼板价地王，国内最贵“高价地”在上海诞生。

据统计，截至目前，全国主要城市再现多宗地王，单宗地块成交额在 10 亿元以上的有 21 宗，超过 5 亿元的有 56 宗，在这 56 宗高价地中，合计有 16 宗溢价率超过 100%，而如果计算溢价率 50%以上，则多达 25 宗。

中原地产首席分析师张大伟表示，2016 年是中国有史来地王最密集的年份，高总价、高单价、高溢价率“三高”地块普遍出现在一、二线城市，持续刺激房地产市场。

整体看，二线城市成为 2016 年地王出现最多的区域，其中最主要集中在南京、苏州、合肥等城市，而这些城市恰好是房价上涨最迅速的城市。

从 8 月地王分布看，与前 7 月相比出现新的特征。地王逐渐从之前的一线城市+二线四小龙开始向其他二线城市蔓延。在地王中，武汉、济南、石家庄、南宁、福州等二线中城市开始成为地王频繁出现的区域。

在地王频繁出现的背景下，一线城市供应稀缺愈加凸显。截至 8 月 15 日，一线城市合计供应住宅土地仅 79 宗，865 万平方米，相比前几年的全年 3 000 万平方米，2016 年 8 个月仅完成 28%左右。

从城市分布看，其中深圳仅供应 2 宗住宅用地，65 万平方米，北京供应 7 宗地 105 万平方米。广州供应 13 宗 225 万平方米，上海供应最多 469 万平方米。

“在热点城市出现普遍性地价超过房价现象，这种不理性不健康的拿地行为导致房地产市场后续酝酿巨大风险。”张大伟认为，8 月一、二线城市依然疯狂出现地王潮，但市场成交一线城市成交已经开始放缓，部分热点二线城市成交火热，房价地价领涨。预期下半年，房地产调控继续因城施策，升级到一城一策，一旦信贷政策宽松不能持续，下半年，特别是四季度房地产市场的风险可能爆发。

交通银行金融研究中心高级研究员夏丹对中国经济网记者表示，2016 年以来局部地区的地王潮仍持续不断，管理层对资产泡沫和地王现象的警惕下一步将反映在对开发企业融资渠道的收紧和对土地供应的调整管控等方面，未来房地产投资增速可能继续面临压力。

本章小结

房地产开发用地，是指进行房地产开发、建设与经营而使用的土地。在我国领土范围

内能够成为房地产开发载体的土地是依法取得国有土地使用权的土地，如何获得国有土地使用权就成为房地产开发的关键。房地产开发用地仅具有使用权，且有偿有期限，可以通过出让、转让、划拨、合作等方式获得。

国有土地使用权出让方式包括协议、招标、拍卖、挂牌几种方式，但协议出让方式不在公开出让方式之列。国有土地使用权出让应遵循一定的原则、审批权限和程序，按规定取得土地使用权的土地使用者，其使用权在使用年限内可以转让、出租、抵押或者用于其他经济活动，合法权益受国家法律保护。

土地储备制度的建立为国有土地使用权的出让奠定基础，依法收回的国有土地、收购的土地、行使优先购买权取得的土地、农用地转用和其他依法取得的土地均可成为土地储备来源。土地储备制度的建立和运行对我国的房地产市场产生深远影响。

综合练习

一、基本概念

房地产开发用地；国有土地使用权出让；协议出让；招标出让；拍卖出让；挂牌出让；国有土地使用权转让；国有土地使用权出租；国有土地使用权抵押；土地储备

二、思考题

1. 简述房地产开发用地的特征、类型及获取方式。
2. 简述国有土地使用权出让的特征、原则、方式及程序。
3. 简述国有土地使用权转让的方式、条件、原则及程序。
4. 简述国有土地使用权出租的条件。
5. 简述国有土地使用权抵押的特征。
6. 谈谈你对土地储备制度的认识。

第四章　房地产开发与经营管理

学习目标

通过对本章的学习，学生应掌握如下内容：

1. 房地产开发企业的设立条件与设立程序；
2. 房地产开发企业的资质管理；
3. 五证两书与三表；
4. 建设前期准备阶段的管理；
5. 开发建设阶段的管理；
6. 商品房销售与交付阶段的管理。

导言

房地产开发与经营，是指房地产开发企业在城市规划区国有土地上进行基础设施建设、房屋建设，并转让房地产开发项目或者销售、出租商品房的行为。本章所述房地产开发与经营管理，是指政府相关部门，依据《城市房地产管理法》、《招标拍卖挂牌出让国有土地使用权规定》、《城市房地产开发经营管理条例》、《城市商品房预售管理办法》、《商品房销售管理办法》、《房地产开发企业资质管理规定》、最高人民法院的相关解释等法律法规以及相关的政策规定，对于房地产开发企业从事房地产开发活动相关事宜的管理，并不涉及企业对自身的管理活动。

第一节　房地产开发企业的设立及资质

房地产开发企业是指依法设立、具有企业法人资格的，从事房地产开发经营的经济组织。房地产开发企业的设立必须满足一定的条件，并且应该按照相应的资质等级从事开发活动。

一、房地产开发企业的设立条件

《城市房地产管理法》第三十条规定，设立房地产开发企业，应当具备下列条件。

（1）有自己的名称和组织机构。

（2）有固定的经营场所。

（3）有符合国务院规定的注册资本[①]。

（4）有足够的专业技术人员。

（5）法律、行政法规规定的其他条件。

二、房地产开发企业的设立程序

设立房地产开发企业，需先到工商部门登记，然后到房地产开发主管部门备案，同时应当申请相应的资质等级。

（一）登记

设立房地产开发企业，应向县级以上人民政府工商行政管理部门申请登记。工商行政管理部门对符合设立条件的，自收到申请之日起30日内予以登记；对不符合条件不予登记的，应当说明理由。工商行政管理部门在对设立房地产开发企业申请登记进行审查时，应听取同级房地产开发主管部门的意见。

（二）备案

房地产开发企业应当自领取营业执照之日起30日内，持下列文件到登记机关所在地的房地产开发主管部门备案。

（1）营业执照复印件。

（2）企业章程。

（3）企业法定代表人的身份证明。

（4）专业技术人员的资格证书和劳动合同。

（5）房地产开发主管部门认为需要出示的其他文件。[②]

（三）认定资质

为了加强对房地产开发企业的管理，规范房地产开发企业行为，建设部于2000年3月发布了《房地产开发企业资质管理规定》，2015年5月4日住房和城乡建设部令第24号

① 对于房地产开发企业设立时的注册资本问题，《城市房地产开发经营管理条例》作了更具体的规定："有100万元以上的注册资本"，而《房地产开发企业资质管理规定》（2015年修订版）删除了"注册资本的要求"。另外，根据《公司法》的相关要求，自2014年3月1日起，除了27个行业外，新设立公司（包括房地产开发企业）时，实施注册资本认缴登记制，即在公司设立时，由公司股东（发起人）对其认缴出资额、出资方式、出资期限等进行自主约定，并记载于公司章程。至此，注册资本认缴登记制取代了原来的注册资本实缴制。

② 房地产开发主管部门应当在收到备案申请后30日内向符合条件的企业核发《暂定资质证书》，见"三、房地产开发企业的资质管理"。

修正。按照该规定，房地产开发企业资质按照企业条件分为一、二、三、四等四个资质等级，另外有暂定资质。未取得房地产开发资质等级证书（以下简称资质证书）的企业不得从事房地产开发经营业务。

三、房地产开发企业的资质管理

房地产开发不同于一般的经济活动，其从业单位所具备条件的高低直接影响到建设工程质量和安全生产，因此从事房地产开发活动的单位必须符合相应的资质条件。国家对房地产开发企业实行四级资质和暂定资质管理，从开发经营年限、人员要求、过往业绩等方面加以界定。

（一）一级资质应满足的条件

（1）从事房地产开发经营 5 年以上。

（2）近 3 年房屋建筑面积累计竣工 30 万平方米以上，或者累计完成与此相当的房地产开发投资额。

（3）连续 5 年建筑工程质量合格率达 100%。

（4）上一年房屋建筑施工面积 15 万平方米以上，或者完成与此相当的房地产开发投资额。

（5）有职称的建筑、结构、财务、房地产及有关经济类的专业管理人员不少于 40 人，其中具有中级以上职称的管理人员不少于 20 人，持有资格证书的专职会计人员不少于 4 人。

（6）工程技术、财务、统计等业务负责人具有相应专业中级以上职称。

（7）具有完善的质量保证体系，商品住宅销售中实行了《住宅质量保证书》和《住宅使用说明书》制度。

（8）未发生过重大工程质量事故。

（二）二级资质应满足的条件

（1）从事房地产开发经营 3 年以上。

（2）近 3 年房屋建筑面积累计竣工 15 万平方米以上，或者累计完成与此相当的房地产开发投资额。

（3）连续 3 年建筑工程质量合格率达 100%。

（4）上一年房屋建筑施工面积 10 万平方米以上，或者完成与此相当的房地产开发投资额。

（5）有职称的建筑、结构、财务、房地产及有关经济类的专业管理人员不少于 20 人，其中具有中级以上职称的管理人员不少于 10 人，持有资格证书的专职会计人员不少于 3 人。

（6）工程技术、财务、统计等业务负责人具有相应专业中级以上职称。

（7）具有完善的质量保证体系，商品住宅销售中实行了《住宅质量保证书》和《住宅使用说明书》制度。

（8）未发生过重大工程质量事故。

（三）三级资质应满足的条件

（1）从事房地产开发经营 2 年以上。

（2）房屋建筑面积累计竣工 5 万平方米以上，或者累计完成与此相当的房地产开发投资额。

（3）连续 2 年建筑工程质量合格率达 100%。

（4）有职称的建筑、结构、财务、房地产及有关经济类的专业管理人员不少于 10 人，其中具有中级以上职称的管理人员不少于 5 人，持有资格证书的专职会计人员不少于 2 人。

（5）工程技术、财务等业务负责人具有相应专业中级以上职称，统计等其他业务负责人具有相应专业初级以上职称。

（6）具有完善的质量保证体系，商品住宅销售中实行了《住宅质量保证书》和《住宅使用说明书》制度。

（7）未发生过重大工程质量事故。

（四）四级资质应满足的条件

（1）从事房地产开发经营 1 年以上。

（2）已竣工的建筑工程质量合格率达 100%。

（3）有职称的建筑、结构、财务、房地产及有关经济类的专业管理人员不少于 5 人，持有资格证书的专职会计人员不少于 2 人。

（4）工程技术负责人具有相应专业中级以上职称，财务负责人具有相应专业初级以上职称，配有专业统计人员。

（5）商品住宅销售中实行了《住宅质量保证书》和《住宅使用说明书》制度。

（6）未发生过重大工程质量事故。

（五）暂定资质应满足的条件

新设立的房地产开发企业应当自领取营业执照之日起 30 日内，持相关文件到房地产开发主管部门备案。房地产开发主管部门应当在收到备案申请后 30 日内向符合条件的企业核发《暂定资质证书》，申请《暂定资质证书》的条件不得低于四级资质企业的条件。《暂定资质证书》有效期 1 年。房地产开发主管部门可以视企业经营情况延长《暂定资质证书》有效期，但延长期限不得超过 2 年。自领取《暂定资质证书》之日起 1 年内无开发项目的，《暂定资质证书》有效期不得延长。房地产开发企业应当在《暂定资质证书》有效期满前 1 个月内向房地产开发主管部门申请核定资质等级。房地产开发主管部门应当根据其开发

经营业绩核定相应的资质等级。

（六）分级审批与年检制度

房地产开发企业资质等级实行分级审批。一级资质由省、自治区、直辖市人民政府建设行政主管部门初审，报国务院建设行政主管部门审批；二级资质及二级资质以下企业的审批办法由省、自治区、直辖市人民政府建设行政主管部门制定。经资质审查合格的企业，由资质审批部门发给相应等级的资质证书。

房地产开发企业的资质实行年检制度。对于不符合原定资质条件或者有不良经营行为的企业，由原资质审批部门予以降级或者注销资质证书。一级资质房地产开发企业的资质年检由国务院建设行政主管部门或者其委托的机构负责；二级资质及二级资质以下房地产开发企业的资质年检由省、自治区、直辖市人民政府建设行政主管部门制定办法。房地产开发主管部门应当将房地产开发企业资质年检结果向社会公布。房地产开发企业无正当理由不参加资质年检的，视为年检不合格，由原资质审批部门注销资质证书。

（七）承担项目限制

各资质等级企业应当在规定的业务范围内从事房地产开发经营业务，不得越级承担任务。一级资质的房地产开发企业承担房地产项目的建设规模不受限制，可以在全国范围承揽房地产开发项目。二级资质及二级资质以下的房地产开发企业可以承担建筑面积 25 万平方米以下的开发建设项目，承担业务的具体范围由省、自治区、直辖市人民政府建设行政主管部门确定。

（八）违规处罚

房地产开发企业未按规定从事房地产开发经营活动，县级以上地方人民政府房地产开发主管部门视情节轻重，可对其处以警告、限期整改、处以 1 万元～10 万元不等的罚款、吊销资质证书，工商行政管理部门可以吊销其营业执照。

各级建设行政主管部门工作人员在资质审批和管理中玩忽职守、滥用职权、徇私舞弊的，由其所在单位或者上级主管部门给予行政处分；构成犯罪的，由司法机关依法追究刑事责任。

四、房地产开发项目资本金制度

1996 年 8 月 23 日国务院发布了《关于固定资产投资项目施行资本金制度的通知》，该通知规定从 1996 年开始，对各种经营性投资项目，包括国有单位的基建项目、技术改造、房地产开发项目和集体投资项目施行资本金制度，项目的投资首先必须落实资本金才能进行建设。凡资本金不落实的投资项目，一律不得开工建设。

（一）项目资本金的含义

所谓项目资本金，是指在项目总投资中，由投资者认缴的出资额。资本金属于投资者的自有资金，对投资项目来说是非债务性资金，项目法人不承担这部分资金的任何利息和债务。投资者可按其出资的比例依法享有所有者权益，也可以转让其出资，但不得以任何方式抽出。

（二）项目资本金制度的主要内容及其实施意义

所谓项目资本金制度，是指国家围绕项目资本金的筹集、管理以及所有者的责、权、利等方面所作的法律规范。项目资本金制度主要涉及下列内容：

（1）项目资本金的比例要求。国家将根据经济形势发展和宏观调控需要，适时调整固定资产投资项目最低资本金比例。《关于固定资产投资项目试行资本金制度的通知》中，对于投资项目资本金占总投资的比例，根据不同行业和项目的经济效益等因素确定，具体规定如下：交通运输、煤炭项目，资本金比例为35%及以上；钢铁、邮电、化肥项目，资本金比例为25%及以上；电力、机电、建材、化工、石油加工、有色、轻工、纺织、商贸及其他行业的项目，资本金比例为20%及以上。2004 年和 2009 年，国务院先后两次对固定资产投资项目资本金比例进行了调整。

（2）项目资本金的筹资方式。项目资本金可以用货币出资，也可以用实物、工业产权、非专利技术、土地使用权做价出资，但必须经过有资格的资产评估机构依照法律法规评估其价值，且不得高估或低估。

（3）无形资产的出资限额。世界上大多数国家都允许用无形资产对企业投资，但同时也都对无形资产投资的比例做出了限定。如我国规定，以工业产权、非专利技术作价出资的比例不得超过投资项目资本金总额的 20%，国家对采用高新技术成果有特别规定的除外。

（4）项目资本金的认缴管理。项目资本金一次认缴，并根据批准的建设进度按比例逐年到位。在项目的可行性研究报告中要就资本金筹措情况做出详细说明，包括出资方、出资方式、资本金来源及数额、资本金认缴进度等有关内容。上报可行性研究报告时须附有各出资方承诺出资的文件，以实物、工业产权、非专利技术、土地使用权作价出资的，还须附有资产评估证明等有关材料。

（5）投资项目概算的静态控制、动态管理。凡实际动态概算超过原标准动态概算的，投资项目资本金应按《关于固定资产投资项目试行资本金制度的通知》规定的比例，以经批准调整后的概算为基数，相应进行调整，并按照国家有关规定，确定各出资方应增加的资本金。实际动态概算超过原批准动态概算 10% 的，其概算调整须报原概算审批单位批准。

（6）项目资本金的使用和监管。项目资本金只能用于项目建设，不得挪作他用，更不得抽回。有关银行承诺贷款后，要根据投资项目建设进度和资本金到位情况分年发放贷款。有关部门要按照国家规定对项目资本金到位和使用情况进行监督。对资本金未按照规定进

度和数额到位的投资项目，投资管理部门不发给投资许可证，金融部门不予贷款。对将已存入银行的资本金挪作他用的，在投资者未按规定予以纠正之前，银行要停止对该项目拨付贷款。对资本金来源不符合有关规定，弄虚作假，以及抽逃资本金的，要根据情节轻重，对有关责任者处以行政处分或经济处罚，必要时停缓建有关项目。

严格推行项目资本金制度，要求项目投资的资本金占总投资的比例应达到法定的比例，否则不能开工建设，这种规定有利于形成一种（投资者和债权人）利益风险共担机制，确保项目能正常进行，同时也维护了包括银行在内的各类债权人、贷款人的利益。对商业银行来说，也需要建立一种利益风险共担机制，在进行较大数量资金要求的信贷和投资项目时，需要配置相应比例的自有资本金，以共同承担风险。

（三）房地产开发项目资本金

目前房地产开发项目实行资本金制度，即开发企业承揽项目时必须拥有一定比例的项目资本金，这样可以有效保护购房者、商业银行的利益，减少楼盘“烂尾”等现象的发生。

对于房地产开发项目资本金的比例，随着宏观调控的需要而不断做出调整，充分发挥了资本金制度的宏观调控手段和风险约束机制作用。《城市房地产开发经营管理条例》（国务院令〔1998〕第 248 号）第十三条规定：“房地产开发项目应当建立资本金制度，资本金占项目总投资的比例不得低于 20%。”2004 年 4 月为加强宏观调控，调整和优化经济结构，促进行业的健康发展，国务院下发《关于调整部分行业固定资产投资项目资本金比例的通知》，将房地产开发项目（不含经济适用房项目）资本金比例由 20%及以上提高到 35%及以上。2004 年 9 月，银监会颁布的《商业银行房地产贷款风险管理指引》第十六条规定，商业银行对申请贷款的房地产开发企业，应要求其开发项目资本金比例不低于 35%。2006 年 8 月，随着楼市持续高温，为防范金融风险，银监会还再次公开发布《关于进一步加强房地产信贷管理的通知》，重申严禁向项目资本金比例达不到 35%、“四证”不齐等不符合贷款条件的房地产开发企业发放贷款。2009 年 5 月，为应对国际金融危机，扩大国内需求，《国务院关于调整固定资产投资项目资本金比例的通知》再次调整了房地产开发项目资本金比例，规定“保障性住房和普通商品住房项目的最低资本金比例为 20%，其他房地产开发项目的最低资本金比例为 30%。”2015 年 9 月《国务院关于调整和完善固定资产投资项目资本金制度的通知》将房地产开发项目资本金调整为保障性住房和普通商品住房项目维持 20%不变，其他项目由 30%调整为 25%，并强调“国家将根据经济形势发展和宏观调控需要，适时调整固定资产投资项目最低资本金比例。”

五、五证两书与三表

后续章节会涉及“五证两书与三表”。“五证两书” 也是商品房合法销售的必备条件，而在开发项目竣工以后，开发企业还必须按照相关规定填写“三表”。开发企业在向购房

者交房时必须具备“五证两书与三表”，是保护购房者利益的重要保障。

（一）五证两书

五证包括建设用地规划许可证、国有土地使用证、建设工程规划许可证、建筑工程施工许可证和商品房销售（预售）许可证；两书包括住宅质量保证书和住宅使用说明书。

建设用地规划许可证：是建设单位在向土地管理部门申请征用、划拨土地前，经城市规划行政主管部门确认建设项目位置和范围符合城市规划的法定凭证，是建设单位用地的法律凭证。

国有土地使用证：是证明土地使用者（单位或个人）使用国有土地的法律凭证，受法律保护。

建设工程规划许可证：城市规划行政主管部门依法核发的，确认有关建设工程符合城市规划要求的法律凭证，是建设活动中接受监督检查时的法定依据。没有此证的建设单位，其工程建筑是违章建筑，不能领取房地产权属证件。

建筑工程施工许可证：是允许建设项目开工的法律依据。当各种施工条件完备时，建设单位应当按照计划批准的开工项目向工程所在地县级以上人民政府建设行政主管部门办理施工许可证手续，领取施工许可证。未取得施工许可证的不得擅自开工。

商品房销售（预售）许可证：是市、县人民政府房地产行政管理部门允许房地产开发企业销售商品房的批准文件。未领取商品房销售（预售）许可证的项目，不能开展销售（预售）活动。

住宅质量保证书：是房地产开发企业将新建成的房屋出售给购买人时，针对房屋质量向购买者做出承诺保证的书面文件，具有法律效力，开发企业应依据《住宅质量保证书》上约定的房屋质量标准承担维修、补修的责任。

住宅使用说明书：是指住宅出售单位在交付住宅时提供给用户的，告知住宅安全、合理、方便使用及相关事项的文本。住宅使用说明书应当载明房屋平面布局、结构、附属设备、配套设施、详细的结构图（注明承重结构的位置）和不能占有、损坏、移装的住宅共有部位、共用设备以及住宅使用规定和禁止行为。

（二）三表

三表包括建设工程竣工验收备案表、房屋实测面积表和住宅工程质量分户验收表。建设工程竣工验收备案，是指建设单位在建设工程竣工验收后，将建设工程竣工验收报告和规划、公安消防、环保等部门出具的认可文件或者准许使用文件报建设行政主管部门审核的行为；房屋实测面积，是指商品房竣工验收后，工程规划相关主管部门审核合格，开发企业依据国家规定委托具有测绘资质的房屋测绘机构参考图纸、预测数据及国家测绘规范的规定对楼宇进行的实地勘测、绘图、计算而得出的面积，是开发企业和业主的法律依据，是业主办理产权证、结算物业费及相关费用的最终依据；住宅工程质量分户验收，是指在

施工单位提交竣工报告后、单位工程竣工验收前，按照国家工程质量验收规范对住宅工程的每一户及单位工程公共部位按有关规定进行的专门验收。

六、房地产开发经营的几个阶段

从开发、建设、经营、管理的程序上讲，房地产开发一般可分为五个阶段，即可行性研究和项目决策阶段、建设前期准备阶段、建设阶段、销售阶段和交付使用阶段。除了可行性研究和项目决策阶段以外，其他四个阶段均直接与政府部门打交道，接受相关管理制度的约束。政府对房地产开发建设的管理，体现在房地产开发的全过程，这也使得房地产行业成为政府宏观干预最多的行业之一。因而，一个成功的开发企业通常对政府的政策相当敏感，并认真研究政府的政策和态度，以使自身处于不败之地。以下几节将循着房地产开发经营的全过程，阐述政府对房地产开发经营各阶段的相关管理制度。

第二节　建设前期准备阶段的管理

对于开发企业来说，建设前期准备阶段是其重点工作阶段，该阶段除了要获取土地使用证外，最主要的工作是进行规划报建与施工图审查、工程招标与投标以及申办《施工许可证》等。

一、规划报建与施工图审查

该阶段开发企业的主要工作就是按照规划设计条件的要求，委托设计单位设计方案，包括建设工程规划方案和建筑方案，然后送审设计方案，取得《建设工程规划许可证》和施工图审查合格证书。

首先是取得《建设工程规划许可证》。需要完成建设工程规划方案审批、建筑方案审批和建设工程规划许可证审批。在规划方案审批阶段，取得规划方案审查意见书。在此阶段主要提供的资料为：（1）建设项目规划方案图纸及光盘（大型项目需提供 2～3 个不同设计单位的规划方案及光盘）；（2）进行专家评审的项目，提供专家评审意见及全部参评方案；（3）“一书一证”及其附件（规划设计使用条件和规划用地范围线）。在建筑方案审批阶段，取得建筑方案审查意见书。此阶段主要提供的资料为：（1）进行专家评审的项目，提供专家评审意见及全部参评方案；（2）需要进行日照分析的需提交日照分析图及报告；（3）批准的规划方案审查意见。在建设工程规划许可证审批阶段，主要提供的资料为：（1）国有土地使用权证；（2）发改部门批复文件；（3）经审定的建设工程设计方案，需要编制修建性详细规划的建设项目，还应当提交经审定的修建性详细规划原件；（4）建筑请照图原件及相应的电子文件（含效果图）；（5）建设工程规划指标计算申报表；（6）需要进行日照分析的需提交日照分析图及报告原件。

开发企业在完成规划方案设计后，须向规划部门提出审定申请。通过审定的规划方案，是建筑方案报审和施工图设计的依据，也是取得《建设工程规划许可证》的必备条件。建筑方案报审分规划建筑方案审批和请照图审批两阶段。开发企业依据审定的建筑方案通知书和可行性研究报告批复，并向规划主管部门征询土地及拆迁部门有关用地及拆迁安置的意见后，持建筑方案图纸及请照图[①]，向规划局申领《建设工程规划许可证》。获取《建设工程规划许可证》是在项目列入年度正式计划后，申请办理开工手续之前，需进行的验证工程建设符合规划要求的最后法定程序，该证是申办开工的必备文件。

在施工图审查合格证书获取阶段，需要进行施工图审查，包括各专项审查部门审查和施工图审查机构审查。各专项审查部门包括公安、消防、人防、抗震、供水、供电、燃气、城管、交管、通信管线、环卫、园林、卫生、防雷等部门审查，需要取得对应的审查意见；施工图审查机构审查通过后取得施工图审查合格书，是进行项目招投标和办理项目施工许可手续的重要条件。

二、工程招标与投标

按照《招标投标法》和《工程建设项目招标范围和规模标准规定》等相关法规的规定，房地产开发建设工程项目，包括项目的勘察、设计、施工、监理以及与工程建设有关的重要设备、材料等的采购，达到下列标准之一的，必须进行招标：

（1）施工单项合同估算价在 200 万元人民币以上的；

（2）重要设备、材料等货物的采购，单项合同估算价在 100 万元人民币以上的；

（3）勘察、设计、监理等服务的采购，单项合同估算价在 50 万元人民币以上的；

（4）单项合同估算价低于第（1）、（2）、（3）项规定的标准，但项目总投资额在 3 000 万元人民币以上的。

依法必须进行招标的项目，全部使用国有资金投资或者国有资金投资占控股或者主导地位的，应当公开招标。施工招标项目需要划分标段和确定工期的，招标人应当合理划分标段、确定工期，并在招标文件中载明。应积极推行总承包负责制，不得将一个单位工程主楼、附楼、分部工程分开招标，严禁招标人肢解工程或中标人将中标工程违法转包、分包，如分部工程专业性较强需要另行选择承包人的，必须进入有形建筑市场通过招标投标方式确定。任何为招标项目的前期准备或者监理工作提供设计、咨询服务的法人及其附属机构（单位），均不得参加该招标项目的投标。

① 请照图是俗称，应该为“方案图”，报规划局用的。请照图包括建筑平面图、立面图、剖面图，基础平面图和总平面图。

另外，招标投标活动不受地区、部门的限制，不得对潜在投标人实行歧视待遇。建设项目的勘察、设计，采用特定专利或者专有技术的，或者其建筑艺术造型有特殊要求的，经项目主管部门批准，可以不进行招标。

三、申办《施工许可证》

建设工程施工许可证是建设单位进行工程施工的法律凭证，也是房屋权属登记的主要依据之一。没有施工许可证的建设项目均属违章建筑，不受法律保护。当各种施工条件完备时，建设单位应当按照计划批准的开工项目向工程所在地县级以上人民政府建设行政主管部门办理施工许可证手续，领取施工许可证，未取得施工许可证的不得擅自开工。房地产开发项目在施工之前同样需要申办《施工许可证》。施工许可证的法定批准条件如下。

（一）已办理建筑工程用地审批手续

即开发项目已依法获得国有土地使用权，这是开发项目申领施工许可证的首要条件。依法申请的国有土地包括原国家所有的土地和国家征收的原属于农民集体所有的土地。如果没有依法取得国有土地使用权，该项目不能获准开工建设。

（二）已取得规划许可证

包括建设用地规划许可证和建设工程规划许可证。这两个规划许可证，分别是申请用地和确认有关建设工程符合城市、镇规划要求的法律凭证。只有取得规划许可证后，方可办理施工许可。

（三）已基本具备施工条件

施工场地应具备的基本施工条件，通常需要根据项目的具体情况决定。例如，已进行场区的施工测量，设置永久性经纬坐标桩、水准基桩和工程测量控制网；搞好“三通一平”或“五通一平”或“七通一平”；具备施工使用的生活基地和生产基地，包括附属企业、加工产站、仓库堆场以及办公、生活、福利用房等；强化安全管理和安全教育，在施工现场已设置安全纪律牌、施工公告牌、安全标志牌等。实行监理的项目，一般要由监理单位查看后填写“施工场地已具备施工条件的证明”，并加盖单位公章确认。

需要拆迁的，其拆迁进度符合施工要求。拆迁一般指房屋拆迁，是一项复杂的综合性工程，必须按照计划和施工进度进行，过早或过迟都会造成损失或浪费。需要进行先期拆迁的，拆迁进度必须满足项目开始施工和连续施工的要求。

（四）已确定具备相应资质的施工企业

开发项目的施工必须由具有相应资质的施工企业来承担。在项目开工前，开发企业必须按照《招标投标法》、《工程建设项目招标范围和规模标准规定》和《建筑工程许可管

理办法》等法规确定施工企业。若按照规定应该招标的没有招标，应该公开招标的没有公开招标，或者肢解发包工程，或者将工程发包给不具备相应资质条件的，所确定的施工企业无效。

（五）有满足施工需要的施工图纸及技术资料，施工图设计文件已按规定进行了审查

施工图纸是完成一项建设工程的最根本的技术文件，也是在施工过程中保证建设工程质量的重要依据。特别是在项目开工前，必须有满足施工需要的施工图纸和技术资料①。另外，我国已经建立施工图设计文件的审查制度。施工图设计文件不仅要满足施工需要，还要按照规定进行审查。《建筑工程质量管理条例》规定，施工图设计文件未经审查批准的，不得使用。

（六）有保证工程质量和安全的具体措施

《建设工程质量管理条例》第十三条规定，建设单位在领取施工许可证前，应当按照国家有关规定办理工程质量监督手续。《建设工程安全生产管理条例》第十条规定，建设单位在申请领取施工许可证时，应当提供建设工程有关安全施工措施的资料。建设行政主管部门在审核发放施工许可证时，应当对建设工程是否有安全施工措施进行审查，对没有安全施工措施的，不得颁发施工许可证②。

（七）已落实建设资金

建设资金的落实是建设工程开工后能否顺利实施的关键。在实际工程建设过程中，在建设资金不落实或资金不足的情况下，盲目上项目，强行要求施工企业垫资承包或施工，以此转嫁资金缺口，造成拖欠工程款的问题难以杜绝，不仅加重了施工企业的生产经营困难，影响了工程建设的正常进行，也扰乱了建设市场的秩序。因此，相关法规规定，建设工程开工前，建设资金必须落实。如《建筑工程施工许可办理办法》明确规定，建设工期不足 1 年的，到位资金原则上不得少于工程合同价的 50%；建设工期超过 1 年的，到位资金原则上不得少于工程合同价的 30%。建设单位应当提供银行出具的到位资金证明，有条件的可以实行银行保函或者其他第三方担保。

（八）法律、行政法规规定的其他条件

如按《建筑法》的规定，对于成片开发的住宅小区工程，属于国务院规定强制监理的建设工程，按照《建筑工程施工许可办理办法》规定，在申领施工许可证之前，应当办理委托监理。按照《消防法》的规定，依法应当经公安机关消防机构进行消防设计审核的建设工程，未经依法审核或者审核不合格的，负责审批该工程许可的部门不得给予施工许可，

① 技术资料一般包括地形、地质、水文、气象等自然条件资料和主要原材料、燃料来源、水电供应和运输条件等技术经济条件资料。掌握客观、准确、全面的技术资料，是实现建筑工程质量和安全的重要保证。

② 《建筑工程施工许可管理办法》，对“有保证工程质量和安全的具体措施”作了进一步的规定。

建设单位、施工单位不得施工，其他工程取得施工许可后经依法抽查不合格的，应当停止施工。

需要注意的是，上述八个方面的法定条件必须同时具备，缺一不可。建设行政主管部门应当自收到申请之日 15 日内，对符合条件的申请颁发施工许可证。任何单位和个人不得将应该申请领取施工许可证的工程项目分解为若干限额以下的工程项目，以规避施工许可证的申领。

第三节 开发建设阶段的管理

在房地产开发项目建设阶段，开发企业将开发过程涉及的人力、材料、机械设备、资金等资源聚集在一个特定的时空点上，以完成相应的施工生产活动。在该阶段中，开发项目质量责任制度和房地产开发项目竣工验收制度对开发企业的行为构成约束。

一、房地产开发项目质量责任制度

房地产开发企业应对其开发的房地产项目承担质量责任，这在《城市房地产开发经营管理条例》中有明确规定。此外，参与房地产开发项目的勘察、设计、施工、监理等相关单位也应承担相应责任。

（一）开发项目质量责任主体的界定

《城市房地产开发经营管理条例》第十六条规定："房地产开发企业开发建设的房地产开发项目，应当符合有关法律、法规的规定和建筑工程质量、安全标准，建筑工程勘察、设计、施工的技术规范以及合同的约定。房地产开发企业当对其开发建设的房地产开发项目的质量承担责任；勘察、设计、施工、监理等单位应当依照有关法律、法规的规定或者合同的约定，承担相应的责任。"

之所以认定房地产开发企业是所开发项目的第一责任主体，应对项目工程质量全面负责，是因为房地产开发企业作为房地产开发项目的组织者，尽管建设环节的许多工作都由勘察、设计、施工等单位承担，出现质量问题可能是勘察、设计、施工或者材料供应商的责任，也可能是监理单位的不负责造成的，但开发企业是组织者，其他所有参与单位都是开发企业选择的，都和开发企业发生合同关系，出现问题也理应由开发企业与责任单位协调。此外，购房者是从开发企业手里购房，就如同在商店购物，出现问题应由商店对消费者承担质量责任一样，购房者购买的房屋出现质量问题，也理应由开发企业最先承担责任，然后由开发企业再追究相关责任人的责任。

这也意味着，开发企业虽然是开发项目的第一责任人，但勘察、设计、施工等单位也

必须承担相应的责任。2014 年 8 月 25 日住房和城乡建设部发布《建筑工程五方责任主体项目负责人质量终身责任追究暂行办法》，明确规定建筑工程五方责任主体项目负责人是指承担建筑工程项目建设的建设单位项目负责人、勘察单位项目负责人、设计单位项目负责人、施工单位项目经理、监理单位总监理工程师，规定建筑工程五方责任主体项目负责人承担质量终身责任。该项规定的实施，可有效提高质量责任意识，强化质量责任追究，保证工程建设质量。

（二）商品房质量保修制度

房地产开发企业应当对所售商品房承担质量保修责任，《商品房销售管理办法》、《商品住宅实行质量保证书和住宅使用说明书制度的规定》（以下简称《规定》）和《建设工程质量管理条例》等对商品房的质量保修内容和期限做出了明确规定。

1. 商品房质量保修期

销售商品住宅时，房地产开发企业应当根据《规定》，向买受人提供《住宅质量保证书》和《住宅使用说明书》，房地产开发企业应当对所售商品房承担质量保修责任。当事人应当在合同中就保修范围、保修期限、保修责任等内容做出约定。保修期从交付之日起计算，开发商承诺的保修期限应不低于下述期限。

（1）地基基础和主体结构在合理使用寿命年限内承担保修。

（2）正常使用情况下各部位、部件保修内容与保修期：屋面防水 3 年；墙面、厨房和卫生间地面、地下室、管道渗漏 1 年；墙面、顶抹灰层脱落 1 年；地面空鼓开裂、大面积起砂 1 年；门窗翘裂、五金件损坏 1 年；管道堵塞 2 个月；供热、供冷系统和设备 1 个采暖期或供冷期；卫生洁具 1 年；灯具、电器开关 6 个月；其他部位、部件的保修期限，由房地产开发企业与用户自行约定。

2. 商品房质量保修期的认定

需要注意的是，在《建设工程质量管理条例》规定，建设工程实行质量保修制度。建设工程承包单位在向建设单位提交工程竣工验收报告时，应当向建设单位出具质量保修书。质量保修书中应当明确建设工程的保修范围、保修期限和保修责任等。同时规定，在正常使用条件下，建设工程的最低保修期限为：

（1）基础设施工程、房屋建筑的地基基础工程和主体结构工程，为设计文件规定的该工程的合理使用年限。

（2）屋面防水工程、有防水要求的卫生间、房间和外墙面的防渗漏，为 5 年。

（3）供热与供冷系统，为 2 个采暖期、供冷期。

（4）电气管线、给排水管道、设备安装和装修工程，为 2 年。

建设工程的保修期，自竣工验收合格之日起计算。

可见，开发企业对购房者承诺的保修期和工程承包单位对开发企业（建设单位）承诺

的保修期之间存在一个时间差。前者保修期是从房屋交付之日开始算起，后者保修期则是自房屋竣工验收合格之日算起。《商品房销售管理办法》规定，商品住宅的保修期限不得低于建设工程承包单位向建设单位出具的质量保修书约定保修期的存续期；存续期少于《规定》中确定的最低保修期限的，保修期不得低于《规定》中确定的最低保修期限。非住宅商品房的保修期限不得低于建设工程承包单位向建设单位出具的质量保修书约定保修期的存续期。

上述规定增加了保修期认定的复杂性。这里，读者还需弄清楚存续期的含义，只有弄懂了存续期的含义，才能准确计算出保修期。存续期是指《建设工程质量管理条例》中规定的建设工程承包单位向建设单位出具的质量保修书约定的保修期减去商品房竣工至交付之间的时间。若该差少于《规定》中确定的最低保修期限的，以《规定》中确定的最低保修期限为准。假设房屋于2012年1月1日竣工，而开发商于2013年1月1日向买受人交付使用，按照《建设工程质量管理条例》的规定，交付时施工单位对屋面防水的剩余保修期为4年，而《规定》中规定的最低保修期限3年低于该存续期，那么开发商对于屋面防水的保修期应当认定为4年；如果开发商于2015年1月1日向买受人交付使用，施工单位对屋面防水的剩余保修期为2年，少于《规定》中规定的3年最低保修期，然而开发商对于屋面防水的保修期应当认定为3年。买房人可与开发商协商延长保修期，但开发商不得要求缩短保修期。

在保修期限内发生的属于保修范围的质量问题，房地产开发企业应当履行保修义务，并对造成的损失承担赔偿责任。因不可抗力或者使用不当造成的损坏，房地产开发企业不承担责任。

（三）商品房质量不合格的处理规定①

商品房质量不合格是指因开发商交付的商品房及其配套设备、设施或居住环境存在不符合法律规定或合同约定的质量标准。《最高人民法院关于审理商品房买卖合同纠纷案件适用法律若干问题的解释》②（以下简称《解释》）中第十二条、第十三条对房屋质量不合格的处理方法做了相应规定，即第十二条："因房屋主体结构质量不合格不能交付使用，或者房屋交付使用后，房屋主体结构质量经核验确属不合格，买受人请求解除合同和赔偿损失的，应予支持。"第十三条："因房屋质量问题严重影响正常居住使用，买受人请求解除合同和赔偿损失的，应予支持。交付使用的房屋存在质量问题，在保修期内，出卖人应当承担修复责任；出卖人拒绝修复或者在合理期限内拖延修复的，买受人可以自行或者

① 这里涉及"不合格"和"严重影响正常居住使用"两个概念。所谓"不合格"，应指房屋未能通过验收或经核验被认定为不符合质量要求的情形。"严重影响正常居住使用"应指由于房屋质量问题，严重影响买受人享用房屋的正常使用功能和用途的情形。

② 《最高人民法院关于审理商品房买卖合同纠纷案件适用法律若干问题的解释》2003年6月1日开始施行。

委托他人修复。修复费用及修复期间造成的其他损失由出卖人承担。”

按照《解释》，商品房质量不合格分为两种类型：一类是房屋主体结构质量不合格；另一类是房屋质量问题。

1．房屋主体结构质量不合格的处理

所谓房屋主体结构，是指在房屋建筑中，由若干构件连接而成的能承受作用的平面或空间体系。主体结构是建筑的骨骼，要具备足够的强度、刚度、稳定性，用以承受建筑物上的各种负载，主要包括基础、墙、梁、柱、板、楼梯、屋面等。这些部位出现结构性迸裂、倾斜、坍塌等问题，应当视为主体结构质量存在问题。

《解释》对房屋主体结构质量不合格给出了明确的解决办法。除此之外，《城市房地产开发经营管理条例》和《商品房销售管理办法》也都做了这方面的界定。如《城市房地产开发经营管理条例》第三十二条：“商品房交付使用后，购买人认为主体结构质量不合格的，可以向工程质量监督单位申请重新核验。经核验，确属主体结构质量不合格的，购买人有权退房；给购买人造成损失的，房地产开发企业应当依法承担赔偿责任。”《商品房销售管理办法》第三十五条：“如果购房者认为房屋主体结构质量不合格，则购房者有权委托工程质量检测机构重新核验鉴定。对于房屋主体质量不合格的房屋，购房者有权解除合同，并按照法规及合同规定追究开发商的违约责任。”[①]

从上述相关法律条文来看，若购房者认为所购房屋主体结构质量不合格，则可以申请重新检核、解除购房合同或者要求损失赔偿。这里面有三点要引起注意：其一，只有工程主体结构质量不合格的，购房人才能退房。因为退房对于开发商而言，属于比较严重的制约措施，会给其带来较大损失，应当在其有重大过错时适用。当然，当事人或者法律法规对买受人退房另有规定的，从其规定。其二，购房人所购商品房主体质量不合格的，不但可以退房，而且可以就由此造成的损失要求房地产开发企业赔偿。当然，购房人不退房的，也可以要求房地产开发企业赔偿其损失。其三，所谓工程质量检测机构，是指依法取得工程质量检测资格的机构。我国对工程质量检测机构实行资质管理制度，只有具有相应资质等级的工程质量检测机构，才能从事商品房主体结构质量核验工作，其核验结果才合法有效。

2．房屋质量问题的处理

除了房屋主体结构，以下部分出现问题，影响到住户的居住正常使用，即构成房屋质量问题：室内上下水、电、煤气、暖通、通信、闭路、宽带等各种管道、线路安装工程、楼地面工程、墙体抹灰、喷涂、贴砖、门窗安装、防水工程、屋面瓦铺设、立面及屋面造型安装等。

[①] 请注意，这里将重新核验的机构由“工程质量监督单位”改为“工程质量检测机构”，后者不属于官方的质监站，而是社会上具有检测资质的专业机构，可操作性似乎有所提高。

对交付的房屋出现质量问题的，通常按下述方式处理。

（1）房屋存在严重质量问题时。因房屋质量严重影响正常居住使用的，买受人可请求解除合同和赔偿损失。当然如果买受人认为要求卖房人进行修复，并承担由于修复造成的交付迟延责任或赔偿其他损失，更为合算时，也可选择要求修复。

（2）房屋质量出现其他问题时。房屋交付后，出现质量问题的，在未严重影响正常居住使用的情况下，只能要求卖房人进行修复并赔偿损失，不能要求退房。卖房人拒绝修复或在合理期限内拖延修复的，买受人可自行或者委托他人修复。修复费用及修复期间造成其他损失的，则应由出卖人承担，这是《建筑法》第六十条、《合同法》第一百一十一条、《城市房地产开发经营管理条例》第三十一条、《商品房销售管理办法》第三十三条等所明确规定的义务。

（四）房地产开发项目手册制度

实行房地产开发项目手册制度，是政府部门对房地产开发企业是否按照有关法律、法规规定，按照合同的约定进行开发建设、监督管理的制度。其目的主要是在项目实施过程中对房地产开发企业的开发活动进行监控，保护消费者的合法权益。政府部门的监控主要包括：开发企业是否按申请预售许可证时承诺的时间表进行开发建设；预售款项是否按期投入；拆迁安置是否按要求进行；工程项目是否发生变化等内容。

《房地产开发项目手册》是一种制度性、常规性的监控措施。通过项目手册的实施，可以加强对房地产市场的监测，及时了解和掌握房地产开发项目的进展情况，督促开发企业按城市规划实施开发，按要求分期投入开发所需资金，进行配套建设，完成拆迁安置；对工程进度、质量是否符合预售条件等进行审核，有效地防止楼盘“烂尾”等现象的发生。

二、房地产开发项目竣工综合验收备案制度

房地产开发项目需经验收方能交付使用。《城市房地产开发经营管理条例》规定：房地产开发项目竣工，经验收合格后，方可交付使用；未经验收合格的，不得交付使用。2004年5月《国务院关于第三批取消和调整行政审批项目的决定》中，“住宅小区等群体房地产开发项目竣工综合验收”属于取消项目。国务院只是取消了房地产开发项目的竣工验收这一行政许可事项，但竣工验收还要进行，只不过将行政许可改为备案管理方式。就是说，开发项目竣工后，开发企业应组织相关部门和单位进行开发项目竣工综合验收。综合验收合格后，开发企业需在规定的时间内到竣工综合验收备案部门备案。

（一）竣工综合验收的内容

开发项目竣工综合验收的内容有以下几个方面。

（1）开发项目是否按照审批规划（容积率、绿化率、建筑面积、经济适用房比例、户

型等）实施开发建设。

（2）基础设施和配套公用设施是否按规划建设完毕。

（3）单项工程是否办理竣工验收和备案。

（4）住宅产业化技术要求是否落实。

（5）拆迁补偿安置方案是否落实。

（6）前期物业管理是否落实。

（7）法律法规等规定需要验收的其他事项。

（二）竣工综合验收备案办理简易流程

在参照各地区开发项目竣工综合验收备案办理程序的基础上，现给出简易流程如下。

（1）房地产开发企业向房地产开发主管部门提出综合验收申请。

（2）房地产开发主管部门在5个工作日内对项目进行初验。

（3）初验合格领取《××市城区房地产开发项目综合验收申请表》。

（4）工程质量安全监督、规划、消防、人防、环保等有关部门验收。

（5）各部门验收合格后房地产开发主管部门审核收受开发项目综合验收有关资料。

（6）受理（1个工作日）→科室初审（1个工作日）→科室复审（1个工作日）→分管领导审核（1个工作日）。

（7）发放综合验收备案证（1个工作日）。

开发项目竣工综合验收合格，并办理综合验收备案后，方可交付使用。开发企业交付商品房时，应向购房户明示《××市房地产开发项目竣工综合验收报告》和《××市房地产开发项目竣工综合验收备案证》。未办理综合验收备案的项目，开发企业不得交付使用，房屋权属登记部门不予办理权属登记 。

开发项目未经综合验收或经综合验收不合格即交付使用的，由房地产开发行政主管部门依照相关法规予以行政处罚。

第四节　商品房销售与交付阶段的管理

商品房销售分为商品房预售和商品房现售。目前，预售仍然是房地产开发企业采取的主要销售模式，当然也有现售的情况。国家先后颁布和实施了一系列法律、法规和政策制度，如《城市商品房预售管理办法》《商品房销售管理办法》等，以规范房地产开发企业在商品房销售与交付阶段的行为，从而保护购房者的利益。

一、商品房预售的条件

商品房预售是指房地产开发企业将正在建设中的房屋预先出售给承购人，由承购人支

付定金或房价款的行为。《城市商品房预售管理办法》对商品房预售的条件与办理程序做了相应规定。商品房预售应当符合下列条件。

（1）已交付全部土地使用权出让金，取得土地使用权证书。

（2）持有建设工程规划许可证和施工许可证。

（3）按提供预售的商品房计算，投入开发建设的资金达到工程建设总投资的 25%以上，并已经确定施工进度和竣工交付日期。

（4）商品房预售实行许可制度。开发企业进行商品房预售，应当向房地产管理部门申请预售许可，取得《商品房预售许可证》。 未取得《商品房预售许可证》的，开发企业不得进行商品房预售。开发企业申请预售许可，应当提交下列证件（复印件）及资料。

（1）商品房预售许可申请表。

（2）开发企业的《营业执照》和资质证书。

（3）土地使用权证、建设工程规划许可证、施工许可证。

（4）投入开发建设的资金占工程建设总投资的比例符合规定条件的证明。

（5）工程施工合同及关于施工进度的说明。

（6）商品房预售方案。预售方案应当说明预售商品房的位置、面积、竣工交付日期等内容，并应当附预售商品房分层平面图。

二、商品房预售资金及其监管

商品房预售制度的实施使得开发企业提前获得预售资金，降低了进入行业的门槛和开发风险，缩短了开发周期，加速了商品房的供应；预售也使购房者以相对较低的价格获得房屋。然而，商品房预售制度在运行过程中，因开发企业挪用预售资金甚至卷款潜逃，导致出现诸如拖欠工程款、延期交房、“货不对板”、 “烂尾楼”等侵害施工方和购房人利益等现象，扰乱了房地产市场正常秩序，严重影响了房地产市场的健康发展，从而引发业内对预售资金管理制度的高度关注。在全国范围内“建立和推行预售资金监管制度，改变预售款任由开发商支配和使用的做法”已提上议事日程。

（一）商品房预售资金及其监管的含义

新建商品房预售资金，是指房地产开发企业预售在建商品房的过程中，按照商品房预售合同约定收取的全部房价款，包括定金、首付款、按揭贷款、房价款（含一次性付款和分期付款）。《城市房地产管理法》和《城市商品房预售管理办法》均对商品房预售资金的用途做了明确规定，即商品房预售所得款项，必须用于有关的工程建设。然而，上述规定并不足以约束某些开发企业的行为。

商品房预售资金监管，是指由房地产行政主管部门会同银行对商品房预售资金实施第三方监管，房产开发企业须将预售资金存入银行专用监管账户，只能用作本项目建设，不

得随意支取、使用。济南市是我国最早实施商品房预售资金监管制度的地区之一。早在2005年10月26日起，济南市就正式实施《济南市商品房预售款监管实施细则》。此后，全国很多省市、自治区出台了相应的监管办法。建设部于2010年4月13日下发并实施《关于进一步加强房地产市场监管完善商品住房预售制度有关问题的通知》，明确规定要完善预售资金监管机制。实施预售资金监管，其主要目的是确保预售资金不被转移或挪用，只能用于本工程建设，保证工程能按期竣工，从而达到保障购房人、放贷银行以及施工方等各方参与者合法权益的目的。

（二）商品房预售资金监管模式

目前，国内已有多个城市实施了新建商品房预售资金监管制度，主要模式包括：一是由房地产交易管理部门进行监管，代表城市为天津、青岛；二是由担保公司作为资金监管的主体，代表城市为济南；三是由监理公司作为资金监管的主体，代表城市为重庆；四是由商业银行作为资金监管的主体，代表城市为南京、杭州。

虽然一些城市实施了商品房预售资金监管制度，但在监管主体、监管标准、监管范围等方面存在着很大差异，尚未形成统一的标准。例如，同样是政府监管，但天津市和青岛市在监管资金标准和方式上存在着较大差异。天津市的监管范围只是针对新建商品房，经济适用房和限价商品房项目除外；青岛市的监管范围则包含新建商品房、经济适用房和限价商品房项目。天津市对新建商品房预售资金实行全程金额按比例，青岛市对新建商品房预售资金实行全程全额监管。不过，两市均规定重点监管资金范围及标准，即重点监管资金范围主要包括建筑安装费用和区内配套建设费用；重点监管资金标准由主管部门根据建设部门公布的建设项目建筑安装、区内配套等费用标准，结合结构、用途、层数等因素确定，并根据市场情况定期调整公布。在重点资金的申请使用节点及使用比例上，两市规定存在差异。

天津市规定房地产开发企业应当根据以下资金使用节点申请使用重点监管资金。基础完工的，申请使用资金额度不得超过重点监管资金核定总额的30%；结构封顶的，累计申请不得超过65%；竣工验收的，累计申请不得超过95%。10层以上建筑增设资金使用节点的，累计申请不得超过重点监管资金核定总额的50%。青岛市开发企业应当按照开发建设项目工程进度申请拨付重点监管资金，具体节点为：取得《商品房预售许可证》的，可以申请不超过重点监管资金30%的资金额度；建成层数达到规划设计总层数一半的，可以申请不超过重点监管资金50%的资金额度；主体封顶的，可以申请不超过重点监管资金70%的资金额度；通过竣工验收的，可以申请不超过重点监管资金95%的资金额度。

对于重点监管资金以外的资金，青岛市规定开发企业可以向监管机构提出申请，优先用于本项目开发或偿还本项目开发贷款；天津市规定每笔预售资金进入监管账户，在留存重点监管资金后，房地产开发企业可以申请提取重点监管资金以外的资金，优先用于项目工程有关建设。

（三）商品房预售资金监管模式的现实选择

商品房预售资金监管制度的实施，约束了开发商的行为，保护了购房者的利益。但此项制度实施过程中存在的漏洞，还是给购房者造成了损失。例如，济南的“彩石山庄”事件、重庆的“德高”事件、杭州的“西城时代家园”事件、重庆的“远君名都”事件等。有人将这些问题归罪于预售制度，甚至建议取消这项制度。目前，在世界各国，尤其是美国、欧洲等住房成熟市场国家和地区中，预售制度已经运行多年，至今仍然保留这项制度。由于这些国家和地区房地产市场发展状况、信用水平以及法律环境都相对比较完善，预售资金被挪用的情况也比较少见。这说明商品房预售制度本身没有问题，关键是如何针对其缺失与盲点加以改良。

1．目前应由政府直接监管

目前，我国的商品房预售制度运行过程中存在一定的问题，但并不能因此就否定甚至取消这项制度。我国正处于城市化快速发展的进程中，取消商品房预售制度必然提高开发门槛，多数中小开发企业将遭淘汰，导致短期内房地产供应量的急剧减少，供求失衡加剧房价上涨。

商品房预售制度不能取消，建立并完善预售资金监管制度是正途，但是如何选择监管模式，却是一道难题。在目前我国市场经济体系尚不完善、其他机构尚不成熟、信息披露制度不完善的情况下，由政府对商品房预售资金进行监管，保护购房人的利益是十分必要的。预售资金监管是一项跨行业、跨领域的综合性、系统性工程，需要多部门共同配合，由政府直接进行商品房预售资金监管，有利于促进各参与主体的积极配合。

2．未来应直接由中介机构监管

政府部门直接监管预售资金的去向，可充分发挥其较强的行政约束力。从天津市的监管体制来看，依托天津市国土资源和房屋管理局多年来数字房管的建设成果，将商品房销售管理系统、房地产产权产籍管理系统、商业银行结算系统以及银联系统进行跨行业、跨部门的链接，对预售资金从办理商品房销售许可证开始至完成房地产初始登记终止，实行全程网络化实时监管。但是，房地产交易管理部门直接参与预售资金监管，既制定规则又亲自监管，既是运动员又是裁判员，缺陷是很明显的。最主要的是政府部门缺乏专业化的监管队伍，这会使得监管在很多情况下只能进行形式上的非现场监督，其监管职能就很难充分发挥，监管容易流于形式；政府部门非经济主体，很难承担监管不当的民事责任。

从本质上讲，商品房预售资金的使用和监管属于一项具体的民事行为，监管最直接的手段是控制预售资金的流向，由监管单位考察开发企业是否在工程建设的各个阶段按照施工进度合理支配建设资金，并最终落实资金是否如期支付给诸如材料供应商、设备供应商、建筑施工单位以及水电气等配套设施提供单位等；通过监管保证开发项目能够如期竣工，

从根本上减少购房人的实际风险，避免购房人交了钱拿不到房子的现象发生。这就对实施预售资金监管的单位提出了更高的要求，要求技术上能够有效监管，监管不力能够承担民事责任。因此，从长期来看，作为行政机关（或事业单位），房地产交易管理部门的主要职责应是制定监管规则，然后按照规则加强对此项工作的检查监督。至于具体的监管工作，则应按照市场经济的原则，逐步培育和发展一批专业的具有一定技术力量和能承担相应民事责任的中介服务机构，如担保机构、监理机构、交易管理机构、律师事务所、会计师事务所等开展预售资金管理。

三、商品房现售的条件

按照《商品房销售管理办法》的规定，商品房现售是指房地产开发企业将竣工验收合格的商品房出售给买受人，并由买受人支付房价款的行为。商品房现售，应当符合以下条件。

（1）现售商品房的房地产开发企业应当具有企业法人营业执照和房地产开发企业资质证书。

（2）取得土地使用权证书或者使用土地的批准文件。

（3）持有建设工程规划许可证和施工许可证。

（4）已通过竣工验收。

（5）拆迁安置已经落实。

（6）供水、供电、供热、燃气、通信等配套基础设施具备交付使用条件，其他配套基础设施和公共设施具备交付使用条件或者已确定施工进度和交付日期。

（7）物业管理方案已经落实。

（8）房地产开发企业还应当在商品房现售前将房地产开发项目手册及符合商品房现售条件的有关证明文件报送房地产开发主管部门备案。

（9）销售设有抵押权的商品房，其抵押权的处理按照《中华人民共和国担保法》《城市房地产抵押管理办法》的有关规定执行。[①]

四、禁止房地产开发企业采取的销售方式

由于一房多售、返本销售和售后包租等商品房销售方式会损害购房者的利益，因此国家明令禁止开发企业采用上述销售方式。

[①] 抵押期间，抵押人转让已办理登记的抵押物，应通知抵押权人并告知受让人转让物已抵押的情况；抵押人未通知抵押权人或者未告知受让人的，转让行为无效。转让抵押物和价款明显低于其价值的，抵押权人可以要求抵押人提供相应的担保；抵押人不提供的，转让行为无效。

（一）禁止“一房多售”

一房多售，是指房地产开发企业作为出卖人先后或同时以两个或两个以上的买卖合同，将同一特定的房屋出卖给两个或两个以上不同的购房人。例如，出卖人先与甲订立商品房买卖合同，出卖人收受价金后，再将该商品房卖予乙，并向乙办理移转登记，此即属于一房多售。

房地产开发企业不得在未解除商品房买卖合同前，将作为合同标的物的商品房再行销售给他人。《最高人民法院关于审理商品房买卖合同纠纷案件适用法律若干问题的解释》第八条具体规定了对房地产开发企业出现“一房多售”情况时的处罚，即具有下列情形之一，导致商品房买卖合同目的不能实现的，无法取得房屋的买受人可以请求解除合同、返还已付购房款及利息、赔偿损失，并可以请求出卖人承担不超过已付购房款一倍的赔偿责任：

（1）商品房买卖合同订立后，出卖人未告知买受人又将该房屋抵押给第三人。

（2）商品房买卖合同订立后，出卖人又将该房屋出卖给第三人。

按照上述规定，在“一房多售”的情形下，购房人甲除拥有请求赔偿的请求权外，并无排斥第三人的权利，仅能依债务不履行的规定向出卖人请求损害赔偿。虽然按照规定购房人甲可获得相应的赔偿，但这种赔偿可能不足以弥补他所受到的损失，例如错过其他同等购房机会，所以这种规定对购房人甲可能带来不利影响。

预告登记制度的实施，可有效解决“一房多售”问题。所谓预告登记，是指当事人约定买卖期房或者其他不动产物权时，为了限制卖方再次处分该不动产，保证买方将来顺利取得该期房或其他不动产的所有权而进行的登记。《物权法》第二十条规定：“当事人签订买卖房屋或者其他不动产物权的协议，为保障将来实现物权，按照约定可以向登记机构申请预告登记。预告登记后，未经预告登记的权利人同意，处分该不动产的，不发生物权效力。”该规定意味着，买方对所购房屋在登记机关进行预告登记后，卖方就不能随意处分该期房或其他不动产；如果卖方处分了该期房或其他不动产，将其卖给了另外的人，由于预告登记的存在，其他人就不能取得该期房或者不动产的所有权。这样就有效地抑制了开发企业的“一房多售”行为，保障了进行预告登记的买方的利益。

（二）禁止以“返本销售”或“变相返本销售”方式销售商品房，禁止以“售后包租”或“变相售后包租”方式销售未竣工商品房

房地产开发企业不得采取返本销售或者变相返本销售的方式销售商品房；房地产开发企业不得采取售后包租或者变相售后包租的方式销售未竣工商品房。那么，国家为什么命令禁止“售后包租”和“返本销售”？

所称返本销售，是指房地产开发企业以定期向买受人返还购房款的方式销售商品房的行为，如开发企业销售商品房时向购房者承诺若干年后退还全部房款，购房者“不花一分钱就得到一套房子”。所称售后包租，是指房地产开发企业以在一定期限内承租或者代为

出租买受人所购该企业商品房的方式销售商品房的行为。这种营销策略是从国外传入我国的一种商业地产开发模式，简单地说，就是开发商将其开发的商铺、商品房、酒店、度假村等物业划分成小面积出售给购买者。随后与购买者签订返租合同，让购买者将物业返租给开发商，在一定期限内，由开发商以固定利率包租。包租期一般由 3～10 年不等，回报率为购房总价的 8%～10%。由于“售后包租”通常将大的物业分割成小块，单价较低，回报又比较诱人，因此很受一些中小投资者追捧。变相返本销售或变相售后包租就是以一种躲避法律的形式进行返本销售或售后包租。

这两种销售方式，对房地产开发企业而言，其目的是可以迅速回笼建设资金；对购房者而言，返本销售的有利之处是可以获得比银行利润更高的回报，售后包租则可以保证自己在一定时期内的租金收益。但从实际情况来看，大多数的房地产开发企业确定的返本年限和包租期限与回报率都是不合理的，而且销售价格都偏高；返本、包租都仅仅是促销手段，具有一定的欺骗性，验证了“天底下没有免费的午餐”这种说法。在市场法制环境尚不健全的情况下采取这种方法，极易出现因兑现不了承诺而侵犯购房者权益的现象，特别是对未竣工的商品房尤为严重。而且到目前，还没有强有力的监督手段来保证房地产企业返本和保证租金收益。

值得注意的是，返本销售被全面禁止，售后包租仅仅是禁止售后包租未竣工的商品房。至于已经竣工的商品房，考虑到售后包租毕竟属于一种市场行为，而且在商品房已竣工的前提下，购房人可以保证得到房屋的所有权，因此法律没有作禁止性规定。

五、商品房销售合同的内容及网上签约

房地产开发企业在进行商品房销售时，应当与购房者订立书面商品房买卖合同。目前，商品房销售合同一般采用格式文本，应当明确以下主要内容。

（1）当事人的名称或者姓名和住所。

（2）商品房的基本状况。

（3）商品房的销售方式。

（4）商品房价款的确定方式及总价款、付款方式、付款时间。

（5）交付使用条件及日期。

（6）装饰、设备标准承诺。

（7）供水、供电、供热、燃气、通信、道路、绿化等配套基础设施和公共设施的交付承诺及有关权益、责任。

（8）公共配套建筑的产权归属。

（9）面积差异的处理方式。

（10）办理产权登记的有关事宜。

（11）解决争议的方法。

（12）违约责任。

（13）双方约定的其他事项。

目前大部分城市商品房买卖均实行网上签约，俗称“网签”，即开发企业和购房者签订购房协议后，要到房地产相关政府部门进行备案，并公布在网上。然后政府部门会给购房者一个“网签号”，购房者通过这个“网签号”可以随时在网上进行查询，买卖双方签订合同后可以撤销。

商品房买卖网上签约制度实行后，房地产开发企业在申请办理商品房预售许可证，或为现售商品房申请新建商品房所有权设定登记前，必须向房地产相关政府部门办理项目入网手续，并报送相关信息和证明材料。这些材料包括购房者最关心的房地产开发企业信息，如企业资质及证书号、银行信用等级、获奖情况、企业地址、法定代表人姓名、联系人、联系电话等，以及楼盘信息，如绿化率、容积率、间距、总建筑面积、建筑结构、拟售价格、开竣工日期、开盘日期、前期物业服务约定期限及前期物业服务收费标准等。同时，每一个楼盘都将拥有一个电子楼盘表，该楼盘的预定和销售情况在表上一览无余，适时刷新。此外，公示的信息还有商品房预售许可证号或房地产权证号、商品房代理销售机构信息，以及房地产权利是否被限制等情况。

实行网上签约之后，可杜绝开发企业“一房多卖”的行为。因为购房者与开发商签约后，该合同的具体合同号将反馈至管理部门，如该房已销售，新签订的合同将不能生效。开发商通过虚报销售数字哄抬价格或囤积居奇等蒙骗消费者的手段将会失灵，与售楼处里暗藏猫腻的销控表相比，买房人有了更可靠的信息源。

六、计价方式的选择与面积误差的处理

商品房销售可以按套（单元）计价，也可以按套内建筑面积或者建筑面积计价。也就是说，商品房的销售计价可以采取按套、按套内建筑面积、按建筑面积等三种方式。不同的计价方式并不影响产权登记中标注的面积，即使采用按套或按套内建筑面积计价方式，仍然采用建筑面积进行产权登记。计价方式用于确定商品房销售的总价款，产权登记方式用于确认商品房所有人的权益。

（一）按套（单元）计价

采用按套（单元）计价或者按套内建筑面积计价的，商品房买卖合同中应当注明建筑面积和分摊的共有建筑面积。同时，房地产开发企业应当在合同中附所售房屋的平面图。平面图应当标明详细尺寸，并约定误差范围。房屋交付时，套型与设计图纸一致，相关尺寸也在约定的误差范围内，维持总价款不变；套型与设计图纸不一致或者相关尺寸超出约

定的误差范围，合同中未约定处理方式的，买受人可以退房或者与房地产开发企业重新约定总价款。买受人退房的，由房地产开发企业承担违约责任。

这种计价方式的优点是计算简单、直观、便捷，使交易双方易于结算房价款；其缺点则是房价款与面积数没有直接关系，若交易双方没有按照上述条款注明建筑面积和分摊的共有建筑面积，约定面积误差范围，则往往在出现房屋“面积缩水”问题时难以解决。

（二）按套内建筑面积计价

套内建筑面积，即购房者独自使用的建筑面积，由套内使用面积、套内墙体面积和套内阳台建筑面积三部分构成。按套内建筑面积计价，其优点是概念内涵明确，独立性强，测量简便容易；但是由于按套内建筑面积计价的房价款与分摊的共有建筑面积没有直接关系，若合同中没有详细约定，则购房者对于这部分的面积差异很难主张权利。

（三）按建筑面积计价

商品房建筑面积由套内建筑面积和分摊的共有建筑面积组成，套内建筑面积部分为独立产权，分摊的共有建筑面积部分为共有产权。按建筑面积计价，其优点是能保证商品房销售面积的完整性，可是在这种计价方式中，虽然套内建筑面积与应分摊的共有建筑面积之和（即商品房的销售面积）是固定的，但二者的比例却是可变的，如果开发企业在保持房屋建筑面积不变的情况下，通过虚增共有建筑面积来减少套内建筑面积，购房者就很难保障自己的权益。

采用按套内建筑面积计价和按建筑面积计价两种方式时，当事人应当在合同中约定套内建筑面积和分摊的共有建筑面积，并约定建筑面积不变而套内建筑面积发生误差以及建筑面积与套内建筑面积均发生误差时的处理方式。

（四）合同未作约定时的面积误差的处理

这里涉及面积误差比。所谓面积误差比，是指购买商品房时实测面积与预测面积之差和预测面积的比值，用公式表示为

$$面积误差比=(实测面积-预测面积)\times 100\%\div 预测面积$$

在商品房销售合同中，通常以产权登记面积表示实测面积，以合同约定面积表示预测面积，则面积误差比为

$$面积误差比=(产权登记面积-合同约定面积)\times 100\%\div 合同约定面积$$

在商品房销售，尤其是商品房预售过程中，预测面积与实测面积不相符的情况难以避免，但是交易双方常常未就面积误差问题在合同中做出详细约定。对此，《商品房销售管理办法》给出了如下处理原则。

（1）面积误差比绝对值在3%以内（含3%）的，据实结算房价款。

（2）面积误差比绝对值超出3%时，买受人有权退房或接受开发商赔偿。

买受人退房的，房地产开发企业应当在买受人提出退房之日起 30 日内将买受人已付房价款退还给买受人，同时支付已付房价款利息。买受人不退房的，产权登记面积大于合同约定面积时，面积误差比在 3%以内（含 3%）部分的房价款由买受人补足；超出 3%部分的房价款由房地产开发企业承担，产权归买受人。产权登记面积小于合同约定面积时，面积误差比绝对值在 3%以内（含 3%）部分的房价款由房地产开发企业返还买受人；绝对值超出 3%部分的房价款由房地产开发企业双倍返还买受人。

例如，周先生购买某房地产开发公司的一套房屋，合同约定销售面积 130 平方米，每平方米销售价格 3 000 元。入住后，周先生觉得房间的实际面积明显小于销售面积。便委托房地产测绘部门进行了测绘，结果房屋的实测面积为 120.8 平方米，和销售面积相差 9.2 平方米，双方的商品房买卖合同中房屋面积误差的情况没有约定。按照上述规定，开发公司应该返还周先生 43 500（3.9×3 000+5.3×6 000）元房款。

七、规划与设计变更的处理

商品房项目在开发建设过程中，规划调整和设计变更时有发生，这可能导致商品房质量和面积上的变化，给购房者带来不利影响。房地产开发企业应当按照批准的规划、设计方案建设商品房。商品房销售后，房地产开发企业不得擅自变更规划、设计。经规划部门批准的规划变更、设计单位同意的设计变更导致商品房的结构型式、户型、空间尺寸、朝向变化以及出现合同当事人约定的其他影响商品房质量或者使用功能情形的，房地产开发企业应当在变更确立之日起 10 日内，书面通知买受人。买受人有权在通知到达之日起 15 日内做出是否退房的书面答复。买受人在通知到达之日起 15 日内未作书面答复的，视同接受规划、设计变更以及由此引起的房价款的变更。房地产开发企业未在规定时限内通知买受人的，买受人有权退房；买受人退房的，由房地产开发企业承担违约责任。上述规定意味着，因规划、设计变更导致购房人的合法权益受到损害的，当事人一是有知情权，二是可以退房，并可追偿由此而带来的损失。

八、预订款项的规定

不符合商品房销售条件的，房地产开发企业不得销售商品房，不得向买受人收取任何预订款性质费用。符合商品房销售条件的，房地产开发企业在订立商品房买卖合同之前向买受人收取预订款性质费用的，订立商品房买卖合同时，所收取费用应当抵作房价款；当事人未能订立商品房买卖合同的，房地产开发企业应当向买受人返还所收费用；当事人之间另有约定的，从其约定。

目前，在商品房销售市场上，房地产开发企业在购房人订约前向其收取一定费用的情形较为普遍。这种费用常被冠以“定金”“订金”“押金”“保证金”[①]等，而且一般对返还问题都没有明确约定，由此导致大量纠纷，购房者的利益受到损害。《商品房销售管理办法》第二十二条的这一规定，可有效保护购房人的利益。

九、商品房交付的规定

在商品房交付阶段，买卖双方因商品房交付时间、质量保修期、交付使用后商品房质量异议等界定不清而发生纠纷，对此《商品房销售管理办法》作了明确规定。鉴于质量保修期、交付使用后商品房质量异议两个问题本章前述章节已有阐述，这里主要说明关于商品房交付的其他规定。

（一）关于商品房交付时间的规定

房地产开发企业应当按照合同约定，将符合交付使用条件的商品房按期交付给买受人。未能按期交付的，房地产开发企业应当承担违约责任。因不可抗力或者当事人在合同中约定的其他原因，需延期交付的，房地产开发企业应当及时告知买受人。

延期交房是目前房地产市场中普遍存在的现象，属于违约行为，会给买受人带来一系列的问题。因此，除了不可抗力[②]或者当事人在合同中约定的其他原因需延期交付之外，房地产开发企业应当承担民事责任。为了更好地保护自己的权益，买受人一定要在商品房买卖合同中明确约定房地产开发企业延期交房的违约责任。

《合同法》第一百一十七条规定，因不可抗力不能履行合同的，根据不可抗力的影响，部分或者全部免除责任，但法律另有规定的除外。当事人迟延履行后发生不可抗力的，不能免除责任。当事人一方因不可抗力不能履行合同的，应当及时通知对方，以减轻可能给对方造成的损失，并应当在合同期限内提供证明。另外，在目前的商品房买卖实践中，除了不可抗力因素外，还有一些其他特殊原因，既不属于不可抗力因素，也不属于房地产开发企业的主观因素，可能会造成房地产开发企业的延期交房，这类因素经双方约定后，也

---

① “定金”是指当事人约定由一方向对方给付的，作为债权担保的一定数额的货币，它属于一种法律上的担保方式，目的在于促使债务人履行债务，保障债权人的债权得以实现。签合同时，对定金必须以书面形式进行约定，同时还应约定定金的数额和交付期限。给付定金一方如果不履行债务，无权要求另一方返还定金；接受定金的一方如果不履行债务，须向另一方双倍返还债务。债务人履行债务后，依照约定，定金应抵作价款或者收回。“订金”目前我国法律没有明确规定，它不具备定金所具有的担保性质，可视为“预付款”，当合同不能履行时，除不可抗力外，应根据双方当事人的过错承担违约责任。

特别提示：并不是所有的“定金”都不能退还。如果商品房不符合销售条件，而购房者已经交纳了“定金”，那么无论双方是否约定“定金”退还事项，开发商都应无条件退还定金给购房者。此外，根据《最高人民法院关于审理商品房买卖合同纠纷案件适用法律若干问题的解释》第四条的规定，因不能归责于当事人双方的事由，导致商品房买卖合同未能订立的，出卖方也是应当返还定金的。

② 所谓不可抗力，是指不能预见、不能避免并不能克服的客观情况。主张不可抗力一方还需证明该事件与其不能履行合同之间存在因果关系。

可免于承担违约责任。

（二）关于样板房的规定

样板房是房地产开发企业为了便于购房者更好地了解所售房屋的户型、设备、装修情况而设立的。从理论上讲，样板房只是房地产开发企业为了更好地促销而采取的一种销售辅助手段，样板房并不完全等同于待售的商品房。但购房者作为买受人有知情权，因此，房地产开发企业在销售时必须向购房人说明。在目前的销售实践中，由于销售人员、销售宣传资料的误导，往往使买受人认为"货就是板"，而到交付时才发现"货不对板"，从而引发纠纷。房地产开发企业销售商品房时设置样板房的，应当说明实际交付的商品房质量、设备与装修是否一致，未做说明的，实际交付的商品房应当与样板房一致。这一规定既是对购房人权益的保护，又对开发企业的销售行为进行了约束。

（三）关于实行"两书"制度的规定

销售商品住宅时，房地产开发企业应当根据《商品住宅实行质量保证书和住宅使用说明书制度的规定》，向买受人提供《住宅质量保证书》和《住宅使用说明书》。《住宅质量保证书》和《住宅使用说明书》可以作为商品房购销合同的补充约定。实行两书制度，对于规范销售行为，减少交易纠纷，保护购房人的合法权益，具有重要意义。

（四）关于开发企业协助购房人办理产权登记义务的规定

房地产开发企业应当在商品房交付使用前按项目委托具有房产测绘资格的单位实施测绘，测绘成果报房地产行政主管部门审核后用于房屋权属登记。房地产开发企业应当在商品房交付使用之日起 60 日内，将需要由其提供的办理房屋权属登记的资料报送房屋所在地房地产行政主管部门。房地产开发企业应当协助商品房买受人办理土地使用权变更和房屋所有权登记手续。

购房人全部缴清房款，履行完了自己在买卖合同中的义务，理应顺利办理房屋产权登记，但有时不能及时办理房屋产权证书。出现这种情况不外乎有两个方面的原因：一是房地产开发企业不能及时报送应当由其提供的相关资料；二是产权登记部门工作不能及时作为。在实践中，往往房地产开发企业与产权登记机关互相推卸责任。本条规定的实质就是明确了双方的责任，特别是房地产开发企业的责任。

需要说明的是，商品房交付前已经实施了测绘，房地产管理部门认定后即可作为产权登记的依据。购房者申请房屋登记时房地产管理部门不得再行要求测绘，重复收取测绘费。

十、房地产开发企业违规应承担的法律责任

房地产开发企业未取得营业执照，擅自销售商品房的，由县级以上人民政府工商行政管理部门依照《城市房地产开发经营管理条例》的规定进行处罚，即由县级以上人民政府

工商行政管理部门责令停止房地产开发经营活动，没收违法所得，可以并处违法所得5倍以下的罚款。在执行该条处罚措施时，应当依据《条例》的规定处罚，处罚的主体是县级以上人民政府工商行政管理部门。房地产开发主管部门没有处罚权，发现了该类问题，应当提请工商行政管理部门进行处罚，包括责令停止销售活动、处以2万元～10万元不等的行政罚款或者工程合同价2%～4%的罚款，构成犯罪的，要依法追究刑事责任。

【案例分享】20多人买"小产权房"　房子遭拆购房款难索回[1]

从化21名购房者以低价购买"小产权房"，不料房子是违建被拆。近日，从化法院判决认定合同无效，开发商要返还购房者款项，可面临的却是无财产可执行的窘境。

2015年前后，某开发公司与广州从化某经济社签订《合作建楼房合同》，合同约定：该经济社提供权属土地位于从化区某经济社空土地一块，面积约250平方米，与某开发公司合作建一栋10层以下电梯楼房。建筑该栋楼房，由某经济社提供土地，某开发公司提供所有资金。

2015年2月左右，刘某等21名购房者与某开发公司签订《使用权出让合同书》，合同约定，刘某等21人购买某开发公司在从化区某经济社文化室兴建面积为90～120平方米的住宅及商用房，使用权出让金32万～40万余元不等。然而，市场上同地段、同面积的房屋的价格一般一套在80万元左右。合同签订过程中，购房者对于涉案房屋土地权属及建设情况均知晓，可如此便宜的价格着实令人心动，21名购房者于是爽快支付了购房款，有的甚至一次性交了全款。

2015年5月，相关部门向该经济社发出《责令限期拆除在建抢建违法建设通知书》，认定涉案楼房属违章建筑，责令经济社自行拆除，当月，相关部门强制拆除了涉案楼房。眼看着自己已经付了全款买下的房屋被拆除，2015年10月，购房者刘某等21人向从化法院起诉，请求法院判令某开发公司返还购房款及利息。

从化法院经审理认为，该开发公司将所建房屋出售给经济社以外的居民，违反法律规定。因此21名购房者与某开发公司签订的合同为无效合同，对签约双方不发生法律上的效力。

关于购房者要求支付利息的问题，从化法院认为，逾期利息和违约金的本质属性都是违约责任，21名购房者与开发公司在签订《使用权出让合同书》时，合同已明确："原告已经查阅了图纸并确认，同意受让本合同约定的使用权物业为房屋使用权出让。"即21名购房者已清楚涉案房屋的买卖合同性质为房屋使用权出让，并非一般的商品房买卖合同关系。由于双方签订的《使用权出让合同书》违反法律的强制性规定被确认为无效，双方对

[1] 何小敏．20多人买"小产权房"　房子遭拆购房款难索回[N]．信息时报，2016-10-26（A14版）．

买卖涉案房屋均有过错。故支付购房款利息诉请，法院不予支持。

2016 年 1 月，从化法院经审理判决某开发公司返还购房者的购房款。这批案件法院经审理宣判后，现已进入强制执行阶段，但因该公司已无资产可供执行，购房者的购房款暂时未得到返还。

有购房者一同将某经济社列为被告，诉请经济社承担连带责任。法院认为，本案涉案合同因违反法律的强制性规定确认为无效合同，某经济社只是合同的见证方，并非合同相对方。故对购房者请求的某经济社承担连带责任的主张，无事实和法律依据，法院不予支持。

法官表示，本案中，开发公司擅自将土地转让给集体经济组织之外的居民，属于农村集体经济组织与房地产开发商自行开发对外销售形成的农村销售型“小产权房”。根据《土地管理法》规定：“农民集体所有的土地的使用权不得出让、转让或者出租用于非农建设。任何单位和个人进行建设，需要使用土地的，必须依法申请使用国有土地。”该开发公司未经政府的土地征收而直接与经济社签订土地出让合同的行为，违反了我国法律的强制性规定。

购房者与开发公司签订的《使用权出让合同书》并非房屋买卖合同，实为农村土地使用权转让合同，其本质上属于以合法形式掩盖非法目的。因此，购房者与某开发公司签订的合同为无效合同，不发生法律效力。购房者明知某开发公司未取得合法的土地使用权及报建手续，仍购买涉案房屋，最终违建房屋被拆除，购房款利息亦得不到法律的保护，且有可能要承担损失购房款本金的风险。

本章小结

房地产开发与经营，是指房地产开发企业在城市规划区国有土地上进行基础设施建设、房屋建设，并转让房地产开发项目或者销售、出租商品房的行为。房地产开发企业是指依法设立、具有企业法人资格的，从事房地产开发经营的经济组织。目前房地产开发项目实行资本金制度，这样可以有效保护购房者，商业银行的利益，减楼盘“烂尾”等现象的发生。房地产开发企业的设立，必须满足一定的条件，并且应该按照相应的资质等级从事开发活动。房地产开发企业资质按照企业条件为一、二、三、四等四个资质等级，另外有暂定资质。

建设前期准备阶段、项目建设阶段、商品房销售与交付阶段构成一个完整的房地产开发与经营过程。建设前期准备阶段是其重点工作阶段，该阶段除了要获取土地使用证外，最主要的工作是进行规划报建与施工图审查、工程招标与投标以及申办《施工许可证》等。房地产开发项目质量责任制度和房地产开发项目竣工验收制度对开发企业的行为构成约束。国家先后颁布和实施了一系列法律、法规和政策制度，以规范房地产开发企业在商品

房销售与交付阶段的行为，从而保护购房者的利益。

综合练习

一、基本概念

房地产开发企业；房地产开发与经营；项目资本金制度；商品房预售与现售；商品房预售资金；一房多售；返本销售；售后包租

二、思考题

1．简述设立房地产开发企业应满足的条件与程序。

2．一、二、三、四级资质及暂定资质应满足哪些条件？

3．五证两书的含义是什么？

4．简述房地产开发项目资本金实施的意义。

5．简述房地产开发项目质量责任制度。

6．简述商品房预售与现售的条件。

7．简述商品房预售资金监管的模式及监管意义。

8．商品房销售有哪些计价方式？面积误差如何处理？

9．规划与设计变更如何处理？

10．商品房交付时应符合哪些规定？

第五章　房地产产权登记

学习目标

通过对本章的学习，学生应掌握如下内容：

1. 产权与所有权；
2. 房地产产权的含义、特征及体系；
3. 房地产产权关系的构成与特点；
4. 房地产产权登记的意义、原则、类型与种类；
5. 房地产产权登记的程序。

导言

伴随着房地产市场的快速发展和市场经济地位的确立，房地产产权产籍管理工作得以恢复和发展完善；而房地产产权产籍管理工作的发展完善，进一步推动了房地产市场经济的健康发展。在房地产产权产籍管理中，产权管理和产籍管理是密切联系、互为依存、互相促进的两项工作。产权管理是产籍管理的基础，没有产权登记、产权调查、产权确定，就不可能形成完整、准确的产籍资料。产籍资料记录了各类房地产的权属及其基本情况，这些资料是审查产权、确认产权、处理各类产权纠纷的重要依据。因此，产权管理和产籍管理是一个有机的整体，两者不可分割，不可偏废。本章主要介绍房地产产权登记的相关内容。

第一节　房地产产权概述

产权这个范畴是在经济发展到一定条件下产生的。20 世纪六七十年代流行于美国，80 年代末 90 年代初，随着市场经济制度在我国的建立，产权问题逐步得到重视。在现代社会中，产权结构与经济制度密切相关，前者的调整必将引发后者一系列变化，由此对市场主体的预期和行为产生影响。那么，什么是产权？它与所有权之间存在怎样的关系？什么是房地产权？房地产权的构成及其特殊性表现在哪些方面？这些问题是进行房地产产权产籍

管理首先必须搞清楚的。

一、产权与所有权

笼统来讲，所谓产权，即财产权，是指法定主体基于财产的各项权利的总和；所谓所有权，是物权的一种，是权利人对物最完整、最充分的支配权。从几十年关于产权的研究结果来看，学者们的定义并不完全一致。不过，产权的下列共性及其与所有权的关系得到一致认可。

（1）产权是人与物关系基础上的人与人之间的关系。这是从行为权利的意义上去定义产权。也就是说，产权关系并非人与物之间的关系，而是指由于物的存在和使用而引起的人与人之间一些被认可的行为关系。德姆塞茨认为，“产权是一种社会工具，其重要性在于事实上他能帮助一个人形成他与其他人进行交易的合理预期。这些预期通过社会法律、习俗和道德得到表达。”阿尔钦认为，“产权是一个社会强制实施的选择一种经济品使用的权利。”

（2）产权在经济分析领域中的应用更为宽泛。这是与所有权相比较而言。所有权是一种物权，如你拥有一栋房屋，你可以使用它，可以租给别人收取房租，还可以转手卖给他人。所以，所有权包含占有、使用、收益和处分四项权能，是一种对物的最充分、最完整的物权，强调“物”的归属。产权的基本权能虽然也表现为占有、使用、收益和处分四项权能，但其范围要宽泛得多。产权突破了通常意义上的物权，如“工厂可以排放工业废水”“工厂可以通过生产更好的产品超越竞争者”等，都是一项产权而不是所有权。因此说，产权概念较之于所有权概念，在更广泛的领域内运用于经济分析，特别是经济运行分析。

（3）产权是多元的。所有权是一元的，依法确立的财产只能归属于某一特定的主体，而不能又同时归属于其他主体，所有权主体对其所拥有的所有权是全面的、充分的。而依法确立的产权却是多元的，它反映不同经济主体在交易中对一定财产的不同方面和程度的权利，产权的主体对财产的权利不一定是全面的和充分的，但应该是明确的。产权是一组权利束，可以分解为多种权利。有学者将产权视为一个由所有权、占有权、收益支配权、处置权等组成的权利集合。

因此，产权的内涵和外延比所有权更加丰富，产权及其内含的各项权利，不管怎样分解、组合或转化形式，都只能在政策、法律和道德允许的范围内进行。

二、房地产产权及其产权体系

房地产产权是财产权在房地产中的具体化，即法定主体依法对其所有的房地产享有的各项权利的总和。房地产产权是产权主体对该财产所拥有的一组权利，而不是一种权利，包含所有权、使用权和他项权利，这些产权类型共同构成了一个产权体系。我国房地产产

权实际上是指房屋所有权及其该房屋所占用的土地使用权，以及由此所产生的各种他项权利的集合。

（一）房地产所有权

房地产所有权是指房地产所有人依法对自己所拥有的房地产享有占有、使用、收益、处分的权利并可以排除他人对其财产违背其意志干涉的权利。房地产所有权包括土地所有权和房屋所有权。

1．土地所有权

我国土地所有权分为国家土地所有权和集体土地所有权，这在《宪法》中已作了清楚界定。与国有土地一样，集体土地所有权人同样享有占有、使用、收益和处分的权利，但其权利受到“限制”。《土地管理法》第六十三条规定：“农民集体所有的土地的使用权不得出让、转让或者出租用于非农业建设。”目前，集体土地使用权可以转让，但仅能转让给本集体成员且不可以转让用于非农业建设。除非将集体土地通过征收程序完成国有土地的“变性”，再通过国有土地的流转程序进行交易流转，否则不得用于其他用途。

这些“限制”使得集体所有土地的经济效益得不到应有的保障。在经济利益的驱动下，集体土地非法流转的事件不断发生，大城市周边的“小产权房”屡禁不止就是一个很好的例证。随着城镇化进程的推进和土地市场完善的需要，建立城乡统一的土地流转市场已成定势，这符合市场经济的客观要求，而且各地已有的实践也提供了很好的借鉴。

2．房屋所有权

传统上，房屋所有权可分为国家所有、集体所有、个人所有、合资或独资等类型。为顺应城市中出现大量高层或多层楼房这一现实，《物权法》界定了建筑物区分所有权这种新型物权形态。

（1）传统房屋所有权。国家所有的房屋主要包括国家授权城镇房地产管理部门直接管理的公共房屋以及国家授权给机关、团体、企事业单位自行管理的公共房屋和宗教类建筑物。集体所有的房屋主要包括属于城镇集体组织的工业、商业、交通运输业、文化教育等所拥有的房屋。个人所有的房屋主要通过兴建、购置、继承、赠予等合法途径获得，体现了国家对公民合法财产的保护。

（2）建筑物区分所有权。建筑物区分所有权，是指业主对于一栋建筑物中自己专有部分的单独所有权、对共同使用部分享有共有权以及因共有关系而产生的管理权（成员权）相结合而形成的“三位一体”的所有权，即建筑物区分所有权包含专有权、共有权和管理权三部分。需要注意的是，不要以为只有高楼大厦才能形成建筑物区分所有权。例如一栋平房，左边一户（独立产权），右边一户（独立产权），中间共用一面墙，这也形成了建筑物区分所有权，只不过这是世界上最简单的建筑物区分所有。

享有建筑物区分所有权的人称为业主。《最高人民法院关于审理建筑物区分所有权纠纷案件具体应用法律若干问题的解释》第一条将以下三类人界定为业主：① 依照不动产登记取得专有部分所有权的人；② 通过合法建造、继承、接受遗赠、法院判决取得专有部分所有权，尚未办理宣示登记的人；③ 与建设单位之间的商品房买卖合同，已经合法占有建筑物专有部分，但尚未依法办理所有权登记的人。上述规定将业主外延扩大到尚未取得专有部分所有权的人。

一是专有权。即专有部分所有权，是区分所有权人对专有部分的自由占有、使用、收益及处分的权利。专有部分是指在构造上能够明确区分，具有排他性且可独立使用的建筑物部分。构成专有部分必须具备三个条件：① 构造上的独立性，即“物理上的独立性”，从而能够明确区分。② 利用上的独立性，即“功能上的独立性”，可以排他使用。③ 能够登记成为特定业主所有权的客体。例如，业主专有的住宅或经营性用房（地板、天花板和四壁形成的空间）；买卖合同明示由业主单独所有的车库、车位；买卖合同明示由业主单独所有的绿地；具有构造、利用上的独立性，能予房屋登记的摊位；买卖合同明示归业主所有的露台。

专有权具有所有权的效力，因此业主转让其专有权时，其他业主不享有优先购买权；若物业管理规约规定业主不得转让房屋，属于违反物权法的规定，该约定不发生物权效力。但是专有权受到较多限制。例如，业主将住宅改变为经营性用房，应经有利害关系[①]的业主同意，有利害关系的业主请求排除妨害、消除危险、恢复原状或者赔偿损失的，人民法院应予支持。

二是共有权。即共有部分共有权，是区分所有权人依照法律或管理规约的规定，对区分所有建筑物之共有部分所享有的占有、使用及收益的权利。属于业主共有的部分包括：

① 建筑区划内的道路（属于城镇公共道路的除外）；

② 建筑区划内的绿地（属于城镇公共绿地或者明示属于个人的除外）；

③ 建筑区划内的其他公共场所、公用设施和物业服务用房；

④ 占用业主共有的道路或其他场所用于停放汽车的车位；

⑤ 建筑物的基本结构部分（基础、承重结构、外墙、屋顶等）；

⑥ 建筑物的公共通行部分（通道、楼梯、大堂等）；

⑦ 消防、公共照明等附属设施、设备，避难层、设备层或者设备间等结构部分。

业主对共有部分享有相应的权利，同时承担相应的义务。除非有特殊约定，业主按照“持有份”[②]对共有部分享有权利和承担义务。业主对共有部分享有的权利包括：

① 使用权，即业主有权共同使用和轮流使用共有部分；

② 收益权，即业主有权依照其“持有份”取得共有部分产生的收益。

[①] 所谓“有利害关系的业主”，指本栋建筑物内的所有其他业主；建筑区划内，本栋建筑物之外的业主，主张与自己有利害关系的，应证明其房屋价值、生活质量受到或者可能受到不利影响。

[②] 所谓“持有份”，指专有部分的面积占建筑物总面积的比例。

业主对共有部分承担的义务包括：

① 以共有部分的未来用途使用共有部分；

② 按照各自的“持有份”分担共同费用和其他负担，并且不得以放弃权利为由不履行义务。

三是管理权。也称之为成员权，是指区分所有人基于一栋建筑物的构造、权利归属及使用上的密切关系而形成的、作为建筑物管理团体之成员所享有的权利。业主可以设立业主大会，由业主大会选举产生其事务执行机构——业主委员会，管理权通过业主大会行使。业主借助成员权，有权对共用部分与公共设备设施的使用、收益、维护等事项，通过参加和组织业主大会进行管理。

在建筑物区分所有权的三个组成部分中，专有权居于主导地位，这体现在两个方面。一是取得专有权同时取得共有权和成员权，反之丧失专有权的同时共有权和成员权也随之丧失；二是专有权的大小，决定共有权的持有份额比例和管理权的大小。

（二）房地产使用权

房地产使用权是指房地产所有者或非所有者按照房地产的性能和用途，依法对房地产进行有效使用，以获得利益的权利，包含土地使用权和房屋使用权。

1．土地使用权

土地使用权是指土地使用人根据法律、合同的规定，在法律允许的范围内，对国家或集体所有的土地所享有的占有、使用、收益和在限定范围内进行处分的权利。其具体表现为土地使用人对土地可依法行使利用、出租、转让、抵押等权利，但其使用必须依照法律和合同的规定进行，不得擅自改变土地的用途，不得危害他人的合法权益。

土地使用权是与土地所有权并列的权利，是一项独立的财产权；土地使用权具有派生性，表现在土地使用权是从土地所有权中分离出来的一种权利。“分离”是指土地所有权人在不丧失所有权的情况下，将部分权能暂时或长久地让渡与他人享有。从土地所有权人手中取得的土地使用权，或多或少会受到所有权人意志的制约。土地使用权的行使必须符合法律的规定和合同的约定。

2．房屋使用权

房屋使用权就是房屋所有人对房屋享有的使用权利以及非房屋所有人因借用、租赁、出典等原因对房屋拥有的使用权。房屋所有人的房屋使用权不是一项独立的物权，而仅仅是所有权的一项权能；因借用关系而发生的借用人所拥有的房屋使用权实际上仅是房屋所有人让渡的一项权能，并非独立的物权；因房屋出典所发生的典权人所拥有的房屋使用权应为典权的一项权能，因为在我国的司法实践中，典权属于用益物权，典权人对出典房屋拥有占有、使用和收益权，因而使用权仅是其中的一项权能；房屋租赁因承租人与出租人之间的租赁合同而产生，租赁合同属于债权合同，因此承租人拥有的房屋使用权是出租人让渡的一项权能，性质上应为债权，是不能单独存在的。

（三）房地产他项权利

在民法中，他项权利被称为相邻权。房地产他项权利是相互毗邻的房地产权利人（所有权人或使用权人）对各自所拥有的土地或房屋行使权力时，因相互间应当给予方便或接受限制而形成的权利和义务。其实质是权利人行使权力时的一种“限制”，是在他人所有的房屋和土地的所有权、使用权上设定的限制，物权这种“限制”既要合理，又要合法。

广义的房地产他项权利包括抵押权、典权、地役权、租赁权、相邻采光通风权、相邻安全权、地上权、地下权等。有实际意义的房地产他项权利主要是典权和抵押权。房地产典权是指典权人（俗称承典人）以支付典金为代价，对出典人的房地产行使占有、使用、收益以及对承典房地产行使一定程度处分的权利。我国的典权制度由来已久，但由于设定典权易引起纠纷，自 20 世纪 60 年代以后，典权的设定已日趋减少；房地产抵押权是指债权人对于债务人或第三人提供担保的房地产，在债务人不履行债务时所享有的从变卖该房地产价款中优先受偿的权利。购房者在购房过程中或购房后，往往需要拿所购房产作抵押，设定抵押权，以便向银行借款购房或借款从事其他经营等活动。

三、房地产产权的特征

房地产产权的特征，一方面反映了产权的基本特征，另一方面体现了作为不动产的土地和房屋的自身特征。

（一）房地产产权的排他性

排他性是衡量房地产产权完整程度的根本标志，包含使用权的排他性和拥有权的自由转让性两个方面。使用权的排他性是指房地产所有者在被允许的范围内，对其所拥有的房地产拥有的不受限制的使用权利，以保证其所有者获得稳定的经济预期。拥有权的自由转让性是指房地产所有者所拥有的权利在法律允许的条件下是可以自由转让的，达到资源最优配置目的。房地产产权的排他性表明，房地产所有人在不违反法律或第三人权利的范围内，有使用权和自由处分权，并排除其他人的一切干涉，其权利是不可侵犯的。

（二）房地产产权的法定性

房地产产权是以法律的形式来确定的，必须以法律来确认及保障其实施。这也就意味着，房地产产权关系实际上是房地产产权主体之间或产权行为主体之间经济关系的法律体现，只有法律上记载或认可方能成立。

（三）房地产产权的可分离性

房地产产权是权利主体拥有的一组权利，而不是单一的某一种权利。这些产权是可以分离、界定的，因而能在不同的行为主体之间进行分配或配置，从而形成多种不同的产权组合形式（产权结构）。如土地使用权与土地所有权分离后，就成为相对独立的产权，可

以依法进行有偿转让。

（四）房地产产权的经济性

房地产产权不仅具有法定性，而且产权必须在经济上得以实现，方能体现产权的完整意义，这就是房地产产权的经济性。如果产权只有在法律上的合法性，而不能在经济上得以实现，那么产权只能是一种空壳。曾经的土地无偿无限期使用制度、住房的福利分配和低租金制度，均由于没能从经济上体现出产权，因而使得这些产权成了空壳。

（五）房地产产权主体的一致性

房地产产权主体的一致性，即房屋及其所占用的土地的产权主体必须是一致的。这是因为土地是房屋的载体，房地产就是土地与其相连的，并在空间上紧密结合为一体的房屋建筑物的结合体，由此导致了房和与其相连的地的产权主体必须是一致的。《城市房地产管理法》和《城镇国有土地使用权出让和转让暂行条例》等相关法律、法规均对房地产的这种权主体一致性作了明确规定：土地使用权转让时，其地上建筑物、其他附着物所有权随之转让；土地使用者转让地上建筑物、其他附着物所有权时，其使用范围内的土地使用权随之转让。

四、房地产产权关系

房地产产权关系是指围绕房地产经济活动（开发、经营、服务、管理和使用等）所发生的人与人之间的财产关系，而不是人与物之间的关系，是进行房地产经济活动过程中所发生的一种社会关系，由房地产相关法律规范调整。因此，房地产相关法律规范的存在是房地产产权关系形成的前提，是以房地产产权为内容而依法发生的权利、义务关系。

（一）房地产产权关系的构成

房地产产权关系体现了一种法律关系。任何法律关系都是由主体、客体和内容三个基本要素构成，因此房地产法律关系也是由这三个基本要素构成的。房地产产权关系的主体是指房地产产权关系的参加者，是享有权利和承担义务的人；房地产产权关系的客体是指主体的权利义务所指向的对象——房屋和土地，是主体权利义务的载体；房地产产权关系的内容即产权主体所享有的权利和义务。

（二）房地产产权关系的特点

根据我国的国情和社会制度，房地产产权关系具有以下基本特征。

（1）房地产产权关系的确定、变更和消灭，一般要置于国家的控制之下。国有土地使用权的出让，必须由国家垄断；土地使用权的转让、出租和抵押，也要在国家法律和政策允许的范围内，按法定程序进行；房屋的买卖、租赁必须到政府主管机关办理手续，任何

单位和个人都不得私自进行房屋的买卖或租赁活动。

（2）房地产产权关系的相对稳定性。为了对土地和房屋进行合理利用和使用，国家法律维护房地产产权关系的相对稳定性原则。《城镇国有土地使用权出让和转让暂行条例》规定了土地使用权出让最高年限，这样的规定充分保证了房地产产权关系的相对稳定。

（3）房地产产权关系的确立一般都要采用书面形式。在房地产交易中，产权的确立和变更都是以书面形式来表现这种转移的合法性。如土地使用权转让、出租、抵押和土地征收以及房屋买卖、租赁、典当等引起房地产产权的确立、变更，都是通过办理房地产产权登记，颁发产权证书等书面形式来完成的。同时，产权关系双方还通过签订合同的方式，将产权关系双方的权利义务关系记载下来，以保护产权主体双方的利益，确保房地产产权关系的确立、变更和终止的有效性和严肃性。

（三）房地产产权关系的产生和消失

房地产产权是一种民事财产关系，它通过一定的法律事实而发生，也通过一定的法律事实而消失。例如，土地使用权的出让、转让，房屋买卖、租赁，行政划拨用地等，均属于依法行使的事实，需要符合相应法律法规的要求，否则就属于违法行为而受到相应惩处。

房地产产权的发生可分为原始取得和继受取得两类。凡是所有权人取得其房地产的所有权是最新的，不是以原产权人的所有权和意志为依据的称为原始取得。房地产产权原始取得的途径主要有没收、新建、无主房产收归国有。根据法律或合同规定，继受人从经原产权人处取得房产的所有权称为继受取得。继受取得以原产权人的所有权和意志为依据，其取得的途径主要有买卖、交接、继承、赠予等。

房地产产权的消失是指产权人失去他对房产的所有权。房地产产权消失的途径主要有：第一，房产本身因拆除、倒塌、焚毁而消失，称为绝对消失；第二，通过买卖、赠予、交换等途径将产权转移给他人，原产权人的所有权即行消失，称为相对消失；第三，公民死亡或法人解散，他们对房产的所有权也随之消失，称为主体消失；第四，国家依法征用或法院判决没收产权人的房产，原产权人的产权即行消失，称为强制消失。

（四）房地产产权关系的保护

《宪法》第十三条规定，公民的合法的私有财产不受侵犯；《民法通则》第七十五条界定了公民的个人财产，即公民的个人财产，包括公民的合法收入、房屋、储蓄、生活用品、文物、图书资料、林木、牲畜和法律允许公民所有的生产资料以及其他合法财产。公民的合法财产受法律保护，禁止任何组织或者个人侵占、哄抢、破坏或者非法查封、扣押、冻结、没收。因此，房地产产权关系一经形成，就具有法律效力，受国家法律的保护，而且房地产产权关系的保护是自始至终的，从产权关系形成之日起，国家就通过产权调查、登记发证，以法律文书的形式来确认产权关系，维护产权人的合法权益。

房地产产权关系发生变更或消灭时，当事人必须到主管机构办理产权变更或消灭变更登记手续，换领或注销其产权证，以保护产权变更的合法性。房地产产权保护的主要措施有：

1．对侵权行为的排除

一切妨碍产权人对土地和房屋的合理占有、使用、收益、处分或者侵犯产权人依法建立的权利义务关系的行为，都是侵权行为。当产权人或产权的权利义务关系主体受到侵权时，可以通过政府主管部门或司法机关请求保护。其主要措施有：

第一，确认产权。确认产权是房地产产权的保护方法之一，在发生“房地产产权归谁所有”的争执时，当事人有权请求争议产权的归属问题，即确认产权。同时，确认产权也是行使其他几种保护方法的前提，即无论恢复原状、返还房产、赔偿损失或者排除妨碍，在产权不明的情况下，都必须首先确认产权。

第二，恢复原状。广义的恢复原状是指恢复权利被侵害前的原有状态，例如通过消除影响使被侵害的名誉权得到恢复。狭义的恢复原状是指将损害的财产修复，即通过修理恢复财产原有的状态。恢复原状的适用以须有修复的可能与必要为前提，如玉碎即不能适用此种责任形式。恢复原状在不同的场合适用具有不同的内涵。在合同法上，恢复原状主要适用于合同无效、被撤销或部分的解除场合，通过恢复原状使当事人的权利义务状态达到合同订立前的状态。在物权法上，恢复原状作为物权请求权的一种，意在使权利人恢复对物的原有的支配状态。在侵权法上，通过修理、重作、更换等方式使权利人的损失得以补偿。

第三，返还房产。指他人非法侵占房产时，产权人有权请求返还房产。

第四，赔偿损失。指因他人过错，造成房产遭受损失时，产权人有权请求赔偿损失。

第五，排除妨碍。指因他人非法行为妨碍产权人正常房屋使用时，产权人有权请求排除妨碍。

2．产权登记、核发证书

产权登记旨在确认房地产产权的合法性，产权证书是产权合法性的凭据。因此，产权登记和核发证书是产权保护措施的最核心的内容。除此以外，房地产产权主体双方签订的合同或协议书，双方现场指界书等都可以作为确定产权关系的凭据。

第二节　房地产权属登记概述

房地产权属登记，又称房地产产权登记，包括房屋所有权登记和房屋的其他权利登记。房地产权属登记是指房地产行政管理主管机关依照国家法律、法规，对房地产权属状况（权利主体、种类、范围等状况）进行持续的记录，并向房地产权利人颁发权属证书。房地产

权属登记在我国具有悠久的历史，起源于公元前 2100 年的夏禹时期，此后历朝历代均有记载。“文革”十年，房地产权属登记的正常工作秩序遭受严重破坏，“文革”后逐渐得以恢复和发展。

一、房地产权属登记的意义

世界上许多国家法律均有相关规定，即不动产权利的取得和变更以登记为生效要件。作为非常重要的一类不动产类型，房地产权属登记制度的设立和实施，具有重要意义，具体如下。

（一）保护房地产权利人的合法权益

这是房地产权属登记最根本的目的和出发点。《物权法》第九条规定：“不动产物权的设立、变更、转让和消灭，经依法登记，发生效力；未经登记，不发生效力，但法律另有规定的除外。”《城市房地产管理法》第五十九条规定：“国家实行土地使用权和房屋所有权登记发证制度。”这也就是说，房地产作为不动产，其权属设立、变更、转让和消灭时，只有经过登记，才被赋予法律效力，明确产权所属状态，得到国家强制力的保护，非经过登记不能对抗善意第三人。登记不仅使房地产与权利人之间建立起强有力的法律上确认的支配关系，更可以对抗权利人以外的任何主体的侵害。

（二）保证交易安全，减少交易成本

房地产权属登记能够在法律上及时、准确地确定房地产权属，从而使房地产权利人的合法权益受到法律保护，免受他人的侵害。对于相关人来说，通过查询房地产登记簿，可以正确判断能否进行交易，或者这种权利应具有的价值，避免受到他人欺诈，产生纠纷。为了维持房地产交易安全，防止不具有支配权或者不再具有支配权的人进行诈骗，防止隐瞒权利的瑕疵进行交易，就需要将房地产权利登记变动的事实状况向社会公开昭示。这种公开昭示具有法律的公信效力，能使公示的产权产生物权变动的效力，可以用来对抗第三人。为交易当事人提供了较大的便利，减少了交易成本，保证了交易较快完成。

（三）为房地产管理奠定基础

房地产开发和住宅建设，需要向房地产登记机构了解建设区域内的土地和原有房屋的各种资料，以便合理地规划建设用地，妥善安置原有住户，并依法按有关规定对拆迁的房屋给予合理补偿。房地产买卖和物业管理等一系列活动都涉及房地产权属和房屋的自然状况，这就需要向房地产登记机构了解该房地产的位置、权界、面积、建筑年代等准确的资料。因此，房地产市场的发展离不开房地产权属登记工作，房地产登记贯穿房地产开发、建设、使用的全过程。

（四）为城市规划、建设、管理提供科学依据

要搞好城市规划、建设和管理，就要先了解城市土地的自然状况，以及房屋的布局、结构、用途等基本情况。房地产权属登记能全面、完整、及时、准确地提供上述资料，从而使城市规划和建设更加科学化。房地产权属登记档案所表达的各种信息对旧城改造、新区建设、市政工程等城市建设和管理活动提供科学依据。

二、房地产权属登记的原则

房地产权属登记应遵循权利主体一致性和属地管理原则，具体内容如下。

（一）权利主体一致的原则

虽然目前我国许多地方仍然实行房、地分开管理，但房地产本身是一个有机的不可分割的整体。《城市房地产管理法》第三十一条规定：“房地产转让、抵押，房屋所有权和该房屋占用范围内的土地使用权同时转让、抵押。”《房屋登记办法》第八条规定：“办理房屋登记，应当遵循房屋所有权和房屋占用范围内的土地使用权权利主体一致的原则。”可见，房屋所有权人和该房屋占用的土地使用权人必须同属一人（包括法人和自然人）。在办理产权登记时，必须坚持房屋及其所占有的土地权利主体一致原则，如发现房屋所有权人与该房屋所占用的土地使用权人不属同一人时，应查明原因，查不清的暂不予办理登记。

（二）属地管理原则

房地产是坐落在一定的自然地域上不可移动的资产。因此，房地产登记必须坚持属地管理原则，即只能由市（县）房地产管理部门负责所辖区范围内的房地产权属登记工作，权利申请人应到房地产所在地的市（县）房地产管理部门申请登记。

三、房地产权属登记制度的类型

根据登记的内容和方式不同，房地产权属登记制度分为契据登记制和产权登记制两大类型，而产权登记制又分为权利登记制和托伦斯登记制。

（一）契据登记制

契据登记制的理论基础是对抗要件主义。这一理论认为房地产权利的变更、他项权利的设定，在当事人订立合约之时就已生效，即双方一经产生债的关系，房地产权利的转移或他项权利的设定即同时成立。登记仅仅是作为对抗第三人的要件，所以称为对抗要件主义。

契据登记制的主要特点是：第一，登记是物权变动对抗第三人之要件。即物之变动，依当事人的合意发生效力，登记不过为对抗第三人的要件。第二，采用形式审查主义。登记官吏于登记时，只能对当事人的申请进行形式审查，而无权对物权变动进行实质审查。第三，登记无公信力。如果善意第三人提出产权异议，并能提供证据证明其权利，则法院可以裁定已登记的契约无效，而登记机关对此无须承担责任。第四，登记簿采人的编成主义。即不以房地产为标准，而以权利人登记先后为标准编成登记簿。登记机关设置了四种不同的登记簿和卡片系统，便于有利害关系的第三人查阅。第五，动态登记。即不仅登记房地产产权的现在状态，而且登记房地产权的变动事项。

因该项制度为法国首创，所以又称为“法国登记制”。采用的国家和地区有法国、意大利、比利时、巴西、日本、西班牙、葡萄牙、南美以及美国的多数州等。

（二）产权登记制

产权登记制的理论基础是成立要件主义。这一理论认为当事人订立的有关房地产权利的转移或他项权利的设定合同的效力只是一种债的效力，即当事人在法律上只能得到债权的保护，而不能得到物权的保护。只有履行权属登记手续以后，房屋所有权或房屋他项权利才宣告成立。将登记作为房地产权利成立的要件，所以称为成立要件主义。产权登记制又可分为权利登记制和托伦斯登记制两种。

1．权利登记制

权利登记制的特点是：第一，采用登记生效主义，即有关房地产产权的设立、变更、废止等各种行为，均在登记之后才能生效。第二，采实质审查主义，即登记机关对于登记申请，除审查登记材料是否完备外，还对申请登记的原因与事实是否相符、相关当事人是否同意进行审查。第三，登记具有公信力，即经登记的房地产权属具有确定的效力，登记簿上记载的权利事项对任意第三人而言都是正确的。第四，登记簿采物的编成主义，即登记簿以房地产而不是以权利人为标准而编成，登记簿记载按地号顺序进行排列。第五，静态登记。即仅登记房地产产权的现在状态，不登记房地产权的变动事项。第六，不动产登记局是地方法院的组成部分，不动产登记官为法官和“司法官”，国家或州为不动产登记官的职务活动承担责任，因此国家或州承担因登记而引发的赔偿责任。

因该项制度发源于德国，故又称为“德国登记制”。采用这一制度的国家有德国、瑞士、奥地利、匈牙利、捷克、韩国、埃及、俄罗斯等。

2．托伦斯登记制

托伦斯登记制为澳大利亚人托伦斯所创设，该登记制度具有以下特点：第一，初始登记与否不予强制。托伦斯登记制度将房地产登记建立在土地登记基础上，政府不强制一切土地必须申请登记，但某一土地一旦申请过第一次登记，此后的有关交易即进行强制登记。

第二，采实质审查主义。第三，登记具有公信力。第四，登记簿采物的编成主义。第五，静态登记。第六，颁发权利凭证。产权证书一式两份，一份由登记机关收存，并将内容登记在登记簿上，另一副本由权利人持有，作为权力证明。第七，登记机关负有赔偿责任。权利登记后，有着不可推翻的公信力。当真正权利因不实登记而受到损害时，登记机关负有赔偿责任，因此登记机关设立赔偿基金以备赔偿。

托伦斯登记制采用的国家和地区有澳大利亚、英格兰、威尔士、加拿大大多数地区、新西兰、马来西亚、菲律宾、泰国、南非、苏丹、美国若干州（加利福尼亚州、伊利诺伊州、麻萨诸州等）、英联邦大多数国家等。

权利登记制和托伦斯登记制非常相似，但也有不同之处。权利登记制具有强制性，非登记不能生效，而托伦斯登记制采自由主义，但一经登记便具有强制性；托伦斯登记制在权力登记制的基础上增加了颁发权利证书和设立赔偿基金的规定。目前在立法技术上，托伦斯登记制度被认为是做好的一种。

3．我国的房地产权属登记制度的特点

我国现行的房地产登记制度类似权利登记制，兼采托伦斯登记制，但又有自己的特点，概括起来，主要有以下几点。

（1）房地产权属登记由不同登记机关分别登记。房屋与所占用的土地使用权是不可分割的，房地产权属的登记本应当是一次进行的，证书也应当只领取一个，但由于我国对房地产事项由房屋与土地分部门管理，所以房地产权属登记一般是土地使用权和房屋所有权登记分别在土地管理机关和房地产管理机关进行。不过，随着不动产统一登记制度的实施，这种房、地分别登记的状况将得到彻底改变。

（2）房地产权属登记为房地产权利动态登记。当事人对房地产权利的取得、变更、丧失均须依法登记，不经登记不具对抗第三人的效力。房地产权属登记不仅登记房地产静态权利，而且也登记权利动态过程，使第三人可以就登记情况推知该房地产权利状态。

（3）房地产权属登记具有公信力。依法登记的房地产权利受国家法律保护。房地产权属一经登记机关在登记簿上注册登记，该权利即可对抗善意第三人，在法律上有绝对效力。

（4）房地产权属登记实行及时登记制度。房地产权利初始登记后，涉及权利转移、设定、变更等，权利人必须在规定的期限内申请登记。若不登记，房地产权利便得不到法律的有效保护，且要承担相应的责任。

（5）登录产籍、颁发权利证书。房地产权属按程序登记完毕后，房地产权属登记机关还要给权利人颁发权属证书。权属证书为权利人拥有权利之凭证，由权利人持有和保管。同时，要作为产籍资料进行登记，产籍资料由登记机关长期保存，作为产权产籍变更的合法依据。

我国的房地产权属登记制度与其他等级制度的比较见表 5-1。

表 5-1　登记制度比较

	契据登记制	权利登记制	托伦斯登记制	我国登记制
立法思想	意思主义	形式主义	形式主义	形式主义
审查形式	形式审查	实质审查	实质审查	实质审查
公信力	无	有	有	有
强制作用	无	有	初次登记不强制	有
登记簿编排	人	物	物	物
权利凭证	不颁发	不颁发	颁发	颁发
权利人登记	动态登记	静态登记	静态登记	动态登记

四、房地产权属登记的种类

房地产权属登记种类丰富，本节主要介绍总登记、土地权利的初始登记、房屋所有权初始登记、转移登记、变更登记、更正登记与异议登记、预告登记、他项权利登记以及注销登记等。

（一）总登记

总登记也称静态登记，是指县级以上人民政府根据需要，在一定期限内对本行政区域内的房屋或土地进行统一的权属登记，分为房屋总登记和土地总登记。进行总登记是因为从未进行过房屋或土地登记，或者没有建立起完整的产籍，或者原有的产籍资料由于某种原因散失、混乱而必须全面清理产权产籍资料，建立新的产权管理秩序。

（二）土地权利的初始登记

根据《土地登记办法》的相关规定，土地权利的初始登记是指土地总登记之外对设立的土地权利进行的登记。土地权利的初始登记包括划拨国有建设用地使用权初始登记、出让国有建设用地使用权初始登记、租赁国有建设用地使用权初始登记、作价出资或者入股国有建设用地使用权初始登记、授权经营国有建设用地使用权初始登记；集体土地所有权初始登记、集体建设用地使用权初始登记、集体农用地使用权初始登记。

（三）房屋所有权初始登记

根据《房屋登记办法》的相关规定，在国有土地范围内，因合法建造房屋可以申请房屋所有权初始登记。房地产开发企业申请房屋所有权初始登记时，应当对建筑区划内依法属于全体业主共有的公共场所、公用设施和物业服务用房等房屋一并申请登记，由房屋登记机构在房屋登记簿上予以记载，不颁发房屋权属证书。在集体土地范围内，因合法建造房屋可以申请房屋所有权初始登记，包括村民住房所有权初始登记和农村集体经济组织所有房屋所有权初始登记。办理村民住房所有权初始登记、农村集体经济组织所有房屋所有

权初始登记，房屋登记机构受理登记申请后，应当将申请登记事项在房屋所在地农村集体经济组织内进行公告。经公告无异议或者异议不成立的，方可予以登记。

（四）转移登记

转移登记是指因房地产买卖、交换、赠予、继承、划拨、转让、分割、合并、裁决等原因致使其权属发生转移后所进行的房屋所有权登记。《城市房地产管理法》第六十条规定，房地产转让或者变更时，应当向县级以上地方人民政府房产管理部门申请房产变更登记，并凭变更后的房屋所有权证书向同级人民政府土地管理部门申请土地使用权变更登记，经同级人民政府土地管理部门核实，由同级人民政府更换或者更改土地使用权证书。

（五）变更登记

房地产变更，是指房地产因扩建、改建、增建、翻建、拆除、自然灾害等原因发生的房地产增减的情况，以及房地产权利人的名称或者姓名改变、原来设定的负担或者权利终止、消灭等情况。如前所述，在房地产转让时，除了办理转移登记外，尚需办理变更登记。此外，房地产变更时也需要办理变更登记。因房地产转让或者变更情况的发生，导致房地产的现状与已经完成的房地产登记状况不符，因此要通过房地产变更登记保证房地产登记的现实性，也为了保证房地产权利人和有关的第三人的合法权益不受侵犯。

（六）更正登记与异议登记

《物权法》第十九条规定，权利人、利害关系人认为不动产登记簿记载的事项错误的，可以申请更正登记。不动产登记簿记载的权利人书面同意更正或者有证据证明登记确有错误的，登记机构应当予以更正。不动产登记簿记载的权利人不同意更正的，利害关系人可以申请异议登记。登记机构予以异议登记的，申请人在异议登记之日起 15 日内不起诉，异议登记失效。异议登记不当，造成权利人损害的，权利人可以向申请人请求损害赔偿。

（七）预告登记

所谓预告登记，就是为保全关于不动产物权的请求权而将此权利进行的登记。在实践中，预告登记包括商品房预售登记、在建工程抵押的预告登记和抵押权顺位的预告登记。

（八）他项权利登记

他项权利登记是指设定抵押权、典权等他项权利而进行的登记，具体包括现房抵押、在建工程抵押、预购商品房抵押和房屋典当。他项权利登记可分为他项权利设立登记、他项权利内容变更登记、他项权利转移登记以及他项权利注销登记。

（九）注销登记

因房屋灭失、土地使用权年限届满、他项权利终止等，权利人应当自事实发生之日起 30 日内申请注销登记。同其他登记不同，注销登记除权利人自愿申请外，还可由登记机关强制注销登记。有下列情形之一的，房地产登记机关有权注销房屋权属证书：（1）申报不实的；（2）涂改房屋权属证书的；（3）房屋权利灭失，而权利人未在规定期限内办理房屋权属注销登记的；（4）因登记机关的工作人员失误造成房屋权属登记不实的。

第三节　房地产权属登记的程序

依照相关法律法规的规定，土地和房屋的产权设立及变更都应予以登记。土地登记程序按照《土地登记办法》和《城镇地籍调查规程》办理，房屋登记程序依照《房屋登记办法》办理。各类房地产登记的程序基本一致，包括申请、受理、审核、记载于登记簿、颁发产权证等环节。房地产登记机构认为必要时，可以就登记事项进行公告。

一、登记申请

申请房屋登记，申请人应当向房屋所在地的房屋登记机构提出申请；申请土地登记，申请人应当向土地所在地的县级以上人民政府国土资源行政主管部门提出土地登记申请。同时，提交申请登记材料。

（一）申请人

权利人为法人的，应使用法定名称，由其法定代表人申请；权利人为非法人的其他组织，应使用该组织依法登记的名称，由其代表人申请；权利人使用宅基地或为私房户主的，应使用其身份证件上的姓名申请；共有的房地产，应由共有人共同申请；房地权属变更涉及两个以上权利人的，应由权利人共同申请；房地产他项权利设定登记的，由相关权利人共同申请。

（二）代理人

属于未成年人的房屋和土地权利，应当由其监护人代为申请登记。监护人代为申请未成年人房屋登记的，应当提交证明监护人身份的材料；因处分未成年人房屋和土地申请登记的，还应当提供保护未成年人利益的书面保证。委托代理人申请房屋和土地登记的，代理人应当提交授权委托书和身份证明。境外申请人委托代理人申请房屋和土地登记的，其授权委托书应当按照国家有关规定办理公证或者认证。

（三）申请登记应提交的材料

申请人申请土地和房屋登记，应当如实向国土资源行政主管部门和房管部门提交有关材料和反映真实情况，并对申请材料实质内容的真实性负责。

1．申请人申请土地登记

应当根据不同的登记事项提交下列材料。

（1）土地登记申请书。

（2）申请人身份证明材料。

（3）土地权属来源证明。

（4）地籍调查表、宗地图及宗地界址坐标（委托有资质的专业技术单位进行地籍调查获得）。

（5）地上附着物权属证明。

（6）法律法规规定的完税或者减免税凭证。

（7）《土地登记办法》规定的其他证明材料。

2．申请人申请房屋登记

除需要提交登记申请书、申请人身份证明外，因登记的种类不同，所需提交的材料有所不同，具体如下。

（1）申请房屋所有权初始登记：建设用地使用权证明、建设工程符合规划的证明、房屋已竣工的证明；房屋测绘报告、其他必要材料。

（2）申请房屋所有权转移登记：房屋所有权证书或者房地产权证书、证明房屋所有权发生转移的材料、其他必要材料。证明房屋所有权发生转移的材料，可以是买卖合同、互换合同、赠予合同、受遗赠证明、继承证明、分割协议、合并协议、人民法院或者仲裁委员会生效的法律文书，或者其他证明房屋所有权发生转移的材料。

（3）申请房屋所有权变更登记：房屋所有权证书或者房地产权证书、证明发生变更事实的材料、其他必要材料。

（4）申请房屋所有权注销登记：房屋所有权证书或者房地产权证书、证明房屋所有权消灭的材料、其他必要材料。

经依法登记的房屋上存在他项权利时，所有权人放弃房屋所有权申请注销登记的，应当提供他项权利人的书面同意文件。经登记的房屋所有权消灭后，原权利人未申请注销登记的，房屋登记机构可以依据人民法院、仲裁委员会的生效法律文书或者人民政府的生效证书决定办理注销登记，将注销事项记载于房屋登记簿，原房屋所有权证收回或者公告作废。

（5）申请房屋所有权更正登记：证明房屋登记簿记载错误的材料。

（6）申请抵押权登记：情况较为复杂，分述如下。

① 房屋抵押权登记。

- 抵押权设定登记：以房屋设定抵押的，当事人应当申请抵押权登记，需提交文件：房屋所有权证书或者房地产权证书、抵押合同、主债权合同、其他必要材料。
- 抵押权变更登记：当抵押当事人、债务人的姓名或者名称、被担保债权的数额以及登记时间等事项发生变化或者发生法律、法规规定变更抵押权的其他情形的，

当事人应当申请抵押权变更登记，需提交的材料：房屋他项权证书、抵押人与抵押权人变更抵押权的书面协议、其他必要材料。

因抵押当事人姓名或者名称发生变更，或者抵押房屋坐落的街道、门牌号发生变更申请变更登记的，无须提交抵押人与抵押权人变更抵押权的书面协议。因被担保债权的数额发生变更申请抵押权变更登记的，还应当提交其他抵押权人的书面同意文件。

- 抵押权转移登记：经依法登记的房屋抵押权因主债权转让而转让，申请抵押权转移登记的，主债权的转让人和受让人应当提交下列材料：房屋他项权证书、房屋抵押权发生转移的证明材料、其他必要材料。
- 抵押权注销登记：经依法登记的房屋抵押权发生“主债权消灭，抵押权已经实现，抵押权人放弃抵押权，法律、法规规定抵押权消灭的其他情形”四种情形中的任何一种，权利人应当申请抵押权注销登记，应当提交下列材料：房屋他项权证书、证明房屋抵押权消灭的材料、其他必要材料。

② 最高额抵押权登记。

- 最高额抵押权设立登记：以房屋设定最高额抵押的，当事人应当申请最高额抵押权设立登记，应当提交下列材料：房屋所有权证书或房地产权证书、最高额抵押合同、一定期间内将要连续发生的债权的合同或者其他登记原因证明材料、其他必要材料。

当事人将最高额抵押权设立前已存在债权转入最高额抵押担保的债权范围，申请登记的，应当提交下列材料：已存在债权的合同或者其他登记原因证明材料、抵押人与抵押权人同意将该债权纳入最高额抵押权担保范围的书面材料。

- 最高额抵押权变更登记：变更最高额抵押权登记事项或者发生法律、法规规定变更最高额抵押权的其他情形，当事人应当申请最高额抵押权变更登记，应当提交下列材料：房屋他项权证书、最高额抵押权担保的债权尚未确定的证明材料、最高额抵押权发生变更的证明材料、其他必要材料。

因最高债权额、债权确定的期间发生变更而申请变更登记的，还应当提交其他抵押权人的书面同意文件。

- 最高额抵押权转移登记：最高额抵押权担保的债权确定前，最高额抵押权发生转移，申请最高额抵押权转移登记的，转让人和受让人应当提交下列材料：房屋他项权证书、最高额抵押权担保的债权尚未确定的证明材料、最高额抵押权发生转移的证明材料、其他必要材料。

最高额抵押权担保的债权确定前，债权人转让部分债权的，除当事人另有约定外，房屋登记机构不得办理最高额抵押权转移登记。当事人约定最高额抵押权随同部分债权的转让而转移的，应当在办理最高额抵押权确定登记之后，依据“抵押权转移登记”的规定办理抵押权转移登记。

- 最高额抵押权确定登记：经依法登记的最高额抵押权担保的债权确定，申请最高额抵押权确定登记的，应当提交下列材料：房屋他项权证书、最高额抵押权担保的债权已确定的证明材料、其他必要材料。

③ 在建工程抵押权登记。

- 在建工程抵押权设立登记：以在建工程设定抵押的，当事人应当申请在建工程抵押权设立登记。应当提交下列材料：抵押合同、主债权合同、建设用地使用权证书或者记载土地使用权状况的房地产权属证书、建设工程规划许可证、其他必要材料。
- 在建工程变更登记、转移登记、注销登记：已经登记在建工程抵押权变更、转让或者消灭的，当事人应当提交下列材料：登记证明、证明在建工程抵押权发生变更、转移或者消灭的材料、其他必要材料。
- 在建工程抵押权登记转为房屋抵押权登记：在建工程竣工并经房屋所有权初始登记后，当事人应当申请将在建工程抵押权登记转为房屋抵押权登记。

（7）申请预告登记。

- 预购商品房预告登记：申请预购商品房预告登记，应当提交下列材料：已登记备案的商品房预售合同、当事人关于预告登记的约定、其他必要材料。
- 预购商品房抵押权预告登记：申请预购商品房抵押权预告登记，应当提交下列材料：抵押合同、主债权合同、预购商品房预告登记证明、当事人关于预告登记的约定、其他必要材料。
- 房屋所有权转移预告登记：申请房屋所有权转移预告登记，应当提交下列材料：房屋所有权转让合同、转让方的房屋所有权证书或者房地产权证书、当事人关于预告登记的约定、其他必要材料。
- 房屋抵押权预告登记：申请房屋抵押权预告登记的，应当提交下列材料：抵押合同、主债权合同、房屋所有权证书或房地产权证书或者房屋所有权转移登记的预告证明、当事人关于预告登记的约定、其他必要材料。

二、受理申请

在房屋登记中，申请人提交的申请登记材料齐全且符合法定形式的，应当予以受理，并出具书面凭证。申请人提交的申请登记材料不齐全或者不符合法定形式的，应当不予受理，并告知申请人需要补正的内容。

在土地登记中，对当事人提出的土地登记申请，国土资源行政主管部门应当根据下列情况分别做出处理。

（1）申请登记的土地不在本登记辖区的，应当当场做出不予受理的决定，并告知申请人向有管辖权的国土资源行政主管部门申请。

（2）申请材料存在可以当场更正的错误的，应当允许申请人当场更正。

（3）申请材料不齐全或者不符合法定形式的，应当当场或者在五日内一次告知申请人需要补正的全部内容。

（4）申请材料齐全、符合法定形式，或者申请人按照要求提交全部补正申请材料的，应当受理土地登记申请。

三、产权审查确认

作为房地产产权管理的关键环节，房地产产权审查确认是以产权产籍档案的历史资料和实地调查勘察的现实资料为基础，以国家现行政策、法律、法规为依据，对产权申请人提出的申请书、产权证件证明，逐户逐幢地审查其产权来源是否清晰、产权转移和房屋变化是否合法的工作过程。

（一）房地产产权审查确认的重要性及主要原则

产权审查的宗旨是确认房屋所有权，它是整个房产产权管理工作的核心。通过审查并确认产权后，由房管部门代表政府核发房地产产权证，具有法律效力，产权人的合法权益得到法律认可并受国家法律保护，因而房地产产权的审查是一项严肃的工作。

房地产产权审查应遵循以下几个主要原则：第一，以事实为依据，以法律为准绳的原则。指在审查房地产产权时，要查清其产权来源是否清楚与合法。第二，书证原则。指审查房地产产权时，必须有原始证件和具有法律效力的书面证明作依据。第三，回避原则。为保证房地产产权审查工作公正客观地进行，产权审查人员不得参与本人及亲属或与其有利害关系的案件审查。第四，产权清晰，没有纠纷才能确认的原则。第五，实事求是，有错必纠的原则。

（二）房地产产权审查确认的内容

房屋登记机构应当查验申请登记材料，并根据不同登记申请，就申请登记事项是否是申请人的真实意思表示、申请登记房屋是否为共有房屋、房屋登记簿记载的权利人是否同意更正，以及申请登记材料中需进一步明确的其他有关事项询问申请人。询问结果应当经申请人签字确认，并归档保留。房屋登记机构认为申请登记房屋的有关情况需要进一步证明的，可以要求申请人补充材料。

办理下列房屋登记，房屋登记机构应当实地查看，申请人应当予以配合。

（1）房屋所有权初始登记。

（2）在建工程抵押权登记。

（3）因房屋灭失导致的房屋所有权注销登记。

（4）法律、法规规定的应当实地查看的其他房屋登记。

国土资源行政主管部门受理土地登记申请后，认为必要的，可以就有关登记事项向申请人询问，也可以对申请登记的土地进行实地查看。

四、记载于登记簿

房屋登记簿应当记载房屋自然状况、权利状况以及其他依法应当登记的事项。房屋登记申请符合下列条件的，房屋登记机构应当予以登记，将申请登记事项记载于房屋登记簿。

（1）申请人与依法提交的材料记载的主体一致。

（2）申请初始登记的房屋与申请人提交的规划证明材料记载一致，申请其他登记的房屋与房屋登记簿记载一致。

（3）申请登记的内容与有关材料证明的事实一致。

（4）申请登记的事项与房屋登记簿记载的房屋权利不冲突。

（5）不存在《房屋登记办法》规定的不予登记的情形。

房屋登记机构将申请登记事项记载于房屋登记簿之前，申请人可以撤回登记申请。

土地登记簿是确认土地权利归属和内容的根据。土地登记簿应当载明下列内容并应当加盖人民政府印章。

（1）土地权利人的姓名或者名称、地址。

（2）土地的权属性质、使用权类型、取得时间和使用期限、权利以及内容变化情况。

（3）土地的坐落、界址、面积、宗地号、用途和取得价格。

（4）地上附着物情况。

房屋登记簿可以采用纸介质，也可以采用电子介质。采用电子介质的，应当有唯一、确定的纸介质转化形式，并应当定期异地备份。土地登记簿采用电子介质的，应当每天进行异地备份。

五、核发权属证书

房屋登记机构应当根据房屋登记簿的记载，缮写并向权利人发放房屋权属证书。房屋权属证书是权利人享有房屋权利的证明，包括《房屋所有权证》《房屋他项权证》等。申请登记房屋为共有房屋的，房屋登记机构应当在房屋所有权证上注明“共有”字样。预告登记、在建工程抵押权登记以及法律、法规规定的其他事项在房屋登记簿上予以记载后，由房屋登记机构发放登记证明。

房屋权属证书、登记证明与房屋登记簿记载不一致的，除有证据证明房屋登记簿确有错误外，以房屋登记簿为准。房屋权属证书、登记证明破损的，权利人可以向房屋登记机构申请换发。房屋登记机构换发前，应当收回原房屋权属证书、登记证明，并将有关事项记载于房屋登记簿。房屋权属证书、登记证明遗失、灭失的，权利人在当地公开发行的报刊上刊登遗失声明后，可以申请补发。房屋登记机构予以补发的，应当将有关事项在房屋登记簿上予以记载。补发的房屋权属证书、登记证明上应当注明“补发”字样。

土地权利证书是土地权利人享有土地权利的证明，由国务院国土资源行政主管部门统

一监制。土地权利证书记载的事项，应当与土地登记簿一致；记载不一致的，除有证据证明土地登记簿确有错误外，以土地登记簿为准。土地权利证书包括：（1）国有土地使用证；（2）集体土地所有证；（3）集体土地使用证；（4）土地他项权利证明书。

国有建设用地使用权和国有农用地使用权在国有土地使用证上载明；集体建设用地使用权、宅基地使用权和集体农用地使用权在集体土地使用证上载明；土地抵押权和地役权可以在土地他项权利证明书上载明。

六、不予登记的情形

在房屋登记和土地登记过程中，均可能存在不能登记的情形。对于不予登记的，房屋登记机构和土地登记机构书面告知申请人不予登记的理由。

（一）有下列情形之一的，房屋登记机构应当不予登记

（1）未依法取得规划许可、施工许可或者未按照规划许可的面积等内容建造的建筑申请登记的。

（2）申请人不能提供合法、有效的权利来源证明文件或者申请登记的房屋权利与权利来源证明文件不一致的。

（3）申请登记事项与房屋登记簿记载冲突的。

（4）申请登记房屋不能特定或者不具有独立利用价值的。

（5）房屋已被依法征收、没收，原权利人申请登记的。

（6）房屋被依法查封期间，权利人申请登记的。

（7）法律、法规和《房屋登记办法》规定的其他不予登记的情形。

（二）有下列情形之一的，不予进行土地权属登记

（1）土地权属有争议的。

（2）土地违法违规行为尚未处理或者正在处理的。

（3）未依法足额缴纳土地有偿使用费和其他税费的。

（4）申请登记的土地权利超过规定期限的。

（5）其他依法不予登记的。

【资料分享】不动产统一登记引发的两个误区[①]

2007年出台的《物权法》提出不动产实行统一登记制度。2014年12月22日，中国政

① 部分参考：周江．不动产统一登记的意义[J]．中国金融，2015（6）．

府网全文发布了《不动产登记暂行条例》（以下简称《条例》），自2015年3月1日起施行。随后，《不动产登记暂行条例实施细则》（以下简称《实施细则》）于2015年6月29日国土资源部第3次部务会议审议通过，并于2016年1月1日公布实施。《条例》和《实施细则》公布后，国家将实行不动产统一登记制度，这也意味着从此以后房屋和土地将纳入不动产统一登记范围之内，二者分别登记将成为历史。

一、“不动产统一登记”的核心内容

根据《条例》规定，不动产登记，是指不动产登记机构依法将不动产权利归属和其他法定事项记载于不动产登记簿的行为，具体包括以下几个方面。

第一，不动产相关权利统一登记。不动产包括土地、海域以及房屋、林木等定着物。与之相关的不动产权利包括集体土地所有权；房屋等建筑物、构筑物所有权；森林、林木所有权；耕地、林地、草地等土地承包经营权；建设用地使用权；宅基地使用权；海域使用权；地役权；抵押权以及法律规定需要登记的其他不动产权利，这些权利均需依照《条例》规定办理登记。

第二，登记部门统一。由国土资源部负责指导监督全国不动产统一登记职责，将之前分散在多个部门的不动产登记职责整合由一个部门承担，有利于减少办证环节，减轻办证负担。

第三，登记簿册统一。不动产登记机构设立统一的不动产登记簿，载明不动产自然状况、权属状况等相关事项。另一方面需要注意的是，《条例》施行前依法颁发的各类不动产权属证书和制作的不动产登记簿，如《房屋所有权证》《国有土地使用权证》等继续有效。

第四，信息平台统一。按照《条例》要求，国土资源主管部门应当会同有关部门建立统一的不动产登记信息管理基础平台，有利于实现不动产审批、交易和登记信息在有关部门间依法依规互通共享，消除“信息孤岛”。

二、“不动产统一登记”的重要意义

第一，不动产统一登记有助于保护群众合法利益。不动产统一登记制度要建立不动产登记信息依法公开查询系统，保证不动产交易安全，保护群众合法权益。需要注意的是，不动产登记信息依法公开查询并不意味着直接“以房查人”。有观点认为，只要在联网后的不动产登记系统中输入相关的身份信息，就能查询到某人在全国各地所拥有房屋的详细情况。实际上《条例》对此有严格规定。首先，必须是权利人、利害关系人才能依法查询、复制不动产登记资料；其次，查询不动产登记资料的单位、个人应当向不动产登记机构说明查询目的，并不得将查询获得的不动产登记资料用于其他目的；最后，查询不动产登记资料的单位、个人未经权利人同意，不得泄露查询获得的不动产登记资料。另外，《条例》还要求不动产登记机构、不动产登记信息共享单位及其工作人员对不动产登记信息保密。

第二，不动产统一登记有利于实现信息共享和公开。通过建立不动产登记信息管理基础平台，实现了不同层面的不动产登记信息共享。一是不同级别的登记信息共享，确保国

家、省、市、县四级登记信息的实时共享；二是不动产登记机构间的登记信息共享，不动产登记机构能够通过实时互通共享取得的信息，不得要求不动产登记申请人重复提交；三是不同部门间登记信息与其他相关信息共享，国土资源、公安、民政、财政、税务、工商、金融、审计、统计等部门加强不动产登记有关信息互通共享。

第三，不动产统一登记有助于推动全国个人住房信息联网。全国个人住房信息联网工作始于 2010 年，根据国务院和住房城乡建设部提出的要求，2012 年 6 月 30 日前应实现 40 个重点城市的个人住房信息系统与住房城乡建设部联网，到 2015 年底，所有地级以上城市原则上要实现联网。从实际进展来看，到 2013 年上半年，已基本上实现了全国 40 个房地产市场重点监测城市与住房城乡建设部的联网。个人住房信息联网进度较为缓慢的重要原因之一就是技术障碍。由于各地住房登记信息并不完全一致，有的地区甚至尚未完成登记信息的电子化，因此信息并不完整。不动产统一登记后，采用统一的登记簿、统一的登记规范和统一的软件管理，能够为个人住房信息联网提供技术支持。

三、“不动产统一登记”易引发的两个误区

“不动产统一登记”自提出之日起，就伴随着各种各样的说法。例如，有人认为，不动产统一登记是为了征收房产税；有人将不动产登记看成是反腐利器，一旦开始登记，房价将走低，由此引发了不动产登记认识上的误区。

（一）“不动产统一登记”与房地产税改革是不同的两件事

2013 年 11 月，《中共中央关于全面深化改革若干重大问题的决定》中提出，加快房地产税立法并适时推进改革。针对不动产中最受关注的房产，有观点认为，推动不动产统一登记，就是为房地产税改革服务。实际上，不动产统一登记和房地产税改革是不同的两件事。

从实施不动产统一登记的基本思路和原则来看，主要有四点：一是整合职责，一个部门负责登记，信息共享；二是严格管理，重点规范登记行为，保护权利人合法权益；三是稳定连续，已发放的权属证书继续有效；四是方便群众，逐步实现一个窗口对外。因此，整合不动产登记职责、建立不动产统一登记制度的主要目的，是通过政府机构改革和职能转变，提高政府治理效率和水平，加强对不动产权利人合法财产权的保护，同时为企业和群众提供方便。

从房地产税改革来看，主要是完善房地产保有和流转环节税费，通过兼并流转交易环节税费、发展保有环节房地产税，抑制投机性购买住房行为，促进房地产二三级市场发展，同时作为重要的地方税种，为地方提供长期稳定的税收来源。

因此，不动产统一登记与房地产税改革是两件并行的工作。当然，不动产统一登记客观上有利于摸清房地产底数，为房地产税改革奠定基础。特别是国家施行统一的纳税人识别号制度提出后，不动产登记与“纳税人识别号”结合，将进一步破除房地产征税的技术障碍。另一方面，现有土地登记和房屋登记有关数据信息实际上也完全能够为房地产税改

革提供支撑，并不意味着一定要将森林、海域等全部纳入并完成不动产统一登记之后才能实施房地产税改革。

不动产统一登记重在长期制度建设，其推广会有一个从试点到全面铺开的过程。2015年3月1日起，《条例》正式施行，全国有15个城市被列为试点城市。随着不动产统一登记工作的逐步推进和个人住房信息联网，全国房地产基础数据将逐渐充实、完善，有助于全面掌握不动产"家底"，为房地产调控政策制定提供重要的基础数据支撑，有利于提高市场监管和调控效果，促进房地产调控长效机制不断完善。

因此，不动产统一登记对房地产市场的影响更多体现在对未来市场的规范运行方面。不动产登记制度作为房地产长效机制的有机组成部分，将推动其他相关制度逐步完善，如房产税的全面实行、个人住房信息系统完善等，间接调节市场供应、促进市场价格趋于理性，推动市场积极健康发展。

（二）不动产登记并不必然导致房价下跌

有人说不动产登记是反腐利器，一旦开始登记，房价将走低。这里面其实有一个推论：统一登记之后，会有大量的贪官把自己的房屋拿出来卖，从而增加市场供给，导致房价暴跌。客观上，确实有不少贪腐的官员囤积了一些房屋，他会不会把这个房屋拿出来，会不会急于抛售，主要应该由反腐败的力度决定。随着反腐败力度的持续高压，可能确实很多官员会基于这种压力抛售房屋。这部分房源加速进入市场流通，可能使局部地区出现供应增加，从而导致该地区房价下跌。但相对于巨额的房地产市场体量来说，这部分入市的房源数量只占极少部分，对市场的影响有限，因而房价大面积、大幅度下降的情形是很难出现的。

就房价本身来说，其最终的决定因素还是供求关系，而供求关系受多种因素的影响和决定，最近几个月以来一线城市以及部分二线城市的房价暴涨的主要原因绝不是源于不动产登记。从长期角度来看，不动产登记对房地产市场的影响更多体现在规范运行方面，而不是供求关系。住宅登记只是不动产登记中一个很小的部分，不动产登记的主要目的还是划清林地、草地、矿产等资源物权的归属，而不是房地产调控。

本章小结

房地产产权是法定主体依法对其所有的房地产各项权利的总和。房地产产权是产权主体对该财产所拥有的一组权利，而不是一种权利，包含所有权、使用权和他项权利。房地产产权具有排他性、法定性、可分离性、经济性和主体的一致性。

房地产产权登记是国家对公民所拥有的房地产产权进行保护的一种重要方式，它保证交易安全，减少交易成本，同时为房地产管理奠定基础。进行房地产产权登记时，应遵循权利主体一致和属地管理原则。根据登记的内容和方式不同，房地产登记制度分为契据登

记制和产权登记制两大类型。我国现行的房地产登记制度类似权利登记制，兼采托伦斯登记制，但又有自己的特点。房地产权属登记种类丰富，主要包括总登记、土地权利的初始登记、房屋所有权初始登记、转移登记、变更登记、更正登记、异议登记、预告登记、他项权利登记以及注销登记等。各类房地产登记的程序基本一致，包括申请、受理、审核、记载于登记簿、颁发房地产权证等环节。房地产登记机构认为必要时，可以就登记事项进行公告。

《不动产登记暂行条例》和《不动产登记暂行条例实施细则》公布后，国家将实行不动产统一登记制度，这也意味着从此以后房屋和土地将纳入不动产统一登记范围之内，二者分别登记将成为历史。

综合练习

一、基本概念

产权；物权；所有权；房地产产权；房地产所有权；建筑物区分所有权；房地产使用权；房地产他项权利；房地产产权关系；房地产产权登记；权利登记制；托伦斯登记制；总登记；土地权利的初始登记；房屋所有权初始登记；转移登记；变更登记；更正登记；异议登记；预告登记；他项权利登记；注销登记

二、思考题

1．产权、物权和所有权有什么区别和联系？
2．房地产产权具有哪些特征？
3．房地产产权关系的构成、特点有哪些？如何产生和消灭？
4．国家对房地产产权进行保护的手段、方法和措施有哪些？
5．房地产产权有登记的必要性吗？登记应遵循什么样的原则？
6．简述房地产产权登记的程序。

第六章　房地产产籍管理

学习目标

通过对本章的学习，学生应掌握如下内容：

1. 房地产产籍及产籍管理的概念；
2. 房地产产籍管理的原则和意义；
3. 房地产产籍资料的收集和整理；
4. 房地产产籍资料的变更、归档与统计。

导言

本章介绍房地产产籍管理的相关内容。房地产产籍是伴随着房地产产权管理而进行的，并已成为产权管理的重要依据和手段。加强房地产产籍管理，对于完善房地产产权产籍管理体系，促进城市管理和建设，推动房地产市场健康发展具有极为重要的意义。同时，产籍管理也是城市建设的基础和国民经济发展的重要依据，如果没有严格完善的产籍管理，就无法贯彻执行国家和省市颁布的有关法规、规章和政策，也就无法建立正常的房产行政管理秩序。因此，加强产籍档案的管理和利用，及时掌握房地产业的发展状况和变动情况，对促进城市的建设和管理以及经济的发展起着重要作用。

第一节　房地产产籍管理概述

房地产产籍简称产籍，是指房屋所有权和土地使用权通过经常性的测绘和申报登记过程所形成的各种图、档、卡、册等资料档案的总称。由于房与地是密不可分的统一体，故房地产产籍即是传统意义上的地籍和房籍的有机结合体。产籍管理就是房地产管理部门运用科学的方法，对房地产产籍所进行的技术的、专业的全面性管理。

一、房地产产籍管理的原则

房地产产籍管理不同于一般的档案管理，它关系产权人的切身利益，因此在房地产产籍管理过程中必须遵循一定的原则。

（一）准确性原则

准确性是对产籍的最基本要求。它是指房地产产籍的图、档、卡、册等均应真实无误地记录和反映房地产产权人的产权关系、房屋面积、质量状况、宅基地使用情况以及与四邻的关系等。要求产权来源清楚，证件手续齐备，符合法律政策，图、档、卡、册内容一致并与实际情况相符。这就要求在立档建籍过程中各种数据的形成必须严格核查，文字不错不漏，数字精确，还要经两人以上检查。产籍管理人员应具有高度的责任心。

（二）完整性原则

完整性是指产籍资料齐全完整，各种表、册无缺项、无遗漏。一旦发现缺漏丢失资料，要及时追补。同时，完整性还要求产籍资料要随着产权的转移，房屋、土地的变化及时进行变更，使之与现状相符，否则产籍资料将变成死的历史资料。

（三）有序性原则

有序性是指产籍资料的清整要遵循一定的规律，用一定的方法，将其分门别类进行排列组合，使之纲目清晰、有条不紊。否则，不仅会造成资料的无序状态，还可能造成资料的丢失与损毁。

（四）适用性原则

适用性首先要求文件装收适用，即一个档之中的资料一定要按照封面标签顺序排列；其次要求文件排放顺序要适用，即可根据存放场所特点、行道排列方向，按顺序排放。此外，适用性还要求各种标识、号签的文字、数码一定要书写工整、清晰，摆放位置恰当。以上要求均是为了方便取用，减少不必要的工作量。

（五）安全性原则

产籍资料事关产权人的权益，必须保证其安全性。可通过建立并严格实施相应的规章制度来实现，如保密制度、借阅归还制度、防火防盗措施以及工作人员严格的工作纪律等。对于纸质产籍资料而言，除防水、火、盗、失之外，更重要的任务是防虫和防霉，这不仅需要库房保持清洁和干燥，而且还需要不定期地采取防治措施，如喷洒药水、放置干燥剂等。一旦发现霉变，应立即采取措施，对资料进行通风、晾晒，以保证其完好无损。

二、房地产产籍管理的意义

房地产产籍管理不仅为审查确认产权提供依据，而且能够为城市规划和建设提供基础资料，同时成为衡量房地产管理水平的重要标志，因此房地产产籍管理具有重要意义。

（一）为房地产产权的审查确认提供重要的依据

房地产产籍管理的重要工作之一，就是收集和整理有关产权人、房地产本身及产权转移的变更档案资料，并对其进行科学管理，这既是对前阶段产权管理工作的肯定，又为以后的产权变更、转移、产权管理提供重要依据。同时，由于产权产籍管理具有极强的连续性，因此对现有产籍资料的科学管理，不仅能为以后的产籍管理工作打下良好基础，而且能够为产权的审查确认提供重要依据。

（二）为城市规划和建设提供必不可少的基础资料

城市规划的中心任务之一是科学、合理地安排城市各类建设用地，需要以城市用地现状及各类房屋的相关资料作为基础数据，而这些数据大都是在产籍管理过程中收集、整理和保存的。因此，如果产籍管理工作做得完善，城市规划所需各类基础数据就容易获得，这样会大大增加规划的准确性和适用性，为后续各项建设工作的顺利展开奠定基础。

（三）是衡量城市管理和房屋管理水平的重要标志

房地产产籍管理是城市管理的一项很重要的工作内容，其状况如何直接影响城市的其他方面，直接折射出该城市的管理水平。产籍管理的科学完善，既可以维护各产权人的合法权益，使人们安居乐业，同时为各类房屋的及时维修和合理利用提供必要的依据资料，这又成为提高城市房屋整体管理水平的重要手段，是房屋管理水平高低的重要标志。

第二节　产籍资料的收集与整理

房地产产籍资料的管理，是房地产管理机关为掌握房地产权属形成及演变过程中，按照国家相关法律规定，对客观反映房地产位置、产权归属和变化过程中所积累的产权档案、地籍图、账、册、表、卡以及其他资料实施的管理。由于房地产本身的特殊性，在进行房地产交易、产权变更或登记等的过程中，围绕着产权人和房地产本身便形成了若干资料，这些资料通常繁多而无序，甚至不够完整。这种情况既不利于资料的储存和管理，也不便于日后的利用，因此房地产产籍资料的收集与管理对于房地产产籍管理来说是非常必要的。

一、产籍资料的收集

收集，就是要把所有权人的基本历史面貌，具备法律效力和有保存价值的房地产交易证件、私产经办发照证件，如施工许可证、建设规划证、建设工程许可证、单位出售等证件一律收齐，以备后来查用。具体来说，房地产产籍资料大体分为三部分：一是经登记所产生的与产权有关的文件资料，即房地产产权档案；二是产权人提供的示意图与经审权、

验产、测绘、配图等所绘制的图纸，即房地产平面图；三是建籍加工过程中所形成的一系列表、卡、签、册等工具性文件。

（一）房地产产权档案

房地产产权档案是通过开展产权登记、办理所有权转移、买卖和房屋增减变更登记，以及进行产权清理等手段，把各种产权证件收集起来，用科学的方法加以整理，分类装订，按序号排列后，分装在以户为宗的档案袋中而形成。它主要反映房屋所有人和房屋及用地情况，就是在申请房屋所有权登记时，权利人为证明物权归属，为办证机构提供的权属证明和其他必要材料。这些材料保存着每处房产颁发产权证的依据和原始记录，具有法律效力和很高的公信力。正是由于产权档案的原始性和不可替代性，使产权档案成为审查和确认产权，处理产权纠纷等极其重要的法律凭证和重要依据。

（二）房地产平面图

房地产平面图，也称房地产地籍平面图，是专门为房屋所有权登记和管理而测绘的专用图纸。一般按用途可划分为反映房地产用途的图、反映房地产状况的图和各种专项图。

反映房地产用途的图有地籍图、房屋分布图。这些反映市、区、街等整副和分幅的土地、房屋分布图，统一反映着各街区、道路、地标、公园绿地等的分布状况，也是确定各户产权具体位置坐落的总索引。

反映房地产状况的图有房地产分幅平面图（简称“分幅图”）、房地产分丘平面图（简称“分丘图”）和房屋分层分户平面图。分幅图是指采用高斯投影、城市坐标系统或其他独立的坐标系统，绘制房地产要素（房屋、土地、一般地形地物）的图，一般采用 1∶500 和 1∶1 000 的比例尺，分丘图是分幅图的局部图，根据核发房屋所有权证和土地使用权证的需要，以门牌、户院、产别及其所占用土地范围，分丘绘制成图，一般采用 1∶200 和 1∶500 的比例尺。分丘图是作为权属依据的产权图，具有法律效力，是房地产产权证的附件，也是保护产权人合法权益的凭证，所以要求精度较高；分层分户平面图是在房地产分丘平面图的基础上绘制的局部图，是为核发房屋所有权证、明确异产毗邻房屋的权界线，以一户房屋所有权为单位，绘制成每宗房产权属范围的细部图。其中，分幅图主要为工作用图，分丘图和分层分户平面图可以作为产权证附图。

房地产专项图包括按不同比例绘制的各类房屋分布图，城镇土地分类、城市功能分区图及水、电、气、暖等各种管线分布图等。

（三）卡、签、表、册

（1）卡。为了便于加工和日后查找，在整理资料过程中制作的各种卡片，其中包括房地产卡片、索引卡等。

（2）签。在整理资料和卡片时，还要制作出一片片标签，以区别各种类属，这些标签

大部分是临时使用，待进行登记入档后，大部分弃之不用，但仍有部分标签作为总类存的封面，以备检索时便于查找。

（3）表。在加工整理文件资料中还要产生许多表格，如收发登记表、分目表、总目表、产权人登记表、房地产产权性质登记表以及按各种项目标志所制的各种表格等。

（4）册。即簿册、账册，各种簿册是查找资料和统计汇总的重要工具，可根据工作需要制作整理，如登记簿册、房屋总册、房屋变更登记簿册等。簿册是整理和检索资料的工具，应分门别类装订成册，以便于保管和使用。

为保证产籍资料的齐全和准确，管理人员还应进行多方面的收集。一方面，收集的产籍资料必须齐全。种类齐全的资料能全面、真实地反映房地产的本来面貌，反映产权的归属和变动情况。这就要求收集的产籍资料不仅要包括房地产总登记的档案，还要包括房地产产权转移、变更、他项权设立和撤销的档案，产权注销登记的档案；不仅要包括产权登记档案，还要收集其他类型的产权档案，如房地产接收、代管档案，房地产交易档案，房屋拆迁档案；不仅要收集文字记录档案，也要收集以图表作为记录内容的产权档案，如房地产统计年报；不仅要收集纸质档案，也要重视收集声像档案，如建筑物新旧对比照片、录像带及重要照片的底片和磁盘等。

另一方面，收集的产籍资料必须要准确。准确的产籍资料可以反映现实的产权状态，还反映着资料中文件的时效性。准确是现时法律上能起凭证作用的，起到重要的参考作用。这就要求收集的产籍资料，如产权人的姓名、房屋面积、范围等基本信息决不能有差错，产籍的文件资料不能张冠李戴，误入到别人或别处的档案之中。总之，收集的产籍资料记录内容要准确，不准确的资料要退回或重新收集核查，否则将给国家和产权人带来巨大的损失。

二、产籍资料的整理

整理，是指对内容零散、层次不清的已有文字或者材料进行条理化、系统化的加工。房地产产籍资料的整理，就是将处于零乱状态和需要进一步条理化的档案进行基本的分类、组合、排列和编目，使之系统化。整理的程序分为集中清点资料、整理分类、编写序号、填写封面、目录、备考表和案卷装订。

（一）集中清点资料

首先是集中资料，即把有关房地产产籍档案及各类图表等资料集中在各宗户的档案袋中。其次是清点资料，就是把集中起来的文件资料按文件清单逐一清点，看是否有短缺材料，并查看有无不需归档的材料以及多处记载的同一项目的具体信息是否一致。

（二）整理分类

即把清点过的资料按照来源、时间、内容和形式的不同，如按产权人姓名（单位名称）、

街道名称及其门牌、房屋权证号顺序、丘号、产别、时间等，分成若干类别和层次。分类如排列要有条理、系统，保持材料之间的历史联系，使材料形成一个有机的整体。

在众多的分类方法中，按丘号分类的方法最合理，因为丘号不随街道名称和门牌的变动而变动，也不因产权的转移、产权人姓名的改变而变动，是一种比较理想的房地产产籍档案的分类方法。

（三）编写页号

编写页号是一项十分细致的工作，要求工作人员认真慎重，务求准确，防止重编、漏编、倒编或错编。卷内文件排列完毕后，应去掉文件上一切金属物，如回形针、订书钉等，然后编上编号，固定位置，无论单、双面书写、折叠页、大小页、文件处理单、收据都应一张编一个号。编号的位置，左侧装订，编在文件右上角；左侧装订，编在文件左上角；上面装订，编在文件下面中间，照片、图纸编在背后。封面、扉页、卷内目录、底页或无字无图的页面均不得编号。页号一律使用阿拉伯数字，从“1”编起，有效数字前不得出现一个或几个“0”。

（四）填写封面、目录、备考表

房地产产籍档案一旦立卷完毕，必须填写好封面、卷内目录和卷内备考表。封面填写要求简明扼要，能确切反映卷内文件材料的主要内容；卷内目录，项目要求填写齐全，包括证件号码、证件名称、件数、起止页数、原件、复印件等，填写时应注意：所有数字均应使用阿拉伯数字，填写日期时，公元纪年必须填写，不得省略，卷内目录应放在全卷材料首页之前，若产权发生变更，新、旧卷合而为一，新卷文件材料接续填写等；卷内备考表，要求把公产、私产、产权人、产权单位、产权变动时间及变更后的名次、立卷人（指整理该卷的责任者）、立卷时间（指完成该卷全部整理工作的日期）写清楚，填写完毕后，将其放在卷尾。

（五）案卷装订

房地产产籍资料整理分类、排列、组卷、编号等进行完毕，并符合规定要求的，即可进行案卷装订。卷内文件材料要排列得当、取齐，靠装订线一侧要留出 2～2.5 厘米的空白，装订线内不得有文字或者图表；卷宗文件薄厚要适宜；装订要做到整齐、牢固、美观、无脱页和倒页现象等。

上述工作完成后，经过整理后产籍资料就可以上架入库了。上架入库过程中，还应注意以下几个问题：（1）再次检查各类资料的整理是否妥当。（2）检查各种存放资料的工具是否安全、稳妥，各种标识是否齐全，排列是否科学合理。（3）入库后还要进行一次查库，查看有无顺序的差错、资料的损坏等。

总之，产籍资料的整理是一项细致、烦琐的工作，需要很强的耐心和细心以及认真严

谨的态度才能做好。正是因为如此，产籍资料整理得是否稳妥将会对以后的资料查询及利用具有重大的影响。

第三节 产籍的变更、归档与统计

随着城市建设的发展和房地产业的开发，房屋现状和产权人都会随之产生变化。因此，房地产产籍资料必须及时变更，反映房地产实况，以保持资料准确和新鲜。当然，产籍资料的变更不是任意的，而是要按照一定的程序进行，首先是图的变更，然后是卡片、档案的变更。原始的产籍资料不可弃之不用，要同变更后的产籍资料一起按照要求统一归档，以便日后方便查看和利用。

一、产籍资料变更的程序和归档方法

鉴于产籍资料的重要性，其变更必须遵循一定的程序，程序如下。

（1）外业测绘人员根据变更案件和现场实况修测房地产平面底图，同时填写“更改平面图通知单”，签字后转交给内业绘制人员。

（2）内业绘制人员根据外业测绘人员填写的“更改平面图通知单”和房地产平面底图，更改绘制图，签字后转交给制卡人员。

（3）制卡人员根据变更案件和“更改平面图通知单”更改卡片，同时填写代卡（代卡除包括丘号外，还包括卡片中需要统计的其他项目）。改卡完毕后，由制卡人员签字，转交给归档人员。

（4）归档人员根据变更案件和“更改平面图通知单”，按照房地产丘号，动态注记档案总目，并将档案编号，订入卷内。若增加丘号，还需要更改档案清册。

二、产籍资料的归档

产籍资料归档过程中需遵循一定的基本原则，并采用合适的归档方法。

（一）产籍资料归档的基本要求

（1）归档的资料必须完整，层次分明，符合其形成规律。

（2）归档的资料必须是真实、准确的，是一项工作全过程的成套材料，要组成标准的保管单位（卷）。

（3）归档的资料必须做到书写材料质地优良、字迹工整、图形清晰、数据准确，符合档案保护的有关要求。

（4）归档的时间和范围。重要档案，及时归档；登记档案，按月或半月移交；房地产接（代）管档案，按季移交；房地产年报，每年三月中旬归档；发证记录簿，属于总登记的待结束后归档，属于转移变更登记的，待每本簿册用完后归档；房地产平面图，按期归档；拆迁档案，不定期归档。归档的范围按国家相关规定执行（详见《城市房地产产权档案管理办法》，在此不做赘述）。

（二）总登记后登记卷的归档方法

在建设部统一部署进行房地产总登记以前，有的城市已进行过总登记，并建立了产权档案。总登记之后，由于各种原因档案所记载的内容与实际状况不一致。在重新进行总登记时，登记卷的归档方法一般有以下两种。

（1）新登记案件另行立档。这种做法的优点是归档工作容易组织，可制订新老档案号对照表，将二者联系起来，新档案是产权审核的主要依据，老档案可作为参考。新档案使用较频繁，老档案可以减少破损。缺点是：对每一处产权的来龙去脉失去了连贯性，查阅不够方便。

（2）新登记案件归入原档。这种做法的优点是每一处产权来龙去脉清楚，方便查阅。缺点是：归档工作组织困难，要逐处考虑新老资料的联系，对归档人员业务要求较高，档案拆装的次数增多，易破损。

三、产籍资料的统计

统计是指对某一现象有关的数据进行搜集、整理、计算、分析、解释、表述等的活动，统计汇总应该做到准确、及时、全面，而准确则是统计工作的生命。产籍资料统计是社会统计的重要组成部分，属于部门统计。产籍资料的统计汇总是产权产籍管理的重要环节，是产权产籍管理成果的最终反映。通过统计汇总，全面、系统地得到各种数据，反映城市房地产的各种状况，为政府制定城市建设政策、规划及房管政策和住房制度改革提供可靠的依据。

（一）产籍资料的统计调查

房地产登记和未登记房屋的调查是产籍资料统计调查的基本内容，其原始记录有两种：一是房地产登记申请书；二是未登记房屋调查表。

房地产登记申请书，是在房地产登记部门工作人员指导下，由申请人填写的。申请书的内容经过审核，房屋的建筑面积经过专业测绘人员实地测量，是可靠的统计原始凭证。

未登记房屋调查表，是房主因种种原因未能到房地产登记部门登记，由房地产登记工作人员或者测绘工作人员到实地调查了解后所做的原始记录，未登记房屋的调查一般容易被忽视。如果汇总的产籍资料缺少未登记房屋的分析，城市的产籍资料则是不完整的，汇

总的资料也是不全面的。

（二）统计表的编制

统计表是根据调查所得来的原始资料，经过整理，得到说明社会现象及其发展过程的数据，按一定的顺序排列在表格中形成的结果，是统计整理的有效表现形式。1985 年第一次全国城镇房屋普查，普查范围为二十八个省、自治区、直辖市（西藏自治区暂缓普查，台湾地区未普查）的城镇，建设部与国家统计局制定了十种房屋情况的综合报表，通过手工汇总，汇编成一套七册的全国房屋情况的统计资料，全面反映了我国各类房屋产别的结构、层数、建成年份、用途、建筑面积和使用情况等，分析出全国各城市人民的居住水平和区域差异，对国家出台政策、编制计划起了重要的作用。产籍资料统计过程中涉及的表格有房产分区（镇）情况表、房屋结构情况表、房屋建筑成分情况表、房屋数情况表、房屋用途情况表等。

为了掌握登记情况，可设置房地产登记情况表，根据工作的需要，也可设置其他类型的统计表。

（三）统计汇总的技术方法

统计汇总的组织形式也称纵向汇总方式，是指按一定的统计管理体制，将统计资料自下而上进行汇总的方式。目前，我国的统计汇总工作已逐步采用计算机汇总技术进行，但大部分仍是手工汇总和机械汇总的形式。房地产统计汇总工作大部分是采用手工汇总，手工汇总的方法有很多，有划记法、过录法、折叠法和卡片法。

（1）划记法。也称点线法，是用点或线等符号代表每个总体单位，汇总时看总体单位属于哪个组，就在哪个组的栏内点一个点或画一条线，最后计算各组的点或线的数目，得出各组的单位数。这种方法手续简便，但只适合于对总体单位数的汇总，不适合对标志值汇总。

（2）过录法。过录法是将调查资料过录到事先设计好的整理表上，计算出各组的单位数及标志值的合计数，然后再编制统计表。这种方法的优点是既能汇总单位数，也能汇总标志值，缺点是全部资料都要过录，工作量大，也容易产生过录差错。因此它适用于总体单位数不多，分组较简单的情况。

（3）折叠法。折叠法是将调查表中需要汇总的某一横行或纵栏的统计资料折在边上，然后按顺序叠放整齐，进行加总计算，将汇总的结果填入统计表中。这种方法的优点是简便易行，适用于对标志值汇总。缺点是一旦发生差错，须从头做起。

（4）卡片法。是利用专门制作的卡片作为分组记数的工具进行汇总的方法。步骤如下。

① 编号。根据分组标志，对每一种分组，按组的顺序编号，并且在调查表的有关项目中注上所属的编号。

② 摘录。将调查表上注明的组号和标志值分别摘录在卡片的相应格中，每一张卡片只

摘录一个调查单位的材料。

③ 分组计数。将卡片按组号分为若干组，分组后各种卡片数就是各组的单位数。汇总标志值时，将各组卡片重叠起来，只露出边缘数字进行加总。最后将各组单位数和标志值填入统计表中。这种汇总方法比较准确，一般适用于大规模专门调查资料的汇总。

总之，手工汇总烦琐，且容易出错，费时费力，应积极创造条件采用计算机技术进行汇总，使产籍资料的统计汇总快捷、准确、可靠。

第四节　产籍档案的保管和利用

房地产产籍资料的保管和利用，是维护房地产全部档案的完整、安全和为使用者提供查阅资料的工作，也为城市建设和管理提供重要基础资料。由于房地产产籍档案是永久档案，并且在社会各方面所起的作用日益明显，因此，做好产籍资料的保管和利用工作具有重大意义。

一、产籍档案的保管

房地产产籍档案保管，是指按照房地产产籍档案的特点、成分和状况所采取的存放和安全防护措施。其目的是为长期利用提供便利，为各项建设事业服务。但是，由于人为和自然等各种因素的影响，产籍档案往往被损坏。例如，工作人员的玩忽职守，不遵守规章制度等造成的产籍资料的丢失、被盗和损坏；房地产产籍档案制成材料和书写材料的低劣，使档案加速老化，缩短使用时间；档案存放的环境及保管条件的限制，也会使产籍档案受到污染、变色和老化变质的威胁。为此，房地产产籍档案保管的基本任务是，采取一切措施防止档案的损坏，延长档案的使用寿命及维护档案的完整和安全。那么，如何才能保管好产籍档案呢？

（一）设置专用的档案库房

首先，针对房地产产籍档案储存量大、使用频繁的特点，必须有适应产籍管理发展需要的专用档案库房。有条件的单位，要做到库房、办公、阅览三室分设，以便档案库随时上锁，避免非档案管理人员随意进出。

其次，库房要求具有良好的卫生环境，保持适当的温度和湿度；要符合防火、防盗、防光、防尘、防虫、防潮、防高温、防有害气体的“八防”要求；要配有灭火装置、防盗门、窗帘、吸尘器、去湿机、温湿度表及防虫药物等；库房内严禁吸烟；电源开关、插头完好无损等。

最后，对专用档案库房除平时经常进行清理核对工作、保证账物相符外，还要定期进

行安全检查，发现问题及时记录。定期检查时，要详细填写检查记录。

（二）设置适用的档案装置

首先，对于产籍档案分库房管理的，要求库房统一编号，有档案存放的示意图。

其次，由于产籍档案大部分为纸质材料，为防止虫蛀、变色及老化等损坏事件的发生，保管档案应使用密集架或铁制档案柜，不宜使用玻璃柜、木质柜、纸板箱等。

最后，档案架的排放要整齐，便于档案的搬运、取放和利用，每类档案卷后要留出一定数额的空架和空格，以便存放新档案，并符合通风和安全的技术要求。

（三）健全档案的管理制度

健全的档案管理制度需要相应的保管制度、查询制度、岗位责任制度作为保障。

1．健全档案保管制度

档案资料实行统一管理、集中保管的原则。单位的产权登记和交易档案都应交到档案室统一保管，分类存放，任何部门和个人不得擅自保存。档案管理人员在收进档案时，应逐卷审查，如发现资料不全，欠缺无效，应及时通知有关部门找齐补全。

2．健全档案查询制度

这涉及本单位工作人员查阅和外部人员查阅两方面。本单位工作人员查阅利用档案只限在一定范围内进行，如果查阅工作与本职工作无关，则不予提供。档案查阅者在查阅档案时应说明查阅用途，经档案负责人批准后方可查阅，档案管理人员对档案的调阅一定要有记录，一定要严格履行借阅手续。外部人员查阅档案，如司法机关和执法单位借阅、复印档案资料，档案管理人员必须严格审查其本人或单位出示的证明材料及单位介绍信（律师办公须持调查证明及律师证）等，必须经领导批准签署意见后方可查档、借阅、复印。

3．健全档案管理人员岗位责任制

（1）档案管理人员必须自觉遵守查档、阅档管理制度，严格按照审批程序办理业务。

（2）查档时必须按照档案查阅指定的内容予以查证。

（3）档案外借后，注意按照规定时间及时收回，并认真查清档案的完好性。

（4）应定期检查盘点档案，及时掌握档案增加变动情况及有关数据，做好档案的年中和年末的统计上报工作。

（5）管理档案不得涂改或撕页，保证档案完整无缺，定期或不定期检查档案储存情况，提高档案的利用率。

（6）对新建房屋已登记、缮证、发证及产权变更转来的档案资料，要及时整理归档。

二、产籍档案的利用

房屋是人们从事生产和活动的基本要素，不论每一幢房屋所有权和建筑状况如何变化，都离不了对产籍档案的利用。因此，需要采用现代化手段管理档案，建立起完善的检索体系，不断创新利用方式，并做好利用效果的记录和评价工作。

（一）采用现代化手段管理档案

产籍档案管理现代化要与本单位办公自动化系统联为一体，形成网络，并保持同步发展。利用互联网进行产籍管理，把已登记发证的原始数据输入到计算机，做到长期存储，并随时能查询、编辑、统计、打印报表、拷贝恢复等。利用现代化手段管理产籍档案的优越性在于以下几方面。

（1）输入方便，存储信息量大。相对于传统的人工记录来说，利用计算机录制资料，不仅速度快，还可以节约大量的资料空间和存储柜具。

（2）查询检索精确、迅速。针对房地产信息量大、范围广、用户多，查询数据必须具备准确且及时的特点，利用计算机可以做到按人名、权证编号等逐项查询，克服了以前手工查询速度慢的缺点。

（3）修改、删除便捷。对已存储的数据加以修改、删除时，可以利用相应的计算机编辑工具，操作方便。改变了以往手工操作，翻箱倒柜改资料的情况，提高了档案管理人员的工作效率，也大大方便了用户。

（4）汇总统计迅速、准确。根据每一项具体的房地产统计表，可以对其中任何一项内容进行统计汇总，统计速度迅速，并可以利用打印机生成各类统计报表，效率高且数据准确。

（二）建立完善的检索体系

档案检索工具是记录、报道、查找档案材料的手段，是开发档案信息资源的工具。产籍档案管理部门应重视编制产权案卷目录、分类目录、专题目录、人名索引和文号索引等各类检索工具，使档案查找迅速、准确。档案检索工具一般有以下几种分类。

（1）按检索手段可划分为手工检索工具和机械检索工具。手工检索工具是由人工直接查找档案线索使用的各种目录、指南、索引等，有卡片式和书本式。机械检索工具是指借助计算机等手段形成和使用的检索工具，如机读目录、缩微目录等。

（2）按检索功能可划分为查找性检索工具、介绍性检索工具和馆（室）藏性检索工具。查找性检索工具是为从不同角度检索档案而编制的，有分类目录、专题目录、主题目录、人名目录等；介绍性检索工具亦称“工具书”，有全宗指南、档案馆指南等；馆（室）藏性检索工具是档案馆、室收藏档案的总清册，反映档案的分类整理和排列体系，有案卷目录、案卷文件目录、存放地点索引等。

（3）按使用对象可划分为公务检索工具和开放检索工具。公务检索工具是为满足内部工作人员因档案管理和利用的需要而编制的各种目录及索引，有案卷目录、案卷文件目录等；开放检索工具是为配合档案开放的需要而编制的检索工具，有开放档案目录、档案馆指南、全宗指南等。

（三）创新产籍利用方式

目前，产籍档案利用的主要方式有借阅、电话查询、咨询、举办展览、登录相关网页进行浏览等，要不断创新和增加利用方式，使产籍档案最大限度地为社会各界服务。

（四）做好利用效果记录工作

产籍档案管理人员应精通档案业务，熟悉所藏档案情况，提高档案查准率和查全率，主动、及时地提供产权档案。同时，产籍档案利用效果要填写真实、准确、及时，每年都要编写出档案利用分析报告，主要是分析、总结本年度档案利用的人次、卷次、内容、利用方式方法和效果，以及存在的问题和拟采取的改进措施等。

本章小结

房地产产籍管理为房地产产权的审查确认提供重要的依据，为城市规划和建设提供必不可少的基础资料，是衡量城市管理和房屋管理水平的重要标志。

房地产产籍简称产籍，是指房屋所有权和土地使用权通过经常性的测绘和申报登记过程所形成的各种图、档、卡、册等资料档案的总称。产籍管理就是房地产管理部门运用科学的方法，对房地产产籍所进行的技术的、专业的全面性管理。房地产产籍管理不同于一般的档案管理，应遵循准确性原则、完整性原则、有序性原则、适用性原则和安全性原则。

产籍管理工作的日常重要组成部分涵盖资料收集、整理、变更、归档以及统计等，产籍资料的保管和利用，是维护房地产全部档案的完整、安全和为使用者提供查阅资料的工作，也为城市建设和管理提供重要基础资料。由于房地产产籍档案是永久档案，并且在社会各方面所起的作用日益明显，因此，做好产籍资料的保管和利用工作具有重大的意义。

综合练习

一、基本概念

房地产产籍；房地产产籍管理；房地产产权档案；房地产平面图

二、思考题

1．简述房地产产籍管理应遵循的原则和重要意义。
2．房地产产籍资料包括哪些？各自的含义是什么？
3．房地产产籍资料应如何收集、整理、统计与归档？
4．如何对房地产产籍资料进行保管和利用？

第七章　房地产税收管理

学习目标

通过对本章的学习，学生应掌握如下内容：

1. 税收的概念、特征、法律制度、构成要素、分类；
2. 房产税；
3. 城镇土地使用税；
4. 耕地占用税；
5. 土地增值税；
6. 契税；
7. 营业税；
8. 城市维护建设税和教育费附加；
9. 印花税；
10. 营改增。

导言

曾几何时，“只有死亡和税收是不可避免的”这句话只存在于西方国家，对于中国人来说，税收似乎与个人生活无关。然而，随着国家经济的发展和税收制度的改革，税收渐渐走进了人们的日常生活，小到购买任何一件小商品，大到购买房产，无不见到税收的影子。对于房地产行业来说，所涉及的税收种类更是其他行业无法相比的，其已成为税收的重要组成部分。房地产税是一个综合性的概念，涉及开发建设、交易、持有（保有）等各个环节。通过不同的税种、税率以及优惠、减免等设计，可以达到调节房地产商品的供给与需求，在优化资源配置、公平社会财富等方面具有重要的作用。

第一节　税 收 概 述

一、税收的概念和特征

税收是国家为实现其职能和任务，凭借政治权利，按照法定标准，无偿地参与国民收

入分配，取得财政收入的一种形式。因此，税收是国家财政收入的一种形式，而且是最主要形式。与其他财政收入方式相比，税收所体现的实际是一种凭借国家政治权利实现的特殊的分配关系，具有三个明显的基本特征，即强制性、无偿性和固定性。

1．强制性

强制性是指国家凭借政治权利，通过税收法律的形式，确立了政府作为征税人和社会成员作为纳税人之间的权利和义务关系。也就是说，任何纳税人不管是否自愿，都必须依法纳税，否则将要受到法律的制裁。

2．无偿性

无偿性是指国家征税后，其获取的收入就归国家所有，不再归还纳税人，也不给纳税人支付任何代价或报酬。税收的无偿性体现了国家财政分配的本质，国家征收税收的方式之所以是强制的，正是由税收的无偿性决定的。

3．固定性

固定性是指国家通过法律形式，预先规定实施征税的标准，以便征纳双方遵守。

以上税收的三个基本特征，通常称为税收“三性”，是税收本身所固有的，是税收区别于其他财政收入的基本特征，也是一切社会形态下税收的共性。

二、税收法律制度

税收法律制度是国家为取得财政收入制定的用来调整国家与纳税人在征纳税方面权利与义务关系的法律规范的总称就是所谓的税收制度，通常又简称为税制。税收制度作为国家以税收形式取得财政收入的法律规范，既是国家征税的依据，同时也是纳税人纳税的准则，它是实现税收职能的具体体现。

我国税收法律制度包括了法律、法规和规章三种形式，因此税法与税收制度存在区别。两者相同的方面是都是调整国家和纳税人之间征纳关系的法律规范，它们在调整对象、构成要素方面都是一致的，两者的区别可从立法权限和法律效率体现。

从立法权限上看，只有由我国最高权力机关——全国人民代表大会及其常务委员会通过并发布的才能称为税法，而由权力机关授权行政机关制定并发布的，则称为行政法规和行政规章；从法律效力来看，税法的地位和效力最高，仅次于宪法；行政法规次之，但高于行政规章。

一般来说，所有的税收法律规范都可以称之为税收制度，而税法则仅仅指税收法律这一种形式。

三、税收法律关系

税收法律关系是指税收法律规范确认和调整的国家与纳税人之间发生的权利与义务关

系。这种关系不仅仅是一种利益分配关系，其实质是税收征纳关系在法律上的体现。

税收法律关系的构成包括主体、客体和内容三个方面。税收法律关系的主体，是指税收法律关系的当事人，其中，国家各级税务机关、海关、财政部门和纳税义务人分别构成税收法律主体中的征税主体和纳税主体；税收法律关系的客体是指税收法律关系主体的权利和义务共同指向的对象，即课税对象；税收法律关系的内容是指税收法律关系的主体依法享有的权利和承担的义务。由于征税主体基本是权利主体，因此，在税收征纳关系中实际上主要体现享有依法征税的单方面权利；纳税主体基本上只是义务主体，所以在税收征纳关系中主要表现负有依法纳税的单方面义务。

四、税收法律制度的构成要素

税收法律制度的构成要素主要包括纳税义务人、课税对象、税目、税率、纳税环节、纳税期限、纳税地点、减税、免税和违章处理等。

（一）纳税义务人

纳税义务人简称“纳税人”，是税法规定的直接负有纳税义务的单位和个人，也称纳税主体。无论何种税法，都要规定相应的纳税义务人，因此，纳税义务人是税法的基本要素。

（二）课税对象

课税对象又称课税客体，是指对什么东西征税，是征税的标的物。征税对象反映了征税的广度，是一种税区别于另一种税的主要标志，因此征税对象是税制的基本要素。

（三）税目

税目是课税对象的具体项目。设置税目的目的一是体现公平原则，根据不同项目的利润水平和国家经济政策，通过设置不同的税率进行税收调控；二是体现简便原则，对性质相同、利润水平相同且国家经济政策调控方向也相同的项目进行分类，以便按照项目类别设置税率。有些税种不分课税对象的性质，一律按照课税对象的应税数额采用同一税率计征税款，因此没有必要设置税目，如企业所得税。有些税种具体课税对象复杂，需要规定税目，如消费税、营业税，一般都规定有不同的税目。

（四）税率

税率是应纳税额与征税对象数额之间的法定比例，是计算税额的尺度，体现着征税的深度。税收的固定性特征主要是通过税率来体现的。在征税对象确定的前提下，税率形式的选择和税率高低决定着国家税收收入的规模和纳税人的负担水平，因此，税率是税收制度的中心环节。科学合理地设置税率是正确处理国家、企业和个人之间的分配关系，充分

发挥税收经济杠杆作用的关键。税率可分为比例税率、定额税率、累进税率三大类。

（五）纳税环节

纳税环节是缴纳税款的环节。任何税种都要确定纳税环节，有的比较明确、固定，有的则需要在许多流转环节中选择确定。如对一种产品，在生产、批发、零售诸环节中，可以选择只在生产环节征税，称为一次课征制，也可以选择在两个环节征税，称为两次课征制，还可以实行在所有流转环节都征税，称为多次课征制。

（六）纳税期限

纳税期限是负有纳税义务的纳税人向国家缴纳税款的最后时间限制。它是税收强制性、固定性在时间上的体现。

（七）纳税地点

纳税地点是纳税人申报纳税的具体地点，包括机构所在地、经济活动发生地、财产所在地、报关地等。如销售房地产所在地缴纳营业税。

（八）减税、免税

减税是对应纳税额少征一部分税款；免税是对应纳税额全部免征。减税、免税是对某些纳税人和征税对象给予鼓励和照顾的一种措施，包括一次性减税、免税，一定期限的减税、免税，困难照顾型减税、免税，扶持发展型减税、免税等类型。

（九）违章处理

违章处理包括加收滞纳金、罚款、送交人民法院依法处理等，是税收强制性在税收制度中的体现，纳税人必须按期足额地缴纳税款，凡有拖欠税款、逾期不缴税、偷税逃税等违反税法行为的，都应受到制裁（包括法律制裁和行政处罚制裁等）。

五、税收分类

由于研究的目的不同，对税收分类可以采用各种不同的标准，从而形成不同的分类方法。例如以征税对象为标准，分为流转额课税、收益额课税、资源占用课税、财产额课税、特定行为课税；以课征环节为标准，分为生产环节征税、流通环节征税、分配环节征税、消费环节征税、投资环节征税与财产环节征税；以计税依据为标准，分为从价税和从量税；以税收与价格的关系为标准，分为价外税和价内税；以税收的管理和支配权限的归属为标准，分为中央税、地方税和中央地方共享税；以税收负担是否易于转嫁为标准，分为直接税与间接税。此外，还有一些税收划分法，如累进税、比例税和定额税、货币税和实物税等。

通过对税收进行科学的分类，不仅能够揭示各类税收的性质、特点、功能以及各类税

收之间的区别与联系，有利于建立合理的税收结构，充分发挥各类税收的功能与作用，而且对于研究税收发展的历史过程、税源的分布与税收负担的归宿以及中央与地方政府之间税收管理和支配权限的划分都具有重要的意义。世界各国大多实行复税制，税收模式不同，税种数量很多，可采用不同的标准，做出不同的分类。

六、税收的目的与影响

对于为什么要征税，人们可能有不同的理解。首先，税收是伴随着国家的出现而产生的，因此在原始社会没有税收。自从有了国家，有了政府，作为统治社会的机构，政府总要有一些活动，总要提供或多或少的社会服务，这些活动或服务都需要有钱支撑。但政府并不是生产单位，不能创造财富，这些钱只能来自向公民强制征收的税收。因此，可以认为税收的目的就是为政府的各种支出筹集资金。作为个人或企业，无论愿意不愿意，纳税是一项不可逃避的义务。所以才有“在这个世界上，除了死亡和税收，没有什么事情是确定无疑的”这种说法。

在许多人的心目中，税收还有另一种目的是调节收入分配，实现收入平等化。累进所得税、财产税、遗产税等税种都是为这一目的而设计的。但从实践的效果看，税收对缩小收入分配差距的作用相当有限，相反过高的税赋却会抑制富人投资和生产的积极性。中国香港地区 2005 年取消了遗产税正是基于这一认识。事实上，缩小收入分配差距首先要靠经济发展，为低收入者提供更多就业机会，使他们在经济发展的基础上提高收入水平。富人也往往是有能力者，他们进行投资和从事创造性活动是经济发展的火车头。火车头缺乏动力，社会经济得不到发展，哪里有共同富裕基础上的平等？把税收作为调节收入分配的工具会削弱税收筹资的主要目的。因为税收对投资和生产的抑制作用会减少税基（国民收入），从而减少税收。

因此，一种税制应该使富人多缴税，穷人少缴税，并不是出于劫富济贫的目的，而是根据税收设计的公平原则，“收益说”给出了公平原则的有利解释。“收益说”认为，富人从政府服务中获得的利益大于穷人，所以多缴税也应该，按从政府提供的服务中获得的利益来纳税同样实现了公平。例如，政府提供产权保护的服务，富人要保护的财产多于穷人，从这种服务中得到的利益当然大于穷人。税收中有一部分用于社会保障，直接受益的是穷人。但社会保障为社会创造了一个和谐、安定的环境，富人不获得社会保障，但也同样受益——在安定的环境里享受自己的财富。根据公平原则设计的税制，结果改善了收入不平等状况。但这并不是当初设计税制时的目的，而是税制实施的结果。

从积极的方面看，税制设计的效率原则应该是鼓励投资与生产，或者引导资源的合理配置。许多国家对公司利润实行投资赋税优惠，即对用于再投资的利润实行税收减免，正是为了鼓励投资。国外普遍征收汽油税，2006 年国内消费税调整中对木制一次性筷子、实木地板征税，都是为了更有效地利用稀缺资源。对污染环境的经济活动征收“庇古税”是

为了保护环境。这些都有利于整个经济效率的提高。因此，税制设计要从税收的目的出发，并考虑到税收对经济活动的影响。

七、现行房地产税收

我国现行的房地产税收主要涉及房产税、城镇土地使用税、耕地占用税、土地增值税、契税等税种，其他与房地产领域紧密相关的主要税种有营业税、城市维护建设税和教育费附加、印花税、个人所得税以及企业所得税等。2016 年 5 月 1 日起，在全国范围内全面推开营改增试点，将建筑业、房地产业、金融业、生活服务业全部纳入营改增试点，由缴纳营业税改为缴纳增值税。

第二节　房　产　税

房产税是以房屋为征税对象，按房屋的计税余值或租金收入为计税依据，向产权所有人征收的一种财产税。现行的房产税是 1986 年开征的，在 1994 年税制改革时做了一些调整[①]。

一、纳税人

凡是在中国境内拥有房屋产权的单位和个人都是房产税的纳税人。具体来说，产权属国家所有的，以其经营管理的单位为房产税的纳税人；产权属集体单位的，以该集体单位为房产税纳税人；产权属个人所有的，以该产权所有者个人为房产税纳税人；产权出典的，以该房屋承典人为房产税纳税人，承典人不在房屋所在地的，或者产权未确定及租典纠纷未解决的，以其房产代管人或者使用人为房产税纳税人。

二、课税对象

房产税的课税对象是房产。按照《房产税暂行条例》的规定，房产税在城市、县城、建制镇和工矿区征收，但不包括农村。

三、课税依据和税率

房产税以房产的计税价值或房产租金收入为计税依据。从价计征的房产税，是以房产余值为计税依据，即房产原值一次减除 10%～30%后的余值计算缴纳；从租计征的房产税，是以房屋出租取得的租金收入为计税依据。

① 这里的“房产税”概念不同于目前热议的“房产税”概念。

房产税采用比例税率，依照房产余值从价计征的，税率为 1.2%；依照房产租金收入计征的，税率为 12%。从 2001 年 1 月 1 日起，对个人按市场价格出租的居民住房，用于居住的，可暂减按 4%的税率征收房产税。

四、纳税地点和纳税期限

房产税在房产所在地缴纳。房产不在同一地方的纳税人，应分别向房产所在地的税务机关纳税。房产税按年征收，分期缴纳。具体纳税期限由各省、自治区、直辖市人民政府确定。目前各地一般规定为每个季度或者半年缴纳一次，并在规定的期限以内缴纳。

五、减税、免税

按照《房产税暂行条例》的规定，下列房产免交房产税。

（1）国家机关、人民团体、军队自用的房产。但是，上述单位的出租房产以及非自身业务使用的生产、经营用房，不属于免税范围。

（2）由国家财政部门拨付事业经费的单位自用的房产。

（3）宗教寺庙、公园、名胜古迹自用的房产。但其附设的营业用房及出租的房产，不属于免税范围。

（4）个人所有非营业用的房产。

（5）经财政部批准免税的其他房产。包括：

① 损坏不堪使用的房屋和危险房屋，经有关部门鉴定后，可免征房产税。

② 对企业因停产、撤销而闲置不用的房产，经省、自治区、直辖市税务机关批准可暂不征收房产税；如果这些房产转给其他征税单位使用或恢复生产时，应依照规定征税。

③ 房产大修停用半年以上的，经纳税人申请，税务机关审核，在大修期间可免征房产税。

④ 在基建工地为基建工地服务的各种工棚、材料棚、休息棚、办公室、食堂、茶炉房、汽车房等临时性房屋，在施工期间一律免征房产税。但是，工程结束后，施工企业将这种临时性房屋交还或估价转让给基建单位的，应从基建单位接收的次月起，依照规定征税。

⑤ 企业办的各类学校、医院、托儿所、幼儿园自用的房产，可免征房产税。

⑥ 中、小学校及高等学校用于教学及科研等本身业务的房产免征房产税。但学校兴办的校办工厂、校办企业、商店、招待所等的房产应按规定征收房产税。

第三节　城镇土地使用税

城镇土地使用税（以下简称土地使用税）是以城镇土地为课税对象，向拥有土地使用

权的单位和个人征收的一种税。《中华人民共和国城镇土地使用税暂行条例》1988 年 9 月 27 日中华人民共和国国务院令第 17 号发布，根据 2006 年 12 月 31 日《国务院关于修改<中华人民共和国城镇土地使用税暂行条例>的决定》修订。

一、纳税人

土地使用税的纳税人是拥有土地使用权的单位和个人。[①]拥有土地使用权的纳税人不在土地所在地的，由代管人或实际使用人缴纳；土地使用权未确定或权属纠纷未解决的，由实际使用人缴纳；土地使用权共有的，由共有各方划分使用比例缴纳。

二、课税对象

土地使用税在城市、县城、建制镇和工矿区征收。课税对象是上述范围内的土地。

三、计税依据

土地使用税的计税依据是纳税人实际占用的土地面积，具体数额由省、自治区、直辖市人民政府确定的单位组织测定。

四、适用税额和应纳税额的计算

土地使用税是采用分类分级的幅度定额税率。每平方米的年幅度税额按城市大小分四个档次：（1）大城市 1.5～30 元；（2）中等城市 1.2～24 元；（3）小城市 0.9～18 元；（4）县城、建制镇、工矿区 0.6～12 元。

考虑到各地区及经济发展水平的差异，在经济落后地区适当降低税额，但降低额不得超过最低税额的 30%；在经济发达地区可适当提高适用税额标准，但必须报经财政部批准。

五、纳税地点和纳税期限

土地使用税由土地所在的税务机关征收。土地管理机关应当向土地所在地的税务机关提供土地使用权属资料。纳税人使用的土地不属于同一省（自治区、直辖市）管辖范围的，应由纳税人分别向土地所在地的税务机关缴纳；在同一省（自治区、直辖市）管辖范围内，纳税人跨地区使用的土地，其纳税地点由省、自治区、直辖市税务机关确定。

土地使用税按年计算，分期缴纳，具体按月、季度或半年等不同期限缴纳，一般由各

[①] 这里所称单位，包括国有企业、集体企业、私营企业、股份制企业、外商投资企业、外国企业以及其他企业和事业单位、社会团体、国家机关、军队以及其他单位；所称个人，包括个体工商户以及其他个人。

省、自治区、直辖市根据当地情况确定。

六、减税、免税

（一）政策性免税

（1）国家机关、人民团体、军队自用的土地。

（2）由国家财政部门拨付事业经费的单位自用的土地。

（3）宗教寺庙、公园、名胜古迹自用的土地。

（4）市政街道、广场、绿化地带等公共用地。

（5）直接用于农、林、牧、渔业的生产用地。

（6）经批准开山填海整治的土地和改造的废弃土地，从使用的月份起免缴土地使用税5～10年。

（7）由财政部另行规定的能源、交通、水利等设施用地和其他用地。

（二）由地方确定的免税

（1）个人所有的居住房屋及院落用地。

（2）房产管理部门在房租调整改革前经租的居民住房用地。

（3）免税单位职工家属的宿舍用地。

（4）民政部门举办的安置残疾人占一定比例的福利工厂用地。

（5）集体和个人举办的学校、医院、托儿所、幼儿园用地。

（6）困难性及临时性减免税。

纳税人缴纳土地使用税确有困难需要定期减免的，由省、自治区、直辖市税务机关审批，但年减免税额达到或超过10万元的，要报经财政部、国家税务总局批准。

第四节　耕地占用税

耕地占用税是对占用耕地建房或者从事其他非农业建设的单位和个人征收的一种税。2008年1月1日起，实施新的《中华人民共和国耕地占用税暂行条例》；2008年2月26日起，《中华人民共和国耕地占用税暂行条例实施细则》经财政部、国家税务总局审议通过，并公布实施。

一、纳税人

凡占用耕地建房或者从事其他非农业建设的单位和个人，都是耕地占用税的纳税人。包括国家机关、企业、事业单位，乡镇集体企业、事业单位，农村居民和其他居民。

二、课税对象

耕地占用税的征税对象是占用耕地建房或从事其他非农业建设的行为。耕地是指用于种植农作物的土地，占用前 3 年内用于种植农作物的土地也视为耕地。农田水利占用耕地的，不征收耕地占用税。占用园地建房或从事其他非农业建设的，视同占用耕地征收耕地占用税。占用林地、牧草地、农田水利用地、养殖水面以及渔业水域滩涂等其他非农建房或从事非农业建设的，比照本规定征收耕地占用税。纳税人临时占用耕地，应当依照本规定缴纳耕地占用税。纳税人在批准临时占用耕地的期限内恢复所占用耕地原状的，全额退还已经缴纳的耕地占用税。

三、税率和适用税额

耕地占用税实行定额税率，具体分四个档次：（1）以县为单位（下同），人均耕地在 1 亩以下（含 1 亩）的地区，每平方米为 10～50 元；（2）人均耕地在 1～2 亩（含 2 亩）的地区，每平方米为 8～40 元；（3）人均耕地在 2～3 亩（含 3 亩）的地区，每平方米为 6～30 元；（4）人均耕地在 3 亩以上的地区，每平方米为 5～25 元。

各地适用税额，由省、自治区、直辖市人民政府在规定税额范围内，根据本地区情况具体核定，如表 7-1 所示。

表 7-1　各省、自治区、直辖市耕地占用税平均税额表

地　　区	每平方米平均税额（元）
上海	45
北京	40
天津	35
江苏、浙江、福建、广东	30
辽宁、湖北、湖南	25
河北、安徽、江西、山东、河南、重庆、四川	22.5
广西、海南、贵州、云南、陕西	20
山西、吉林、黑龙江	17.5
内蒙古、西藏、甘肃、青海、宁夏、新疆	12.5

四、计税依据

耕地占用税以纳税人实际占用耕地面积为计税依据，按照规定税率一次性计算征收。耕地占用税实行据实征收原则，对于实际占用耕地超过批准占用耕地，以及未经批准而自行占用耕地的，经调查核实后，由财政部门按照实际占用耕地面积，依法征收耕地占用税，

并由土地管理部门按有关规定处理。

五、加成征税

根据有关规定，加成征税政策主要有以下两项。

（1）经济特区、经济技术开发区和经济发达、人均耕地特别少的地区，适用税额可以适当提高，但最高不得超过规定税额的50%。

（2）对单位或者个人获准征用或者占用耕地超过两年不使用的加征规定税额2倍以下的耕地占用税。

六、减税、免税

（一）减税规定

（1）铁路线路、公路线路、飞机场跑道、停机坪、港口、航道占用耕地，减按每平方米2元的税额征收耕地占用税。根据实际需要，国务院财政、税务主管部门商国务院有关部门并报国务院批准后，可以对此情形免征或者减征耕地占用税。

（2）农村居民占用耕地新建住宅，按照当地适用税额减半征收耕地占用税。

（3）农村烈士家属、残疾军人、鳏寡孤独以及革命老根据地、少数民族聚居区和边远贫困山区生活困难的农村居民，在规定用地标准以内新建住宅缴纳耕地占用税确有困难的，经所在地乡（镇）人民政府审核，报经县级人民政府批准后，可以免征或者减征耕地占用税。

（二）免税规定

（1）军事设施占用耕地。

（2）学校、幼儿园、养老院、医院占用耕地。

七、纳税环节和纳税期限

耕地占用税由地方税务机关负责征收。土地管理部门在通知单位或者个人办理占用耕地手续时，应当同时通知耕地所在地同级地方税务机关。获准占用耕地的单位或者个人应当在收到土地管理部门的通知之日起30日内缴纳耕地占用税。土地管理部门凭耕地占用税完税凭证或者免税凭证和其他有关文件发放建设用地批准书。

第五节　土地增值税

土地增值税是对有偿转让国有土地使用权及地上建筑物和其他附着物的单位和个人征

收的一种税。《中华人民共和国土地增值税暂行条例》（以下简称《条例》）经 1993 年 11 月 26 日国务院第十二次常务会议通过发布，自 1994 年 1 月 1 日起执行；1995 年 1 月 27 日，《中华人民共和国土地增值税暂行条例实施细则》（以下简称《细则》）颁布实施。

一、纳税人

根据《条例》第二条的规定，转让国有土地使用权、地上建筑物及其他附着物（以下简称转让房地产）并取得收入的单位和个人为土地增值税的纳税义务人（以下简称纳税人），应当依照本条例缴纳土地增值税。

二、征税范围

土地增值税的征税范围包括国有土地、地上建筑物及其他附着物。按照《细则》第二条，转让房地产并取得收入，是指以出售或者其他方式有偿转让房地产的行为。不包括以继承、赠予方式无偿转让房地产的行为。

三、课税对象和计税依据

土地增值税的课税对象是有偿转让房地产所取得的土地增值额，即土地增值税以纳税人转让房地产所取得的土地增值额为计税依据，土地增值额为纳税人转让房地产所取得的收入减除规定扣除项目金额后的余额。

需要说明的是，按照《细则》第十六条的规定，纳税人在项目全部竣工结算前转让房地产取得的收入，由于涉及成本确定或其他原因，无法据实计算土地增值税的，可以预征土地增值税，待该项目全部竣工、办理结算后再进行清算，多退少补。为进一步加强房地产开发企业土地增值税清算管理工作，国家税务总局下发《关于房地产开发企业土地增值税清算管理有关问题的通知》（国税发〔2006〕187 号）；为了进一步做好土地增值税清算工作，国家税务总局下发《关于土地增值税清算有关问题的通知》（国税函〔2010〕220 号）。一系列法规条文的出台，进一步规范了土地增值税的核算与征收工作。

（一）转让房地产所取得的收入

根据相关规定，转让房地产所取得收入包含两部分，即一般销售收入及非直接销售和自用房地产的收入。

1. 一般销售收入

一般销售收入即我们通常所说的转让房地产所取得的收入，指转让房地产的全部价款及相关的经济利益，包括货币收入、实物收入和其他收入。国税函〔2010〕220 号规定，土地增值税清算时，已全额开具商品房销售发票的，按照发票所载金额确认收入；未开具

发票或未全额开具发票的，以交易双方签订的销售合同所载的售房金额及其他收益确认收入。销售合同所载商品房面积与有关部门实际测量面积不一致，在清算前已发生补、退房款的，应在计算土地增值税时予以调整。

2．非直接销售和自用房地产的收入

国税发〔2006〕187 号第三条对非直接销售和自用房地产的收入确定问题进行了规定，分两种情况：

（1）房地产开发企业将开发产品用于职工福利、奖励、对外投资、分配给股东或投资人、抵偿债务、换取其他单位和个人的非货币性资产等，发生所有权转移时应视同销售房地产，其收入按下列方法和顺序确认：① 按本企业在同一地区、同一年度销售的同类房地产的平均价格确定；② 由主管税务机关参照当地当年、同类房地产的市场价格或评估价值确定。

（2）房地产开发企业将开发的部分房地产转为企业自用或用于出租等商业用途时，如果产权未发生转移，不征收土地增值税，在税款清算时不列收入，不扣除相应的成本和费用。

（二）扣除项目

按照《条例》第六条，计算土地增值额时的扣除项目包括：① 取得土地使用权所支付的金额；② 开发土地的成本、费用；③ 新建房及配套设施的成本、费用，或者旧房及建筑物的评估价格；④ 与转让房地产有关的税金；⑤ 财政部规定的其他扣除项目。

1．土地获取成本

按照《细则》第七条，取得土地使用权所支付的金额，是指纳税人为取得土地使用权所支付的地价款和按国家统一规定交纳的有关费用。但是，国税函〔2010〕220 号规定，房地产开发企业逾期开发缴纳的土地闲置费不得扣除。

2．房地产开发成本

按照《细则》第七条，房地产开发成本即开发土地和新建房及配套设施的成本，是指纳税人房地产开发项目实际发生的成本，包括土地征用及拆迁补偿费、前期工程费、建筑安装工程费、基础设施费、公共配套设施费、开发间接费用。其中，土地征用及拆迁补偿费，包括土地征用费、耕地占用税、劳动力安置费及有关地上、地下附着物拆迁补偿的净支出、安置动迁用房支出等。前期工程费，包括规划、设计、项目可行性研究和水文、地质、勘察、测绘、“三通一平”等支出。建筑安装工程费，是指以出包方式支付给承包单位的建筑安装工程费，以自营方式发生的建筑安装工程费。基础设施费，包括开发小区内道路、供水、供电、供气、排污、排洪、通信、照明、环卫、绿化等工程发生的支出。公共配套设施费，包括不能有偿转让的开发小区内公共配套设施发生的支出。开发间接费用，是指直接组织、管理开发项目发生的费用，包括工资、职工福利费、折旧费、修理费、办公费、水电费、劳动保护费、周转房摊销等。

3．房地产开发费用

根据《细则》第七条，房地产开发费用为开发土地和新建房及配套设施的费用，是指与房地产开发项目有关的销售费用、管理费用、财务费用。《细则》和国税函〔2010〕220号对房地产开发费用的确定问题进行了规定。

（1）财务费用中的利息支出，凡能够按转让房地产项目计算分摊并提供金融机构证明的，允许据实扣除，但最高不能超过按商业银行同类同期贷款利率计算的金额。其他房地产开发费用，在按照“取得土地使用权所支付的金额”与“房地产开发成本”金额之和的5%以内计算扣除。

（2）凡不能按转让房地产项目计算分摊利息支出或不能提供金融机构证明的，房地产开发费用在按“取得土地使用权所支付的金额”与“房地产开发成本”金额之和的10%以内计算扣除。

全部使用自有资金，没有利息支出的，按照以上方法扣除。上述具体适用的比例按省级人民政府此前规定的比例执行。

（3）房地产开发企业既向金融机构借款，又有其他借款的，其房地产开发费用计算扣除时不能同时适用本条（1）、（2）项所述两种办法。

（4）土地增值税清算时，已经计入房地产开发成本的利息支出，应调整至财务费用中计算扣除。

需要注意的是，房地产开发成本中的开发间接费用与房地产开发费用，两者很容易混淆。由于房地产开发费用有比例限制，而开发间接费用可以作为加计扣除20%[见下文6（1）]的依据，因此部分纳税人可能会有意或无意将费用项目尽量列为房地产开发成本，造成土地开发成本虚增，相应地房地产开发费用和加计扣除也同时虚增。

4．旧房及建筑物的评估价格

旧房及建筑物的评估价格，是指在转让已使用的房屋及建筑物时，由政府批准设立的房地产评估机构评定的重置成本价乘以成新度折扣率后的价格。评估价格须经当地税务机关确认。纳税人有下列情形之一者，按照房地产评估价格计算征收土地增值税：

（1）隐瞒、虚报房地产价格的；

（2）提供扣除项目金额不实的；

（3）转让房地产的成交价格低于房地产评估价，又无正当理由的。

5．与转让房地产有关的税金

与转让房地产有关的税金，是指在转让房地产时缴纳的营业税、城市维护建设税、印花税[①]。因转让房地产交纳的教育费附加，也可视同税金予以扣除。另外，国税函〔2010〕220 号房地产开发企业取得土地使用权时支付的契税的扣除问题做了规定，即房地产开发

[①] 财税字〔1995〕48号：对于印花税通过“管理费用”核算的房地产企业，印花税不可另行扣除。

企业为取得土地使用权所支付的契税，应视同“按国家统一规定交纳的有关费用”，计入“取得土地使用权所支付的金额”中扣除。

6．财政部规定的其他扣除项目

（1）加计扣除项目

对从事房地产开发的纳税人可按土地获取成本和房地产开发成本的金额之和，加计20%的扣除。[①]

（2）房地产开发企业未支付的质量保证金，其扣除项目金额的确定问题

国税函〔2010〕220 号规定，房地产开发企业在工程竣工验收后，根据合同约定，扣留建筑安装施工企业一定比例的工程款，作为开发项目的质量保证金，在计算土地增值税时，建筑安装施工企业就质量保证金对房地产开发企业开具发票的，按发票所载金额予以扣除；未开具发票的，扣留的质保金不得计算扣除。

（3）关于拆迁安置土地增值税计算问题

拆迁安置中，涉及的拆迁补偿费应列入扣除项目。国税函〔2010〕220 号拆迁安置土地增值税计算问题，做了如下规定：

① 房地产企业用建造的本项目房地产安置回迁户的，安置用房视同销售处理，按《国税发〔2006〕187 号第三条第（一）款规定确认收入，同时将此确认为房地产开发项目的拆迁补偿费。房地产开发企业支付给回迁户的补差价款，计入拆迁补偿费；回迁户支付给房地产开发企业的补差价款，应抵减本项目拆迁补偿费。

② 开发企业采取异地安置，异地安置的房屋属于自行开发建造的，房屋价值按国税发〔2006〕187 号第三条第（一）款的规定计算，计入本项目的拆迁补偿费；异地安置的房屋属于购入的，以实际支付的购房支出计入拆迁补偿费。

③ 货币安置拆迁的，房地产开发企业凭合法有效凭据计入拆迁补偿费。

7．土地增值税的清算条件

国税发〔2006〕187 号规定了房地产开发企业土地增值税清算条件。符合下列情形之一的，纳税人应进行土地增值税的清算：

（1）房地产开发项目全部竣工、完成销售的；

（2）整体转让未竣工决算房地产开发项目的；

（3）直接转让土地使用权的。

符合下列情形之一的，主管税务机关可要求纳税人进行土地增值税清算：

（1）已竣工验收的房地产开发项目，已转让的房地产建筑面积占整个项目可售建筑面积的比例在 85%以上，或该比例虽未超过 85%，但剩余的可售建筑面积已经出租或自用的；

---

① 财税字〔1995〕48 号：代收费用计入房价、作为收入的，可以扣除，但不许作为加计扣除 20%的基数；代收费用未计入房价、未作为收入的，不许扣除。

（2）取得销售（预售）许可证满三年仍未销售完毕的；

（3）纳税人申请注销税务登记但未办理土地增值税清算手续的；

（4）省税务机关规定的其他情况。

8．房地产开发企业的预提费用的规定

房地产开发企业的预提费用，除另有规定外，不得扣除。国税发〔2006〕187 号规定了清算后再转让房地产的处理方式。在土地增值税清算时未转让的房地产，清算后销售或有偿转让的，纳税人应按规定进行土地增值税的纳税申报，扣除项目金额按清算时的单位建筑面积成本费用乘以销售或转让面积计算。

单位建筑面积成本费用=清算时的扣除项目总金额÷清算的总建筑面积

例如：某房开公司开发 100 000 平方米的写字楼，已销售 95 000 平方米。清算时，共发生扣除项目金额 9 000 万元，则单位建筑面积成本费用为 9 000÷10=900 元。在清算后，余下的 5 000 平方米的写字楼一次性转让，转让金额为 800 万元。则扣除额为 5 000×900=450 万元。

9．其他规定

（1）除另有规定外，扣除取得土地使用权所支付的金额、房地产开发成本、费用及与转让房地产有关税金，须提供合法有效凭证；不能提供合法有效凭证的，不予扣除。

（2）提供的“前期工程费、建筑安装工程费、基础设施费、开发间接费用”四项资料的凭证或资料不符合清算要求或不实的，地方税务机关可参照当地建设工程造价管理部门公布的建安造价定额资料，结合房屋结构、用途、区位等因素，核定上述四项开发成本的单位面积金额标准，并据以计算扣除。具体核定方法由省税务机关确定。

（3）房地产开发企业开发建造的与清算项目配套的居委会和派出所用房、会所、停车场（库）、物业管理场所、变电站、热力站、水厂、文体场馆、学校、幼儿园、托儿所、医院、邮电通信等公共设施，按以下原则处理：① 建成后产权属于全体业主所有的，其成本、费用可以扣除；② 建成后无偿移交给政府、公用事业单位用于非营利性社会公共事业的，其成本、费用可以扣除；③ 建成后有偿转让的，应计算收入，并准予扣除成本、费用。

（4）房地产开发企业销售已装修的房屋，其装修费用可以计入房地产开发成本。

（5）属于多个房地产项目共同的成本费用，应按清算项目可售建筑面积占多个项目可售总建筑面积的比例或其他合理的方法，计算确定清算项目的扣除金额。

四、税率和应纳税额的计算

通常，土地增值税的应纳税额按如下速算公式计算：

应纳税额=增值额×适用税率-扣除项目金额×速算扣除系数

增值率=增值额/扣除项目金额×100%

土地增值税按照四级超率累进税率进行征收，且各档次使用不同的税率和速算折扣系数，如表 7-2 所示。

表 7-2　土地增值税税率及计算公式

档次	计税依据	适用税率	速算扣除率	土地增值税额计算公式
1	增值额未超过扣除项目金额 50%的部分（增值率未超过 50%的（含 50%））	30%	0	增值额×30%
2	增值额超过扣除项目金额 50%、未超过扣除项目金额 100%的部分（增值率在 50%～100%（含 100%）的）	40%	5%	增值额×30%-扣除项目金额×5%
3	增值额超过扣除项目金额 100%、未超过扣除项目金额 200%的部分（增值率在 100%～200%（含 200%）的）	50%	15%	增值额×50%-扣除项目金额×15%
4	增值额超过扣除项目金额 200%的部分（增值率超过 200%的）	60%	35%	增值额×60%-扣除项目金额×35%

五、应用举例

某房地产公司开发 100 栋花园别墅，其中 80 栋出售，10 栋出租，10 栋待售。每栋地价 14.8 万元，登记、过户手续费 0.2 万元，开发成本包括土地征用及拆迁补偿费、前期工程费、建筑安装工程费等合计 50 万元，贷款支付利息 0.5 万元（能提供银行证明）。每栋售价 180 万元，营业税税率 5%，城建税税率 5%，教育费附加征收率 3%。问该公司应缴纳多少土地增值税？

【解答】

转让收入：180×80=14 400（万元）

取得土地使用权所支付的金额与房地产开发成本合计：（14.8+0.2+50）×80=5 200（万元）

房地产开发费用扣除：0.5×80+5 200×5%=300（万元）

转让税金支出：14 400×5%×（1+5%+3%）=777.6（万元）

加计扣除金额：5 200×20%=1 040（万元）

扣除项目合计：5 200+300+777.6+1 040=7 317.6（万元）

增值额=14 400-7 317.6=7 082.4（万元）

增值额与扣除项目金额比率=7 082.4/7 317.6×100%=96.79%

应纳增值税税额=7 082.4×40%-7 317.6×5%=2 467.08（万元）

六、减税、免税

下列情况免征土地增值税。[①]

① 2008 年 11 月 1 日起，对个人销售住房暂免征收土地增值税。（财税〔2008〕137 号）

（1）纳税人建造普通标准[①]住宅出售，其土地增值额未超过扣除金额20%的；增值额超过扣除项目金额之和20%的，应就其全部增值额按规定计税。

（2）因国家建设需要而被政府征用的房地产。

（3）因城市实施规划、国家建设的需要而搬迁，由纳税人自行转让原房地产的，免征土地增值税。

符合上述免税规定的单位和个人，须向房地产所在地税务机关提出免税申请，经税务机关审核后，免予征收土地增值税。

七、征收管理

土地增值税的纳税人应于转让房地产合同签订之日起7日内，到房地产所在地的主管税务机关办理纳税申报，并向税务机关提交房屋及建筑物产权证书、土地使用权证书、土地转让、房产买卖合同、房地产评估报告及其他与转让房地产有关的资料。纳税人因经常发生房地产转让而难以在每次转让后申报的，经税务机关审核同意后，可以定期进行纳税申报，具体期限由税务机关根据情况确定。

第六节 契　税

契税是以所有权发生转移变动的不动产为征税对象，向产权承受人征收的一种财产税。应缴税范围包括：土地使用权出售、赠予和交换，房屋买卖，房屋赠予，房屋交换等。现行的《中华人民共和国契税暂行条例》于1997年10月1日起施行。

一、纳税人

契税的纳税义务人是中国境内转移土地、房屋权属，承受的单位和个人。境内是指中华人民共和国实际税收行政管辖范围内；土地、房屋权属是指土地使用权和房屋所有权；单位是指企业单位、事业单位、国家机关、军事单位和社会团体以及其他组织；个人是指个体经营者及其他个人，包括中国公民和外籍人员。

---

① 普通标准住宅，是指按所在地一般民用住房标准建造的居住用住宅。高级公寓、别墅、度假村等不属于普通标准住宅。普通标准住宅与其他住宅的具体划分界限由各省、自治区、直辖市人民政府规定。2005年5月31日以前由各省、自治区、直辖市人民政府规定。2005年6月1日起，普通标准住宅应同时满足容积率、建筑面积以及单位面积价格方面的规定，例如青岛市的普通标准住宅标准如下：凡同时符合单套建筑面积在144平方米以下（含144平方米）、住宅小区建筑容积率在1.0以上（含1.0）实际成交价格低于同级别土地上住房平均交易价格1.44倍以下的住房；不符合上述条件其中之一的住房，则为非普通住房。

二、课税对象

契税的课税对象是土地、房屋权属转移的行为，均需由承受方缴纳。土地权属转移是指国有土地使用权出让和土地使用权转让，包括土地使用权出售、土地使用权赠予和土地使用权交换，但不包括农村集体土地承包经营权的转移。房屋权属转移是指房屋买卖、房屋赠予、房屋交换。

三、课税依据和税率

国有土地使用权出让，土地使用权出售，房屋买卖，为成交价格；土地使用权赠予，房屋赠予，由征收机关参照土地使用权出售、房屋买卖的市场价格核定；土地使用权交换，房屋交换，为所交换的土地使用权、房屋的价格的差额；上述成交价格明显低于市场价格并且无正当理由的，或者所交换土地使用权、房屋价格的差额明显不合理并且无正当理由的，由征收机关参照市场价格核定。

契税实行 3%～5%的幅度比例税率。契税的具体适用税率，由各省、自治区、直辖市人民政府在规定的幅度内，按照本地区的实际情况自行确定，并报财政部和国家税务总局备案。①

四、纳税环节和纳税期限

契税的纳税义务发生时间，为纳税人签订土地、房屋权属转移合同的当天，或者纳税人取得其他具有土地、房屋权属转移合同性质凭证的当天。纳税人应当自纳税义务发生之日起 10 日内，向土地、房屋所在地的契税征收机关办理纳税申报，并在契税征收机关核定的期限内缴纳税款。

五、减税、免税

（一）《契税暂行条例》中关于减征、免征契税的相关规定

有下列行为之一的，减征、免征契税。

（1）国家机关、事业单位、社会团体、军事单位承受土地、房屋用于办公、教学、医

① 目前，各地契税税率的征收更多是根据市场的实际状况而定。《财政部 国家税务总局 住房和城乡建设部关于调整房地产交易环节契税 个人所得税优惠政策的通知》（财税〔2010〕94 号）规定，对个人购买普通住房，且该住房属于家庭（成员范围包括购房人、配偶以及未成年子女，下同）唯一住房的，减半征收契税。对个人购买 90 平方米及以下普通住房，且该住房属于家庭唯一住房的，减按 1%税率征收契税。

疗、科研和军事设施的，免征。

（2）城镇职工，按规定第一次购买公有住房的，免征。

（3）因不可抗力灭失住房而重新购买住房的，免征。

（4）土地、房屋被县级以上人民政府征用、占用后，重新承受土地、房屋权属的，由省、自治区、直辖市人民政府决定是否减征或者免征。

（5）纳税人承受荒山、荒沟、荒滩、荒丘土地使用权，用于农、林、牧、渔业生产的，免征。

（6）依照我国有关法律规定以及我国缔结或参加的双边和多边条约或协定的规定应当予以免税的外国驻华大使馆、领事馆、联合国驻华机构及其外交代表、领事官员和其他外交人员承受土地、房屋权属的，经外交部确认，可以免征。

（二）其他有关减征、免征契税的相关规定（部分）

除了《契税暂行条例》中对减征、免征契税做出相关规定外，国家税务总局、财政部等多部门对契税的减免也有一些相关规定，以加强对房地产市场的管理。

（1）根据《国家税务总局关于继承土地、房屋权属有关契税问题的批复》（国税函〔2004〕1036号）规定："对于《中华人民共和国继承法》规定的法定继承人（包括配偶、子女、父母、兄弟姐妹、祖父母、外祖父母）继承土地、房屋权属，不征契税。按照《中华人民共和国继承法》规定，非法定继承人根据遗嘱承受死者生前的土地、房屋权属，属于赠与行为，应征收契税。"

（2）根据财政部、国家税务总局《关于房屋、土地权属由夫妻一方所有变更为夫妻双方共有契税政策的通知》，自2011年8月31日起，婚姻关系存续期间，房屋、土地权属原归夫妻一方所有，变更为夫妻双方共有的，免征契税。

（3）《财政部、国家税务总局关于企业以售后回租方式进行融资等有关契税政策的通知》（财税〔2012〕82号）的相关规定如下。

① 对金融租赁公司开展售后回租业务，承受承租人房屋、土地权属的，照章征税。对售后回租合同期满，承租人回购原房屋、土地权属的，免征契税。

② 以招拍挂方式出让国有土地使用权的，契税的纳税人为最终与土地管理部门签订出让合同的土地使用权承受人。

③ 市、县级人民政府根据《国有土地上房屋征收与补偿条例》有关规定征收居民房屋，居民因个人房屋被征收而选择货币补偿用以重新购置房屋，并且购房成交价格不超过货币补偿的，对新购房屋免征契税；购房成交价格超过货币补偿的，对差价部分按规定征收契税。居民因个人房屋被征收而选择房屋产权调换，并且不缴纳房屋产权调换差价的，对新换房屋免征契税；缴纳房屋产权调换差价的，对差价部分按规定征收契税。

④ 企业承受土地使用权用于房地产开发，并在该土地上代政府建设保障性住房的，计

税价格为取得全部土地使用权的成交价格。

⑤ 单位、个人以房屋、土地以外的资产增资，相应扩大其在被投资公司的股权持有比例，无论被投资公司是否变更工商登记，其房屋、土地权属不发生转移，不征收契税。

⑥ 个体工商户的经营者将其个人名下的房屋、土地权属转移至个体工商户名下，或个体工商户将其名下的房屋、土地权属转回原经营者个人名下，免征契税。合伙企业的合伙人将其名下的房屋、土地权属转移至合伙企业名下，或合伙企业将其名下的房屋、土地权属转回原合伙人名下，免征契税。

第七节 相关税费

上述税收是专门在房地产领域征收的。除此之外，还有一些其他税收在社会领域普遍征收，当然也要在房地产领域征收，如营业税、城市维护建设税和教育费附加（俗称“两税一费”）、个人所得税、印花税等。

一、房地产业营业税

营业税是对提供应税劳务、转让无形资产和销售不动产的单位和个人开征的一种税。与房地产行业有关的营业税以纳税人从事房地产开发、经营所取得的营业额为课税对象，属于营业税大系统的一个子系统。

（一）纳税人和扣缴义务人

房地产业营业税的纳税人是指在中华人民共和国境内从事转让土地使用权、销售不动产、房屋租赁和房地产中介服务的单位。

（1）从事转让土地使用权、销售不动产和房屋租赁及房地产中介服务等经营活动范围是在中华人民共和国境内，而不是在境外。

（2）房地产业营业税调节范围包括转让土地使用权、销售不动产和房屋租赁及房地产中介服务方面。

（3）单位是指国有企业、集体企业、私有企业、股份制企业、其他企业和行政单位、事业单位、军事单位、社会团体及其他单位。还包括外商投资企业和外国企业。

（4）个人是指个体工商户和其他有经营行为的个人。

（5）个人转让土地使用权的，以受让者为扣缴义务人。

（二）征税范围

按照《营业税暂行条例》规定，在我国境内从事转让土地使用权、销售不动产、房地

产中介服务和房屋租赁经营业务的，都属于房地产业营业税的征税范围。

（1）转让土地使用权，是指土地使用者转让土地使用权的行为。土地所有者出让土地使用权和土地使用者将土地使用权归还给土地所有者的行为，不征收营业税；以土地使用权投资入股，参与接受投资方的利润分配，共同承担投资风险的行为，不征收营业税，但转让该股权的，应征收营业税；转让土地使用权的范围不包括土地租赁行为。

（2）销售不动产，是指有偿转让不动产所有权的行为，主要包括销售建筑物或构筑物、销售其他土地附着物。以转让有限产权或永久使用权方式销售建筑物，视同销售建筑物；单位将不动产无偿赠予他人，视同销售不动产；以不动产投资入股，参与接受投资方利润分配，共同承担投资风险的行为，不征收营业税。但转让该项股权的，应按“销售不动产”税目征收营业税。

（3）房屋租赁是指房屋所有权人作为出租人将其房屋出租给承租人使用，由承租人向出租人支付租金的行为。房地产租赁包括房产租赁和土地使用权的租赁。在房屋租赁时，连同房屋所占土地及房屋内外安装、设置的不可分割的财产一并租赁的，一并按房屋租赁征收营业税；以租赁方式为文化活动、体育比赛提供场所的，按“服务业—租赁业—场地租赁”税目征收营业税。

（4）房地产中介服务的范围包括涉及房地产中介服务的所有业务。

（三）计税依据

营业税的计税依据是指提供应税劳务的营业额、转让无形资产的转让额或销售不动产的销售额，统称为营业额。它包括纳税人向对方收取的全部价款和价外费用。价外费用包括向对方收取的手续费、基金、集资费、代收款项、代垫款项及其他各种性质的价外收费。凡价外费用，无论会计制度规定如何核算，均应并入营业额计算应纳税额。

房地产业营业税计税依据的核定，在具体工作中是比较复杂的，要视具体情况作具体的分析和确定。

（1）转让土地使用权的营业额为土地使用者转让土地使用权所取得的全部价款和价外收费。

（2）销售不动产的营业额为不动产所有者销售不动产所取得的全部价款和价外收费。

（3）房地产租赁的营业额为房地产出租者向承租人收取的全部租金收入和价外收费。

（4）房地产中介服务的营业额为中介人向房地产买卖双方收取的全部服务费。

（5）纳税人提供转让无形资产、销售不动产价格或房屋租金收入明显偏低而无正当理由的，主管税务机关有权按下列顺序核定其营业额。

① 按纳税人当月提供的应税劳务或者销售的同类不动产的平均价格核定。

② 按纳税人最近时期提供的同类应税劳务或者销售的同类不动产的平均价格核定。

③ 按下列公式核定计税价格：

计税价格=营业成本或工业成本×(1+成本利润率)/(1−营业税税率)

上列公式中的成本利润率，由省、自治区、直辖市人民政府所属税务机关确定。单位将不动产无偿赠予他人，其营业额的核定比照上述规定确定。

（6）银行贷款给单位和个人，借款者以房屋作抵押，抵押期满后，借款者无力还贷款，抵押的房屋被银行收走以抵作贷款本息，这表明房屋的所有权被借款者有偿转让给银行，应对借款者转让房屋所有权的行为按“销售不动产”税目征收营业税。其营业额即是贷款本息总额。同样，银行如果将收归其所有的房屋销售，也应按“销售不动产”税目征收营业税。其营业额为销售房屋所取得的全部价款和价外收费。

（7）在旧城改造中，房地产开发公司用新建房屋补偿给旧房拆迁户的，应视为销售不动产计征营业税，其计税依据为销售同类房屋的当地市场价格。反过来，相对于拆迁户来讲，以旧房换取新房或直接取得货币补偿，实质上完成了不动产的销售行为，应按销售不动产税目征收营业税，其计税依据为取得的货币收入和房产的市场价格。

（8）在房地产典当中，出典人超过典当期限无能力回赎或不回赎自己的房产时，应视为销售不动产行为，依法征收营业税，其计税依据为典金数额。若典金价格过低于市场价格而又无正当理由的，按上述有关规定确定。

（四）税率和应纳税额的计算

房地产营业税的税率一律为5%[①]，应纳营业税税额计算公式如下：

应纳营业税税额=计税依据（营业额）×税率

（五）减税与免税

（1）将土地使用权转让给农业生产者用于农业生产取得的收入，免征营业税。

（2）土地使用者将土地使用权归还给土地所有者的行为，不征收营业税。

（3）个人无偿赠予不动产、土地使用权，属于下列情形之一的，暂免征收营业税。[②]

① 离婚财产分割。

② 无偿赠予配偶、父母、子女、祖父母、外祖父母、孙子女、外孙子女、兄弟姐妹。

③ 无偿赠予对其承担直接抚养或者赡养义务的抚养人或者赡养人。

④ 房屋产权所有人死亡，依法取得房屋产权的法定继承人、遗嘱继承人或者受遗赠人。

（4）对个人销售自建自用住房，免征营业税。对企业、行政事业单位按房改成本价、

---

① 2008年，国务院常务会议在研究部署促进房地产市场健康发展的政策措施时，提出将个人转让住房营业税的免征时限从五年降低到两年，以鼓励普通住房消费，政策期限是2009年1月1日至12月31日。《关于调整个人住房转让营业税政策的通知》，自2010年1月1日起，个人将购买不足5年的非普通住房对外销售的，全额征收营业税；个人将购买超过5年（含5年）的非普通住房或者不足5年的普通住房对外销售的，按照其销售收入减去购买房屋的价款后的差额征收营业税；个人将购买超过5年（含5年）的普通住房对外销售的，免征营业税。

② 《财政部 国家税务总局关于个人金融商品买卖等营业税若干免税政策的通知》，财税〔2009〕111号。

标准价出售住房的收入，免征营业税。[①]

（六）征收管理

营业税纳税义务发生时间为纳税人提供应税劳务、转让无形资产或者销售不动产并收讫营业收入款项或者取得索取营业收入款项凭据的当天。国务院财政、税务主管部门另有规定的，从其规定。营业税扣缴义务发生时间为纳税人营业税纳税义务发生的当天。

纳税人提供应税劳务应当向其机构所在地或者居住地的主管税务机关申报纳税；纳税人转让、出租土地使用权，应当向土地所在地的主管税务机关申报纳税；纳税人销售、出租不动产应当向不动产所在地的主管税务机关申报纳税；扣缴义务人应当向其机构所在地或者居住地的主管税务机关申报缴纳其扣缴的税款。

营业税的纳税期限分别为5日、10日、15日、1个月或者1个季度。纳税人的具体纳税期限，由主管税务机关根据纳税人应纳税额的大小分别核定；不能按照固定期限纳税的，可以按次纳税。纳税人以1个月或者1个季度为一个纳税期的，自期满之日起15日内申报纳税；以5日、10日或者15日为一个纳税期的，自期满之日起5日内预缴税款，于次月1日起15日内申报纳税并结清上月应纳税款。扣缴义务人解缴税款的期限，依照前两款的规定执行。

（七）应用举例

例1 某房屋开发公司修建一栋写字楼，售给甲、乙、丙三个单位，售价分别为800万元、150万元、230万元，甲、乙两单位购楼款项已于当月付清，丙单位仅签订购销合同，款项未付。计算该公司此次出售写字楼应纳营业税额。

根据营业税征收管理规定，营业税纳税义务发生时间为纳税人提供应税劳务、转让无形资产或者销售不动产并收讫营业收入款项或者取得索取营业收入款项凭据的当天。故该公司这次售给丙单位的楼房，因款项款未付，本次不计征营业税，仅就甲、乙两单位的售楼款计算征收营业税。计算如下：

应纳营业税=销售不动产营业额×适用税率=(800+150)×5%=47.5（万元）

例2 某单位将自建的一栋别墅赠予有突出贡献的专家王某，该单位近期没有销售同类不动产，经税务机关查证该别墅建造成本为32万元，假设成本利润率为10%。试计算该单位应纳营业税额。

解答：按照营业税政策规定，单位将不动产赠予他人，视同销售不动产计征营业税。其营业税可以按计税价格进行核定。具体计算如下：

[①] 2009年1月1日起施行的《中华人民共和国营业税暂行条例实施细则》第五条：纳税人有下列情形之一的，视同发生应税行为：（二）单位或者个人自己新建（以下简称自建）建筑物后销售，其所发生的自建行为；但财政部、国家税务总局日前联合发布通知，自2013年1月1日起，对个人销售自建自用住房，免征营业税。

计税价格=营业成本×(1+成本利润率)/(1−营业税税率)

=320 000×(1+10%)/(1−5%)=370 526.32（元）

应纳营业税=370 526.32×5%=18 526.32（元）

二、城市维护建设税和教育费附加

（一）纳税人

凡缴纳增值税、消费税、营业税的单位和个人，都是城市维护建设税的纳税义务人和教育费附加的缴交人。根据财税〔2010〕103 号规定，对外资企业 2010 年 12 月 1 日（含）之后发生纳税义务的增值税、消费税、营业税（以下简称“三税”）征收城市维护建设税（简称城建税）和教育费附加；对外资企业 2010 年 12 月 1 日之前发生纳税义务的“三税”，不征收城市维护建设税和教育费附加。

（二）计税依据及纳税义务发生时间

城市维护建设税、教育费附加以纳税人实际缴纳的增值税、消费税、营业税税额为计税依据，分别与增值税、消费税、营业税同时缴纳。因此，城市维护建设税、教育费附加属于附加税，其征收目的是用于城市的公共事业和公共事业维护建设。

（三）税率

城市维护建设税实行地区差别税率，即根据纳税人所在地区不同而缴纳不同的税率，具体如下。

城建税纳税人所在地在市区的，税率为 7%；纳税人所在地在县城、镇的，税率为 5%；纳税人所在地不在市区、县城、镇的，税率为 1%；教育费附加的征收标准为单位和个人实际缴纳“三税”总额的 3%。

需要说明的是，城市维护建设税按照纳税人所在地规定的适用税率缴纳，但对下列两种情况，按照缴纳“三税”所在地的规定税率就地缴纳城市维护建设税：（1）由受托方代征代扣增值税、消费税、营业税的单位和个人；（2）流动经营等无固定纳税地点的单位和个人。例如南京市区的城建税税率是 7%，宝应县的城建税税率是 5%，南京的一家建筑企业到扬州的宝应县从事工程作业，就应该由宝应地税局对该笔工程收入按照 5%征收城建税。

（四）减免及退税

城市维护建设税是以增值税、消费税、营业税的纳税额作为计税依据并同时征收的，对出口产品退还增值税、消费税的，不退还已纳的城市维护建设税和教育费附加。对由于减免增值税、消费税、营业税而发生的退税，同时退还已纳的城市维护建设税和教育费附加。海关对进口产品征收的增值税、消费税不征收城建税和教育费附加。

三、印花税

印花税是对经济活动和经济交往中书立、领受具有法律效力的凭证的行为所征收的一种税。因采用在应税凭证上粘贴印花税票作为完税的标志而得名。

（一）纳税人

在中华人民共和国境内书立、领受《中华人民共和国印花税暂行条例》所列举凭证的单位和个人，都是印花税的纳税义务人，应当按照规定缴纳印花税。具体有：（1）立合同人；（2）立据人；（3）立账簿人；（4）领受人；（5）使用人。

（二）征税范围

现行印花税只对《印花税暂行条例》列举的凭证征收，没有列举的凭证不征税。具体征税范围如下。

1．经济合同

税目税率表中列举了以下十大类合同。

（1）购销合同。

（2）加工承揽合同。

（3）建设工程勘察设计合同。

（4）建筑安装工程承包合同。

（5）财产租赁合同。

（6）货物运输合同。

（7）仓储保管合同。

（8）借款合同。

（9）财产保险合同。

（10）技术合同。

2．产权转移书据

产权转移即财产权利关系的变更行为，表现为产权主体发生变更。产权转移书据是在产权的买卖、交换、继承、赠予、分割等产权主体变更过程中，由产权出让人与受让人之间所订立的民事法律文书。

我国印花税税目中的产权转移书据包括财产所有权、版权、商标专用权、专利权、专有技术使用权共五项产权的转移书据。其中，财产所有权转移书据，是指经政府管理机关登记注册的不动产、动产所有权转移所书立的书据，包括股份制企业向社会公开发行的股票，以及因购买、继承、赠予所书立的产权转移书据。其他四项则属于无形资产的产权转移书据。

另外，土地使用权出让合同、土地使用权转让合同、商品房销售合同按照产权转移书据征收印花税。

3．营业账簿

按照营业账簿反映的内容不同，在税目中分为记载资金的账簿（简称资金账簿）和其他营业账簿两类，以便于分别采用按金额计税和按件计税两种计税方法。

（三）税目与税率

印花税的税目，是指印花税法明确规定的应当纳税的项目，它具体划定了印花税的征税范围。一般地说，列入税目的就要征税，未列入税目的就不征税。印花税共有十三个税目，税率有两种形式，即比例税率和定额税率，如表 7-3 所示。

表 7-3　印花税税目税率表

税　目	范　围	税　率	纳 税 人	备　注
购销合同	包括供应、预购、采购、购销、结合及协作、调剂等合同	按购销金额的 0.3‰贴花	立合同人	
加工承揽合同	包括加工、定做、修缮、修理、印刷广告、测绘、测试等合同	按加工或承揽收入的 0.5‰贴花	立合同人	
建设工程勘察设计合同	包括勘察、设计合同	按收取费用的 0.5‰贴花	立合同人	
建筑安装工程承包合同	包括建筑、安装工程承包合同	按承包金额的 0.3‰贴花	立合同人	
财产租赁合同	包括租赁房屋、船舶、飞机、机动车辆、机械、器具、设备等合同	按租赁金额的 1‰贴花。税额不足 1 元，按 1 元贴花	立合同人	
货物运输合同	包括民用航空运输、铁路运输、海上运输、联运合同	按运输费用的 0.5‰贴花	立合同人	单据作为合同使用的，按合同贴花
仓储保管合同	包括仓储、保管合同	按仓储保管费的 1‰贴花	立合同人	仓单或栈单作为合同使用的，按合同贴花
借款合同	银行及其他金融组织和借款人签订的合同	按借款金额的 0.05‰贴花	立合同人	单据作为合同使用的，按合同贴花
财产保险合同	包括财产、责任、保证、信用等保险合同	按保险费收入的 1‰贴花	立合同人	单据作为合同使用的，按合同贴花
技术合同	包括技术开发、转让、咨询、服务等合同	按所载金额的 0.3‰贴花	立合同人	

续表

税　　目	范　　围	税　　率	纳　税　人	备　　注
产权转移书据	包括财产所有权、版权、商标专用权、专利权、专有技术使用权、土地使用权出让合同、商品房销售合同等	按所载金额的0.5‰贴花	立据人	
营业账簿	生产、经营用账册	记载资金的账簿，按实收资本和资本公积的合计金额的0.5‰贴花 其他账簿按件计税5元/件	立账簿人	
权利、许可证照	包括政府部门发放的房屋产权证、工商营业执照、商标注册证、专利证、土地使用证	按件贴花 5元	领受人	

印花税的税率设计，遵循税负从轻、共同负担的原则，所以，税率比较低。凭证的当事人，即对凭证有直接权利与义务关系的单位和个人均应就其所持凭证依法纳税。

（四）减税和免税

下列凭证免纳印花税[①]。

（1）已缴纳印花税的凭证的副本或者抄本。

（2）财产所有人将财产赠予政府、社会福利单位、学校所立的书据。

（3）经财政部批准免税的其他凭证。

（五）征收管理

印花税实行由纳税人根据规定自行计算应纳税额，购买并一次贴足印花税票（以下简称贴花）的缴纳办法。

为简化贴花手续，应纳税额较大或者贴花次数频繁的，纳税人可向税务机关提出申请，采取以缴款书代替贴花或者按期汇总缴纳的办法。

印花税票应当粘贴在应纳税凭证上，并由纳税人在每枚税票的骑缝处盖戳注销或者画销。已贴用的印花税票不得重用。

应纳税凭证应当于书立或者领受时贴花。

同一凭证，由两方或者两方以上当事人签订并各执一份的，应当由各方就所执的一份各自全额贴花。

---

① 财税〔2008〕137号规定，自2008年11月1日起，对个人销售或购买住房暂免征收印花税，但各地执行不一。

已贴花的凭证，修改后所载金额增加的，其增加部分应当补贴印花税票。

印花税由税务机关负责征收管理。

印花税票由国家税务局监制，票面金额以人民币为单位。

发放或者办理应纳税凭证的单位，负有监督纳税人依法纳税的义务。

纳税人有下列行为之一的，由税务机关根据情节轻重，予以处罚。

（1）在应纳税凭证上未贴或者少贴印花税票的，税务机关除责令其补贴印花税票外，可处以应补贴印花税票金额 20 倍以下的罚款。

（2）违反“印花税票应当粘贴在应纳税凭证上，并由纳税人在每枚税票的骑缝处盖戳注销或者画销”规定的，税务机关可处以未注销或者画销印花税票金额 10 倍以下的罚款。

（3）违反“已贴用的印花税票不得重用”规定的，税务机关可处以重用印花税票金额 30 倍以下的罚款。

（4）伪造印花税票的，由税务机关提请司法机关依法追究刑事责任。

四、二手房个人所得税的相关规定

与房地产有关的个人所得税主要是指二手房个人所得税，即二手房个税。《个人所得税法》及其实施条例规定，个人转让住房，以其转让收入额减除财产原值和合理费用后的余额为应纳税所得额，按照“财产转让所得”项目缴纳个人所得税。二手房个人所得税的适用税率为 20%。

根据我国经济形式发展需要，《国家税务总局关于个人住房转让所得征收个人所得税有关问题的通知》（国税发〔2006〕108 号）对个人转让住房的个人所得税应纳税所得额计算和换购住房的个人所得税等有关问题做了进一步具体规定，具体如下。

（一）应纳税所得额

对住房转让所得征收个人所得税时，以实际成交价格为转让收入。纳税人申报的住房成交价格明显低于市场价格且无正当理由的，征收机关依法有权根据有关信息核定其转让收入，但必须保证各税种计税价格一致。

（二）抵扣金额

根据转让住房收入计算个人所得税应纳税所得额时，纳税人可凭原购房合同、发票等有效凭证，经税务机关审核后，允许从其转让收入中减除房屋原值、转让住房过程中缴纳的税金及有关合理费用。

1．房屋原值

（1）商品房：购置该房屋时实际支付的房价款及交纳的相关税费。

（2）自建住房：实际发生的建造费用及建造和取得产权时实际交纳的相关税费。

（3）经济适用房（含集资合作建房、安居工程住房）：原购房人实际支付的房价款及

相关税费，以及按规定交纳的土地出让金。

（4）已购公有住房：原购公有住房标准面积按当地经济适用房价格计算的房价款，加上原购公有住房超标准面积实际支付的房价款以及按规定向财政部门（或原产权单位）交纳的所得收益及相关税费。

2．转让住房过程中缴纳的税金

纳税人在转让住房时实际缴纳的营业税、城市维护建设税、教育费附加、土地增值税、印花税等税金。

3．合理费用

纳税人按照规定实际支付的住房装修费用、住房贷款利息、手续费、公证费等费用。

（1）支付的住房装修费用。纳税人能提供实际支付装修费用的税务统一发票，并且发票上所列付款人姓名与转让房屋产权人一致的，经税务机关审核，其转让的住房在转让前实际发生的装修费用，可在以下规定比例内扣除：已购公有住房、经济适用房，最高扣除限额为房屋原值的15%；商品房及其他住房，最高扣除限额为房屋原值的10%。纳税人原购房为装修房，即合同注明房价款中含有装修费（铺装了地板，装配了洁具、厨具等）的，不得再重复扣除装修费用。

（2）支付的住房贷款利息。纳税人出售以按揭贷款方式购置的住房的，其向贷款银行实际支付的住房贷款利息，凭贷款银行出具的有效证明据实扣除。

（3）纳税人按照有关规定实际支付的手续费、公证费等，凭有关部门出具的有效证明据实扣除。

（三）减免规定

纳税人未提供完整、准确的房屋原值凭证，不能正确计算房屋原值和应纳税额的，税务机关可根据《中华人民共和国税收征收管理法》第三十五条的规定，对其实行核定征税，即按纳税人住房转让收入的一定比例核定应纳个人所得税额。具体比例由省级地方税务局或者省级地方税务局授权的地市级地方税务局根据纳税人出售住房的所处区域、地理位置、建造时间、房屋类型、住房平均价格水平等因素，在住房转让收入1%～3%的幅度内确定。对个人转让住房应缴纳的个人所得税也有相应的减免规定。例如，个人自用5年以上，并且是家庭唯一生活用房的个人所得，免征个人所得税（非普通住房按5年计算）[①]。

关于个人购房日期按如下原则确定。个人按照国家房改政策购买的公有住房，以其购房合同的生效时间、房款收据开具日期或房屋产权证上注明的时间，依照孰先原则确定；个人购买的其他住房，以其房屋产权证注明日期或契税完税凭证注明日期，按照孰先原则确定。个人转让房屋的日期，以销售发票上注明的时间为准。“家庭唯一生活用房”是指在同一省、自治区、直辖市范围内纳税人（有配偶的为夫妻双方）仅拥有一套住房。

[①] 这里所称“自用5年以上”是指个人购房至转让房屋的时间达5年以上。

自2010年10月1日起，出售自有住房并在1年内重新购房的纳税人不再减免个人所得税（财税〔2010〕94号）。此前，对个人转让现自有住房并在现自有住房转让1年内按市场价重新购房的纳税人（时间以新房房产证时间为准），其缴纳的个人所得税，视其重新购房的价值可全部或部分予以免税。

第八节　保障性住房建设税收优惠政策

保障性住房是指政府为中低收入住房困难家庭所提供的限定标准、限定价格或租金的住房，由廉租住房、经济适用住房和公共租赁住房等构成。加快建设保障性安居工程，对于改善民生、促进社会和谐稳定具有重要意义。为吸引更多的社会资金投入保障性住房建设，财政部、国家税务总局也出台了相关的税收优惠政策。现对相关税收优惠政策进行简单简介。

一、对廉租住房、经济适用住房和住房租赁的相应税收优惠规定[①]

（一）支持廉租住房、经济适用住房建设的税收优惠规定

1．免征营业税、房产税的情况

对廉租住房经营管理单位按照政府规定价格、向规定保障对象出租廉租住房的租金收入，免征营业税、房产税。但值得注意的是，要享受免征营业税、房产税的优惠，必须同时符合以下条件。

（1）免税主体：限于廉租住房经营管理单位，这些单位为县级以上人民政府主办或确定的单位。

（2）免税行为：限于按照政府规定价格、向规定保障对象出租廉租住房的行为。

2．免征土地使用税的情况

（1）对廉租住房、经济适用住房建设用地以及廉租住房经营管理单位按照政府规定价格、向规定保障对象出租的廉租住房用地，免征城镇土地使用税。

（2）开发商在经济适用住房、商品住房项目中配套建造廉租住房，在商品住房项目中配套建造经济适用住房，如能提供政府部门出具的相关材料，可按廉租住房、经济适用住房建筑面积占总建筑面积的比例，免征开发商应缴纳的城镇土地使用税。

3．免征土地增值税的情况

企事业单位、社会团体以及其他组织转让旧房作为廉租住房、经济适用住房房源且增值额未超过扣除项目金额20%的，免征土地增值税。

---

① 《财政部 国家税务总局关于廉租住房经济适用住房和住房租赁有关税收政策的通知》（财税〔2008〕24号），与廉租住房、经济适用住房相关的新的优惠政策自2007年8月1日起执行，文到之日前已征税款在以后应缴税款中抵减。与住房租赁相关的新的优惠政策自2008年3月1日起执行。

4．免征印花税的情况

（1）对廉租住房、经济适用住房经营管理单位与廉租住房、经济适用住房相关的印花税以及廉租住房承租人、经济适用住房购买人涉及的印花税予以免征。

（2）开发商在经济适用住房、商品住房项目中配套建造廉租住房，在商品住房项目中配套建造经济适用住房，如能提供政府部门出具的相关材料，可按廉租住房、经济适用住房建筑面积占总建筑面积的比例，免征开发商应缴纳的印花税。

5．免征契税或者减半征收契税的情况

（1）对廉租住房经营管理单位购买住房作为廉租住房、经济适用住房经营管理单位回购经济适用住房继续作为经济适用住房房源的，免征契税。

（2）对个人购买经济适用住房，在法定税率基础上减半征收契税。

6．免征个人所得税的情况

对个人按《廉租住房保障办法》规定取得的廉租住房货币补贴，免征个人所得税；对于所在单位以廉租住房名义发放的不符合规定的补贴，应征收个人所得税。

7．企业所得税的减免规定

企事业单位、社会团体以及其他组织于2008年1月1日前捐赠住房作为廉租住房的，按《中华人民共和国企业所得税暂行条例》（国务院令第137号）、《中华人民共和国外商投资企业和外国企业所得税法》有关公益性捐赠政策执行；2008年1月1日后捐赠的，按《中华人民共和国企业所得税法》有关公益性捐赠政策执行。个人捐赠住房作为廉租住房的，捐赠额未超过其申报的应纳税所得额30%的部分，准予从其应纳税所得额中扣除。

（二）支持住房租赁市场发展的税收政策

（1）对个人出租住房取得的所得减按10%的税率征收个人所得税。

（2）对个人出租、承租住房签订的租赁合同，免征印花税。

（3）对个人出租住房，不区分用途，在3%税率的基础上减半征收营业税，按4%的税率征收房产税，免征城镇土地使用税。

（4）对企事业单位、社会团体以及其他组织按市场价格向个人出租用于居住的住房，减按4%的税率征收房产税。

二、对公共租赁住房建设相应的税收优惠规定[①]

（一）公租房经营管理单位建造公租房的涉税优惠

1．免征土地使用税

如果公租房经营管理单位采取建造公租房方式，则对公租房建设期间用地及公租房建

[①]《财政部、国家税务总局关于支持公共租赁住房建设和运营有关税收优惠政策的通知》（财税〔2010〕88号）。

成后占地免征城镇土地使用税。如果在其他住房项目中配套建设公租房，可按公租房建筑面积占总建筑面积的比例免征城镇土地使用税。

2．免征印花税

对公租房经营管理单位建造公租房涉及的印花税予以免征。如果在其他住房项目中配套建设公租房，可按公租房建筑面积占总建筑面积的比例免征印花税。

（二）公租房经营管理单位购买住房作为公租房的涉税优惠

如果公租房经营管理单位采取购买住房作为公租房方式，则对购买的住房免征契税、印花税。

（三）公租房经营管理单位经营期间的涉税优惠

1．免征营业税、房产税

对经营公租房所取得的租金收入，免征营业税、房产税。但是公租房租金收入与其他住房经营收入应单独核算，未单独核算的，不得享受免征营业税、房产税优惠政策。即所有的税收优惠项目收入核算都应该与其他应税项目分开核算，否则不能享受相应的税收优惠。

2．免征印花税

对公租房租赁双方签订租赁协议涉及的印花税予以免征。

（四）企事业单位、社会团体以及其他组织转让、捐赠住房的税收优惠

（1）转让旧房作为公租房房源，且增值额未超过扣除项目金额20%的，免征土地增值税。

（2）捐赠住房作为公租房，符合税收法律法规规定的，捐赠支出在年度利润总额12%以内的部分，准予在计算应纳税所得额时扣除。

（3）注意税收优惠期限财税〔2010〕88号文明确规定，政策自发文之日起执行，执行期限暂定三年，政策到期后将根据公租房建设和运营情况对有关内容加以完善，也就是说，此政策税收优惠期为2010年9月27日至2013年9月27日，目前尚未查到更新的规定。

第九节 “营改增”与房地产业

营业税改征增值税，简称营改增，是指以前缴纳营业税的应税项目改成缴纳增值税，增值税只对产品或者服务的增值部分纳税，减少了重复纳税的环节，是党中央、国务院根据经济社会发展新形势，从深化改革的总体部署出发做出的重要决策，目的是加快财税体制改革，进一步减轻企业赋税，调动各方积极性，促进服务业，尤其是科技等高端服务业的发展，促进产业、消费升级、培育新动能、深化供给侧结构性改革。

一、房地产业“营改增”的产生历程

营业税和增值税是我国两大主体税种。营改增在全国的推开大致经历了以下三个阶段。2011 年，经国务院批准，财政部、国家税务总局联合下发营业税改增值税试点方案。从 2012 年 1 月 1 日起，在上海交通运输业和部分现代服务业开展营业税改征增值税试点。自 2012 年 8 月 1 日起至年底，国务院将扩大营改增试点至 8 省市；2013 年 8 月 1 日，“营改增”范围已推广到全国试行，将广播影视服务业纳入试点范围。2014 年 1 月 1 日起，将铁路运输和邮政服务业纳入营业税改征增值税试点，至此交通运输业已全部纳入营改增范围；2016 年 3 月 18 日召开的国务院常务会议决定，自 2016 年 5 月 1 日起，中国将全面推开营改增试点。2016 年 3 月 24 日，财政部、国家税务总局向社会公布了《关于全面推开营业税改征增值税试点的通知》（财税〔2016〕36 号）（以下简称 36 号文），经国务院批准，自 2016 年 5 月 1 日起，在全国范围内全面推开营改增试点，将建筑业、房地产业、金融业、生活服务业全部纳入营改增试点，由缴纳营业税改为缴纳增值税。至此，营业税退出历史舞台，增值税制度将更加规范。这是自 1994 年分税制改革以来，财税体制的又一次深刻变革。

如下配套文件进一步明确了房地产企业“营改增”的计算规则和计算方法，即《营业税改征增值税试点实施办法》、《销售服务、无形资产、不动产注释》（36 号文附件）、《国家税务总局关于发布<房地产开发企业销售自行开发的房地产项目增值税征收管理暂行办法>的公告》（国家税务总局公告 2016 年第 18 号）、《国家税务总局关于发布<不动产进项税额分期抵扣暂行办法>的公告》（国家税务总局公告 2016 年第 15 号）。

二、房地产业“营改增”的重要规定

（一）增值税纳税人

在中华人民共和国境内销售自行开发的房地产项目的房地产开发企业，为增值税纳税人，增值税纳税人分为一般纳税人与小规模纳税人两大类。纳税人年应征增值税销售额超过 500 万元（含本数）的为一般纳税人，未超过规定标准的纳税人为小规模纳税人。这两类纳税人不仅有规模上的区别，更有税制适用上的区别。从税制适用而言，一般纳税人适用增值税税率，其进项税额可以抵扣；而小规模纳税人适用增值税征收率，其进项税额不可以抵扣。

（二）征税范围

房地产开发企业销售自行开发的房地产项目。自行开发，是指在依法取得土地使用权的土地上进行基础设施和房屋建设。房地产开发企业以接盘等形式购入未完工的房地产项目继续开发后，以自己的名义立项销售的，属于销售自行开发的房地产项目。

（三）税率和征收率

（1）房地产开发企业销售自行开发的房地产项目适用的税率为 11%。

（2）小规模纳税人销售、出租不动产以及一般纳税人提供的可选择简易计税方法的销售、出租不动产业务，征收率为 5%。

（3）境内的购买方为境外单位和个人扣缴增值税的，按照适用税率扣缴增值税。

（四）计税方法

1．基本规定

增值税的计税方法包括一般计税方法和简易计税方法。一般纳税人发生应税行为适用一般计税方法计税。房地产开发企业中的一般纳税人，销售自行开发的房地产老项目，可以选择适用简易计税方法按照 5%的征收率计税。一经选择简易计税方法计税的，36 个月内不得变更为一般计税方法计税。小规模纳税人发生应税行为适用简易计税方法计税。

2．一般计税方法的应纳税额

一般计税方法的应纳税额按以下公式计算：

$$应纳税额=当期销项税额-当期进项税额$$

当期销项税额小于当期进项税额不足抵扣时，其不足部分可以结转下期继续抵扣。

3．简易计税方法的应纳税额

（1）简易计税方法的应纳税额，是指按照销售额和增值税征收率计算的增值税额，不得抵扣进项税额。应纳税额计算公式：

$$应纳税额=销售额\times征收率$$

（2）简易计税方法的销售额不包括其应纳税额，纳税人采用销售额和应纳税额合并定价方法的，按照下列公式计算销售额：

$$销售额=含税销售额\div(1+征收率)$$

（五）销售额的计算

1．一般规定

销售额，是指纳税人发生应税行为取得的全部价款和价外费用，财政部和国家税务总局另有规定的除外。价外费用，是指价外收取的各种性质的收费。但不包括以下项目。

（1）代为收取并同时满足以下条件的政府性基金或者行政事业性收费。

① 由国务院或者财政部批准设立的政府性基金，由国务院或者省级人民政府及其财政、价格主管部门批准设立的行政事业性收费。

② 收取时开具省级以上（含省级）财政部门监（印）制的财政票据。

③ 所收款项全额上缴财政。

（2）以委托方名义开具发票，代委托方收取的款项。

2．特殊规定

房地产开发企业中的一般纳税人销售自行开发的房地产项目，适用一般计税方法计税，按照取得的全部价款和价外费用，扣除当期销售房地产项目对应的土地价款后的余额计算销售额。销售额的计算公式如下：

不含税销售额=(全部价款和价外费用−当期允许扣除的土地价款)÷(1+11%)

当期允许扣除的土地价款按照当期销售房地产项目建筑面积占房地产项目可供销售建筑面积的比例计算，计算公式如下：

当期允许扣除的土地价款=（当期销售房地产项目建筑面积÷房地产项目可供销售建筑面积）×支付的土地价款

当期销售房地产项目建筑面积，是指当期进行纳税申报的增值税销售额对应的建筑面积。

房地产项目可供销售建筑面积，是指房地产项目可以出售的总建筑面积，不包括销售房地产项目时未单独作价结算的配套公共设施的建筑面积。

支付的土地价款，是指向政府、土地管理部门或受政府委托收取土地价款的单位直接支付的土地价款。

在计算销售额时从全部价款和价外费用中扣除土地价款，应当取得省级以上（含省级）财政部门监（印）制的财政票据。

一般纳税人销售自行开发的房地产老项目适用简易计税方法计税的，以取得的全部价款和价外费用为销售额，不得扣除对应的土地价款。

（六）增值税进项税额抵扣

1．允许抵扣进项税额

纳税人购进与生产经营有关的货物、加工修理修配劳务、服务、无形资产或者不动产，并取得下列增值税扣税凭证的，可以在购进时抵扣进项税额。其中，2016 年 5 月 1 日后取得并在会计制度上按固定资产核算的不动产或者 2016 年 5 月 1 日后取得的不动产在建工程，其进项税额应自取得之日起分 2 年从销项税额中抵扣，第一年抵扣比例为 60%，第二年抵扣比例为 40%。

增值税扣税凭证包括：

（1）从销售方取得的增值税专用发票（含税控机动车销售统一发票）上注明的增值税额。

（2）从海关取得的海关进口增值税专用缴款书上注明的增值税额。

（3）从境外单位或者个人购进服务、无形资产或者不动产，自税务机关或者扣缴义务人取得的解缴税款的完税凭证上注明的增值税额。

2．不得抵扣项目

（1）用于简易计税方法计税项目、免征增值税项目、集体福利或者个人消费的购进货物、加工修理修配劳务、服务、无形资产和不动产。其中涉及的固定资产、无形资产、不动产，仅指专用于上述项目的固定资产、无形资产（不包括其他权益性无形资产）、不动产。纳税人的交际应酬消费属于个人消费。一般纳税人销售自行开发的房地产项目，兼有一般计税方法计税、简易计税方法计税、免征增值税的房地产项目而无法划分不得抵扣的进项税额的，应以《建筑工程施工许可证》注明的“建设规模”为依据进行划分。

不得抵扣的进项税额=当期无法划分的全部进项税额×（简易计税、免税房地产项目建设规模÷房地产项目总建设规模）

（2）非正常损失的购进货物，以及相关的加工修理修配劳务和交通运输服务。

（3）非正常损失的在产品、产成品所耗用的购进货物（不包括固定资产）、加工修理修配劳务和交通运输服务。

（4）非正常损失的不动产，以及该不动产所耗用的购进货物、设计服务和建筑服务。

（5）非正常损失的不动产在建工程所耗用的购进货物、设计服务和建筑服务。

（6）购进的旅客运输服务、贷款服务、餐饮服务、居民日常服务和娱乐服务。

（7）接受贷款服务向贷款方支付与该笔贷款直接相关的投融资顾问费、手续费、咨询费等费用。

（七）纳税地点

房地产开发企业销售自行开发的房地产项目，应向其机构所在地或者居住地主管国税机关申报纳税。

（八）纳税义务时间

房地产开发企业销售自行开发的房地产项目，并收讫销售款项或者取得索取销售款项凭据的当天。先开具发票的，为开具发票的当天。视同销售服务，为服务完成的当天。

（九）税收优惠

1．起征点

个人发生应税行为的销售额未达到增值税起征点的，免征增值税；达到起征点的，全额计算缴纳增值税。如广东省增值税起征点如下：（1）按期纳税的，为月销售额 20 000 元（含本数）；（2）按次纳税的，为每次（日）销售额 500 元（含本数）。

2．小微企业

对增值税小规模纳税人中月销售额未达到 2 万元的企业或非企业性单位，免征增值税。2017 年 12 月 31 日前，对月销售额 2 万元（含本数）至 3 万元的增值税小规模纳税人，免征增值税。

增值税小规模纳税人应分别核算销售货物，提供加工、修理修配劳务的销售额和销售服务、无形资产的销售额。增值税小规模纳税人销售货物，提供加工、修理修配劳务月销售额不超过 3 万元（按季纳税 9 万元），销售服务、无形资产月销售额不超过 3 万元（按

季纳税 9 万元）的，自 2016 年 5 月 1 日起至 2017 年 12 月 31 日，可分别享受小微企业暂免征收增值税优惠政策。

（十）预缴申报

一般纳税人采取预收款方式销售自行开发的房地产项目，应在取得预收款的次月纳税申报期向主管国税机关预缴税款，按照 3%的预征率预缴增值税。应预缴税款按照以下公式计算：

$$应预缴税款=预收款\div(1+适用税率或征收率)\times 3\%$$

其中，适用一般计税方法计税的，按照 11%的适用税率计算；适用简易计税方法计税的，按照 5%的征收率计算。

小规模纳税人采取预收款方式销售自行开发的房地产项目，应在取得预收款的次月纳税申报期或主管国税机关核定的纳税期限向主管国税机关预缴税款，按照 3%的预征率预缴增值税。应预缴税款按照以下公式计算：

$$应预缴税款=预收款\div(1+5\%)\times 3\%$$

（十一）纳税申报

一般纳税人销售自行开发的房地产项目适用一般计税方法计税的，应按照规定的纳税义务发生时间，以当期销售额和 11%的适用税率计算当期应纳税额，抵减已预缴税款后，向主管国税机关申报纳税。未抵减完的预缴税款可以结转下期继续抵减。

一般纳税人销售自行开发的房地产项目适用简易计税方法计税的，应按照规定的纳税义务发生时间，以当期销售额和 5%的征收率计算当期应纳税额，抵减已预缴税款后，向主管国税机关申报纳税。未抵减完的预缴税款可以结转下期继续抵减。

小规模纳税人销售自行开发的房地产项目，应按照规定的纳税义务发生时间，以当期销售额和 5%的征收率计算当期应纳税额，抵减已预缴税款后，向主管国税机关申报纳税。未抵减完的预缴税款可以结转下期继续抵减。

（十二）发票开具

一般纳税人销售自行开发的房地产项目，自行开具增值税发票。一般纳税人销售自行开发的房地产项目，其 2016 年 4 月 30 日前收取并已向主管地税机关申报缴纳营业税的预收款，未开具营业税发票的，可以开具增值税普通发票，不得开具增值税专用发票。一般纳税人向其他个人销售自行开发的房地产项目，不得开具增值税专用发票。

小规模纳税人销售自行开发的房地产项目，自行开具增值税普通发票。购买方需要增值税专用发票的，小规模纳税人向主管国税机关申请代开。小规模纳税人销售自行开发的房地产项目，其 2016 年 4 月 30 日前收取并已向主管地税机关申报缴纳营业税的预收款，未开具营业税发票的，可以开具增值税普通发票，不得申请代开增值税专用发票。小规模

纳税人向其他个人销售自行开发的房地产项目，不得申请代开增值税专用发票。

（十三）其他规定

房地产开发企业销售自行开发的房地产项目，按照本办法规定预缴税款时，应填报《增值税预缴税款表》。房地产开发企业以预缴税款抵减应纳税额，应以完税凭证作为合法有效凭证。房地产开发企业销售自行开发的房地产项目，未按规定预缴或缴纳税款的，由主管国税机关按照《中华人民共和国税收征收管理法》及相关规定进行处理。

三、房地产企业“营改增”纳税申报案例

A 房地产企业（一般纳税人）自行开发了 B 房地产项目，施工许可证注明的开工日期是 2015 年 3 月 15 日，2016 年 1 月 15 日开始预售房地产，至 2016 年 4 月 30 日共取得预收款 5 250 万元，已按照营业税规定申报缴纳营业税。A 房地产企业对上述预收款开具收据，未开具营业税发票。该企业 2016 年 5 月又收到预收款 5 250 万元。2016 年 6 月共开具了增值税普通发票 10 500 万元（含 2016 年 4 月 30 日前取得的未开票预收款 5 250 万元和 2016 年 5 月收到的 5 250 万元），同时办理房产产权转移手续。

2016 年 6 月还取得了建筑服务增值税专用发票价税合计 1 110 万元（其中：注明的增值税税额为 110 万元）。经计算，本期允许扣除的土地价款为 1 500 万元。纳税人放弃选择简易计税方法，按照适用税率计算缴纳增值税。

问：纳税人在 7 月申报期应申报多少增值税税款？

【解析】

（1）纳税人按照《房地产开发企业销售自行开发的房地产项目增值税征收管理暂行办法》（国家税务总局公告 2016 年第 18 号）（以下简称《办法》）第十一条、第十二条规定，应在 6 月申报期就取得的预收款计算应预缴税款。

应预缴税款=5 250÷(1+11%)×3%=141.9（万元）

（2）纳税人 6 月开具增值税普通发票 10 500 万元，其中包括 5 250 万元属于《办法》第十七条规定的可以开具增值税普通发票的情形。

（3）根据《办法》第四条，销售额可扣除当期允许扣除的土地价款。

（4）纳税人应在 7 月申报期按照《办法》第十四条规定确定应纳税额：

销项税额=(5 250−1 500)÷(1+11%)×11%=3 378.38×11%=371.6（万元）

进项税额=110（万元）

应纳税额=371.6−110=261.6（万元）

应补税额=261.6−141.9=119.7（万元）

纳税人应在 7 月申报期应补增值税 119.7 万元。

一般计税下税负比较：应纳营业税 262.5 万元，应纳增值税 261.6 万元。

如果这题选择简易征收：

6 月应预缴税款=5 250÷(1+5%)×3%=150（万元）

7 月应纳=5 250÷(1+5%)×5%=250（万元）

应补税= 5 250÷(1+5%)×5%−150=250−150=100（万元）

简易征收下税负比较：应纳营业税 262.5 万元，增值税 261.6 万元。

第十节　关于房产税的争论

近年来，房产税改革一直是社会关注的热点话题。《中共中央关于全面深化改革若干重大问题的决定》[①]提出“加快房地产税立法并适时推进改革”，更是将房产税改革问题推到了风口浪尖。然而，房产税改革不仅在理论和实践上面临着诸多难题，更因为牵扯绝大多数社会成员的切身利益，因而受到质疑或赞同。我们认为有必要将相关问题呈现在这里，以供读者讨论和深入思考。

一、房产税、房地产税与物业税

这是三个外延和内涵均存在差别的不同概念。房产税属于已有税种，由《中华人民共和国房产税暂行条例》规范，本章第二节已做过介绍，其征税对象只是房屋，征税范围限于城镇的经营性房屋。也就是说，目前在全国范围内已经实施的房产税只对写字楼、商铺、酒店、购物中心等经营性房产开征，以房屋的计税余值或租金收入为计税依据，向产权所有人征收。

房地产税与房产税是两个不同的概念。房地产税是一个综合性概念，即一切与房地产经济运动过程有直接关系的税都属于房地产税，包括房地产企业营业税、企业所得税、个人所得税、房产税、城镇土地使用税、城市房地产税、印花税、土地增值税、投资方向调节税、契税和耕地占用税等税种。因此，房产税只是房地产税的一个税种。

物业税又称财产税或地产税，主要是针对土地、房屋等不动产，要求其承租人或所有者每年都要缴纳一定税款，而应缴纳的税值会随着不动产市场价值的升高而提高。如公路、地铁等开通后，沿线的房产价格就会随之提高，相应地，物业税也要提高。从理论上说，物业税是一种财产税，是针对国民的财产所征收的一种税收。

目前，人们热议的房产税更接近于物业税，物业税的概念也多次出现在官方的文件中，不过在文件中的说法逐渐以“房产税”代替“物业税”。

[①] 2013 年 11 月 12 日中国共产党第十八届中央委员会第三次全体会议通过。

二、我国房产税开征的历史沿革

房产税为中外各国政府广为开征的古老税种。欧洲中世纪时，房产税就成为封建君主敛财的一项重要手段，且名目繁多，如“窗户税”“灶税”“烟囱税”等，这类房产税大多以房屋的某种外部标志作为确定负担的标准。

对房屋征税，我国自古有之。周朝的“廛布”，唐朝的间架税，清朝初期的“市廛输钞”，清末和民国时期的“房捐”等，都是对房屋征税。中华人民共和国成立后，1950年1月政务院公布的《全国税政实施要则》，规定全国统一征收房产税。同年6月，将房产税和地产税合并为房地产税。1951年8月，政务院发布《中华人民共和国城市房地产税暂行条例》，将房产税与地产税合并为房地产税。1973年简化税制，把对国有企业和集体企业征收的城市房地产税并入工商税，保留税种只对房管部门、个人、外国侨民、外国企业和外商投资企业征收。1984年，改革工商税制，国家决定恢复征收房地产税，将房地产税分为房产税和城镇土地使用税两个税种。1986年9月15日，国务院发布《中华人民共和国房产税暂行条例》，同年10月1日起施行，但对住宅免征。

2003年10月党的十六届三中全会发布的《中共中央关于完善社会主义市场经济体制若干问题的决定》明确提出：“实施城镇建设税费改革，条件具备时对不动产开征统一规范的物业税，相应取消有关收费”。2006年3月，《国民经济和社会发展第十一个五年规划纲要》写入了“改革房地产税收制度，稳步推行物业税并相应取消有关收费”的战略举措。2008年，国务院发布第546号令，自2009年1月1日起废止《城市房产税暂行条例》。自2009年1月1日起，外商投资企业、外国企业和组织以及外籍个人，依照《中华人民共和国房产税暂行条例》（国发〔1986〕90号）缴纳房产税。至此，中国建立了内外统一的房地产税体系。

2010年5月，国务院同意并转发了国家发改委《关于2010年深化经济体制改革重点工作的意见》，要求“逐步推进房产税改革”。2011年1月召开的国务院常务会议同意在部分城市进行对个人住房征收房产税改革试点，具体征收办法由试点省（自治区、直辖市）人民政府从实际出发制定。2011年1月28日重庆和上海启动房产税改革试点，两市颁布了房产税征收条例并宣布正式实施。2013年11月12日中国共产党第十八届中央委员会第三次全体会议通过《中共中央关于全面深化改革若干重大问题的决定》[①]提出“加快房地产税立法并适时推进改革”。

三、全面开征房产税不能绕过的问题

对于我国是否应该全面开征房产税，目前存在截然相反的两种对立观点。支持者认为

[①] 2013年11月12日中国共产党第十八届中央委员会第三次全体会议通过。

应该开征房产税，理由是房产税可以形成地方政府职能转变的合理机制，改变政府对土地财政过度依赖的现状；反对者认为现阶段不应该开征房产税，理由是房产税是一种物业税，土地 70 年使用权等问题的存在，使得目前我国不具备开征物业税的条件。

（一）改革不能突破现有法规吗

从长远来看，全面开征房产税是大势所趋，但若不管不顾地一味推进，可能会招致社会大众的强烈批评，甚至引发激烈反对。上海、重庆房产税改革试点中所表现出来的种种问题，已经认证了这一点。有学者甚至提出，它们的改革涉嫌违法，原因是国务院对地方政府进行税收立法的转授权，不符合《立法法》规定；地方政府规章与上位法相冲突；地方政府规章不能成为房产税征收依据等。这实际涉及改革与现行法律法规之间的矛盾冲突。

改革不能突破现有法规吗？正如周其仁教授在 2013 中国高峰论坛的发言《当改革与法律矛盾时》中所言："走法制的道路，就要尊重法律，尊重法律的好处不是不能变，是要经过程序来变。而我们的改革是要突破已有的一些规章，突破妨碍生产力和社会活力的做法。这之间就会产生一些矛盾。"土地使用制度的改革是一个最好的例证，这种改革不仅突破了当时的《土地法》，甚至突破了当时的《宪法》。尽管现行的土地制度还有许多矛盾需要解决，但是正是由于这种突破，才使得土地权利得以实现。今天的房产税改革也许正面临着这样一个问题。

（二）明明白白交税

全面开征房产税除了要面临合法性问题，房产税改革目标、征收方式以及房产税的用途也是任何地方开征房产税所不能绕过的问题，必须认真论证，有一个准确标准。首先，房产税改革的目标究竟是什么？是为了抑制房价？还是为了抑制投机？是为了给地方增加稳定的收入税种？还是为了理顺房地产行业税收体系？房产税改革的目标不同，将会带来不同的改革结果。其次，按照什么方式征税，面积、价格、套数等都可以成为征税对象。第三，征收上来的房产税究竟用在什么地方？这应该是绝大多数纳税人最为关心的问题。在国外很少听到人们抱怨房地产税，住房就要交税，对他们来说是天经地义的事情，因为他们知道，房地产税主要用在公共开支上，如街道整修、公园、垃圾清理、警察、消防、教育、公交、博物馆、图书馆等。地方政府通过改善基础设施和建设公共项目等方式提高辖区内公共产品和公共服务的水平，该地区的居民也因此而愿意出更高的价格购买住宅，从而使房屋的价格增值。在上述机制的作用下，基于价值的房地产税收也会提高，结果政府可以有更多的资金用于公共设施和服务的改良。在中国，2011 年重庆、上海两地开征房产税以来，对于两市市民来说应该有知情权的，但可惜的是，房产税的用途至今不明。

随着人们法律意识的增强，人们并不是不愿意交税，而是想明明白白交税，知道为什么这样交，也应该知道我交的税都用到了什么地方去，产生了什么效果。只有充分保障纳税人的知情权，并形成有效的监督机制，房产税的改革才能顺利推进。

本章小结

房地产行业涉及的税收种类很多，从开发建设、交易、持有等环节均需缴税，税种包含房产税、城镇土地使用税、耕地占用税、土地增值税、契税、营业税、城市维护建设税和教育费附加、印花税、个人所得税以及企业所得税等，涉及的纳税义务人、课税对象、税目、税率、纳税环节、计税依据、纳税期限、减税、免税以及违章处理等环节有所不同。2016 年 5 月 1 日起，在全国范围内全面推开营改增试点，房地产业被纳入营改增试点，由缴纳营业税改为缴纳增值税。

近年来，房产税改革一直是社会关注的热点话题。对于是否全面开征房产税，存在两种截然相反的对立观点。只有让人们明明白白交税，房产税的改革才能顺利推进。

综合练习

一、基本概念

税收；税目；税率；纳税环节；房产税；城镇土地使用税；耕地占用税；土地增值税；契税；营业税；城市维护建设税和教育费附加；印花税；营改增

二、思考题

1. 简述税收的特征。
2. 简述税收的法律制度与法律关系。
3. 简述税收法律制度的构成要素。
4. 试述我国现行的各类房地产税收的构成要素的具体内容。
5. 你对营改增如何理解？
6. 你认为目前我国全面开征房产税是否合理？应具备什么样的条件？

第八章　房地产中介服务管理

学习目标

通过对本章的学习，学生应掌握如下内容：

1. 房地产中介服务的概念、特征与作用；
2. 房地产中介服务行业管理；
3. 房地产估价机构管理；
4. 房地产经纪机构管理。

导言

近年来，我国房地产行业迅猛发展，有力助推了房地产中介市场的蓬勃兴起，房地产中介服务行业正成为房地产产业链上的重要组成部分，在房地产商品的生产、流通和消费等环节中起着媒介和桥梁的作用。目前，我国的房地产中介行业虽已初具规模，但相比国外及国内港台地区房地产中介服务悠久的发展史、完善的独立法规体系、成熟的运作模式和管理经验来说，这一行业在我国仍是一个处于起步阶段的新兴领域，存在诸多不足。加强房地产中介服务行业的管理，对于完善房地产市场体系，促进房地产市场健康、持续发展，具有重要意义。

第一节　房地产中介服务概述

中介服务是指在经济活动中，介于供需双方之间的第三方，为促成供需双方的交易达成而向其提供信息、咨询、经纪等服务，同时收取一定费用并承担相应责任的活动。中介服务介于政府、企业和个人之间，在市场交易活动中起沟通、协调作用。

一、房地产中介服务的概念和特征

房地产中介服务是指具有专业执业资格的人员在房地产投资、开发、销售、交易等各环节中，为当事人提供居间服务的经营活动，是房地产咨询、房地产估价、房地产经纪等活动的总称。房地产中介服务具有如下特征。

（一）人员特定

从事房地产中介服务的人员必须是具有特定资格的专业人员。这些特定资格包括学历和专业限制、需通过专业资格考试、掌握一定的专业技能等。例如，从事房地产价格评估业务的人员必须是取得房地产估价师资格并经注册登记取得房地产估价师注册证的人员或取得房地产估价员资格的人员；未取得房地产经纪人资格证的人不得从事房地产经纪业务。

（二）委托服务

房地产中介服务是受当事人委托进行的，并在当事人委托的范围内从事房地产中介服务活动，提供当事人所要求的服务。如在房地产买卖活动中，房地产经纪人接受卖方或买方的委托，利用自身所掌握的专业知识和市场信息，在买卖双方之间架起沟通的桥梁，最终为交易的顺利达成提供便利。

（三）服务有偿

房地产中介服务是一种服务性的经营活动，委托人应按照一定的标准向房地产中介服务机构支付报酬、佣金。房地产经纪人私自收取佣金是违法的。

二、房地产中介服务的作用

在房地产交易活动中，房地产中介服务不仅能起到“纽带”作用，而且能有效缓解房地产市场信息不对称的状况，进而提高房地产市场的运行效益。

（一）房地产中介服务在房地产交易活动中起“纽带”作用

房地产中介服务业作为市场信息的提供者，通常掌握丰富的房地产交易资料，熟知各类房地产政策法规，这使得他们易于在政府、企业和个人用户之间建立起沟通的桥梁。首先，房地产中介服务企业越来越成为开发商的得力助手。为降低经营成本，拓宽销售渠道，房地产开发商正逐步摒弃自设售楼经营部自产自销的传统观点和做法，转而全面委托中介公司代其策划、代理、宣传、销售、管理等业务，中国香港、新加坡、日本等房地产开发经营发达的地区和国家早已全部依靠中介公司来提供这项服务。其次，房地产中介服务企业所掌握的丰富交易信息也为个人用户的选择提供了更多余地，可以最快时间、合理的价格为客户提供优质服务。第三，房地产中介服务行业所提供的信息正成为政府管理部门进行房地产管理的重要依据。

（二）房地产中介服务可以有效缓解房地产市场信息不对称

任何市场均存在信息不对称情况，而房地产市场信息不对称情况更加突出，因而往往难以通过市场运行机制而自发达到市场出清的结果。相对于分散的个体而言，房地产开发

企业拥有资金和信息的优势，可以通过广告宣传，将楼盘包装；可以通过控制销售节奏，制造楼盘紧缺气氛等。而个体作为住房市场交易信息劣势群体，一方面无法大致掌握市场交易的整体情况，因而容易被房地产开发企业所误导；另一方面掌握的信息碎片化，无法形成对房地产市场趋势和住宅定价判断的支撑。房地产中介人员都是活跃于房地产市场各个层次、各个侧面的专业人员，他们依靠自身的专业知识，并借助于中介同业组织的优势，能够针对性很强地汇集和把握这些信息。充足的信息会使房地产市场机制运作更加透明，房地产市场主体更能据此做出正确决策，以减少房地产经济活动的不确定性，降低房地产开发和经营者以及消费者的风险。因此，作为中间桥梁的中介机构就显得十分必要了，它的存在可以有效缓解房地产市场供需双方的信息不对称性。

（三）房地产中介服务提高了房地产市场的运行效益

房地产市场运行效率的高低，决定整个房地产业发展程度的高低和经济效益的大小。而房地产市场效率的高低，在很大程度上是由房地产市场供求信息和价格信息是否完全和传递是否迅速决定的。房地产市场的各种信息，由于其区域性、多样性、复杂性和专业性，造成房地产信息的分散性、不易获得性和滞后性，由此导致房地产价格的灵敏度不高，房地产市场运行的相对低效性。通过房地产中介业有计划地搜索、加工和整理房地产的信息，使房地市产信息具有完整性、系统性和时效性，并通过各种媒介及时准确地发布房地产市场信息，从而可以提高房地产市场的运行效率。

三、房地产中介服务机构的构成

《房地产管理法》第五十七条规定，房地产中介服务机构包括房地产咨询机构、房地产估价机构、房地产经纪机构等。三类中介服务机构的业务范围不同，承担不同的社会功能，政府对其管理要求也存在差别。

（一）房地产咨询机构

房地产咨询机构是指依据一定的法律程序设立的专门从事房地产政策、业务等咨询服务的组织。房地产咨询机构在房地产市场中的业务范围主要是：为房地产开发商、有关部门、公民个人提供房地产方面的知识和情报；交易代理；受托进行项目策划和可行性研究；其他有关房地产投资、交易的政策、技术、法律方面的顾问等。房地产咨询机构可以单独设立，也可以附设于房地产经营公司、房地产交易市场。不论何种方式设置，均应配备各种既有理论基础又有实践经验的专业人员，如房地产经济师、会计师、建筑设计师、评估师、律师等。

（二）房地产估价机构

房地产估价机构，是指依法设立并取得房地产估价机构资质，从事房地产估价活动的中介服务机构。房地产估价活动，包括土地、建筑物、构筑物、在建工程、以房地产为主的企业整体资产、企业整体资产中的房地产等各类房地产评估，以及因转让、抵押、城镇房屋拆迁、司法鉴定、课税、公司上市、企业改制、企业清算、资产重组、资产处置等需要进行的房地产评估。因此，房地产估价业务范围相当广泛，凡是涉及房地产交易均需进行价格评估。

（三）房地产经纪机构

房地产经纪机构是指符合执业条件，并依法设立，为委托人提供房地产信息和居间代理业务等经纪活动的具有法人资格的经济组织。房地产经纪机构在完善市场媒介、提高成交率和加速房地产流通等方面具有重要的作用。房地产经纪机构的主要活动范围涉及诸多方面：房地产买卖、租赁、调换、抵押以及土地使用权的让渡等房地产流通领域中的中介服务。

四、我国房地产中介服务行业的发展现状

房地产中介服务行业在国外已有近百年历史，在我国仍属于年轻的朝阳行业。自 1978 年改革开放以来，我国的房地产中介服务开始复苏，其发展过程可以分为 1988—1995 年的复苏阶段、1996—1999 年的起步阶段和 2000 至今的快速发展阶段。

（一）复苏阶段（1988—1995 年）

1988 年 12 月深圳成立了国际房地产咨询股份有限公司，成为我国第一家房地产中介服务企业。1991 年，深圳的房地产经纪公司发展到 11 家。20 世纪 90 年代前后，上海也出现了少量房地产经纪企业。1993 年，深圳房地产经纪机构达到了近 70 家，同时来自港台的达利行和九鼎轩等代理商开始入驻北京，带动了本土代理企业的纷纷成立。

（二）起步阶段（1996—1999 年）

1996 年 2 月 1 日，《城市房地产中介服务管理规定》施行后，房地产中介行业的行为逐渐规范，地位逐步为社会所承认。1997 年的房地产市场调整使房地产中介服务企业纷纷登上舞台，深度介于房地产产业链。1998 年出台“23 号文”停止福利化分房，一方面促进了大量存量房进入流通渠道，另一方面也使增量房成交量放大，从而使房地产中介服务行业获得了快速发展。

（三）快速发展期（2000 年至今）

1998 年开始的全面住房体制改革使房地产中介服务行业开始进入快速发展时期。目前我国的房地产中介服务机构粗略估算超过 6 万家，从业人员已超过 1 000 万人。该时期行业中成长起一批门店过百、人员过千的大型企业，如易居中国、世联地产、合富辉煌、伟业顾问等。

相比一些传统成熟行业，我国的房地产中介服务业伴随着房地产市场的复苏而兴起，发展也不过三十几年时间，这期间出现问题在所难免。总的看来，问题主要表现为如下几个方面。

（1）部分房地产中介机构存在欺诈行为。这部分中介机构趁市场机制不健全忽略自身的责任，通过短期服务过程中以牟取暴利为目的而采用欺骗、误导等手段故意损害委托方的经济利益。

（2）从业人员的平均素质和服务水平有待进一步提高。房地产中介服务行业是一个涉及面广、专业性强的行业。从业人员需具备熟悉房地产经纪业务、房地产相关法律、房地产建筑设计标准、营销策略制定、资产评估、投资分析等相关专业知识。但是目前房地产中介的服务人员专业参差不齐，相当一部分从业人员不具备基本的职业素养，取得房地产经纪人、估价师资格的人数更是少数了。2011 年以来，每年通过房地产估价师资格考试的人员不超过 3 000 人，通过房地产经纪人资格考试的人员最多年份为 2011 年的 7 321 人，最低年份为 2015 年的 1 596 人。合格房地产中介服务人员的数量与庞大的房地产市场交易量严重不成比例，直接阻碍了行业的发展。

（3）相关法律法规及监管系统不健全。与快速发展起来的房地产中介服务业相配套的行政法律法规依然处于框架设立过程的较低层面，面对庞大的中介机构和庞杂的纠纷根本无法做到有效监管。尽管目前一、二线主要经济发达城市相继建立起中介行业协会，并确立了一定的自律性监管角色，但由于行业协会的地位不明确，很难形成统一规范和业内共同认可的协作举措。由于监管不到位，中介机构普遍存在执业人员不具备合法的职业资格证书的情况；中介机构的经营范围也较为混乱，咨询机构非法操作经纪业务、代理业务和评估业务，甚至有些从事与房地产中介服务无关的其他业务活动。“吃差价”、强收“辛苦费”、发布虚假信息、隐瞒真实物业及交易情况、制造不公平合同、吃拿回扣、恶意贿赂、参与炒房及欺诈手段骗取客户租金和吞拿押金等违纪违规现象，充分暴露了监管环节薄弱这一缺陷。

第二节　房地产中介服务行业管理

为规范房地产中介服务管理，保障当事人的合法权益，依照《房地产管理法》的有关规定，住房和城乡建设部等部门先后制定了《城市房地产中介服务管理规定》、《关于房地产价格评估机构资格等级管理办法的若干规定》和《房地产估价师注册管理办法》等，目前上述规定、办法已经被新出台的办法取而代之，包括《房地产估价机构管理办法》、《注册房地产估价师管理办法》、《房地产经纪管理办法》、《房地产经纪专业人员职业资格制度暂行规定》和《房地产经纪专业人员职业资格考试实施办法》等。新出台的管理

办法强化了可操作性，有利于房地产经纪活动的规范化。

一、房地产中介服务机构管理

国家对房地产中介服务机构的管理主要从市场准入抓起，采取资质核准、资质分级、资信评价和日常监督相结合的管理模式。从事房地产中介服务活动应设立相应的房地产中介服务机构。《房地产管理法》第五十八条规定，房地产中介服务机构应当具备下列条件：

（1）有自己的名称和组织机构。

（2）有固定的服务场所。

（3）有必要的财产和经费。

（4）有足够数量的专业人员。

（5）法律、行政法规规定的其他条件。

设立房地产中介服务机构，应当向工商行政管理部门申请设立登记，领取营业执照后，方可开业。

二、房地产中介服务人员的资格管理

房地产行政主管部门对中介服务人员的管理主要采取系统培训与考核、资格认证与执业注册、继续教育与续期注册等方式，确认从业人员达到从业所要求的水准，并实现有效的监督管理。从事房地产估价、房地产经纪活动的人员应满足如下资格。

（一）房地产估价人员

《房地产管理法》规定，国家实行房地产价格评估人员资格认证制度。国务院建设行政主管部门和人事行政主管部门共同负责房地产估价师执业资格考试。《注册估价师管理办法》规定，取得执业资格的人员，经注册后方能以注册房地产估价师的名义从事房地产估价执业活动。注册估价师的注册条件有以下几方面。

（1）取得执业资格。

（2）达到继续教育合格标准。

（3）受聘于具有资质的房地产估价机构。

（4）无不予注册的情形[①]。

---

① 不予注册的情形包括：（1）不具有完全民事行为能力的；（2）刑事处罚尚未执行完毕的；（3）因房地产估价及相关业务活动受刑事处罚，自刑事处罚执行完毕之日起至申请注册之日止不满 5 年的；（4）因前项规定以外原因受刑事处罚，自刑事处罚执行完毕之日起至申请注册之日止不满 3 年的；（5）被吊销注册证书，自被处罚之日起至申请注册之日止不满 3 年的；（6）以欺骗、贿赂等不正当手段获准的房地产估价师注册被撤销，自被撤销注册之日起至申请注册之日止不满 3 年的；（7）申请在 2 个或者 2 个以上房地产估价机构执业的；（8）为现职公务员的；（9）年龄超过 65 周岁的；（10）法律、行政法规规定不予注册的其他情形。

注册证书是注册房地产估价师的执业凭证，注册有效期为 3 年。注册房地产估价师可以在全国范围内开展与其聘用单位业务范围相符合的房地产估价活动，由聘用单位接受委托并统一收费。注册房地产估价师在每一注册有效期内，应当达到国务院建设主管部门规定的继续教育要求。注册房地产估价师继续教育分为必修课和选修课，每一注册有效期各为 60 学时。经继续教育达到合格标准的，颁发继续教育合格证书。

注册房地产估价师享有相应的权利，承担相应的义务，并接受相关部门的监督和管理。

（二）房地产经纪人员

《房地产经纪管理办法》和《房地产经纪专业人员职业资格制度暂行规定》均规定，国家对房地产经纪人员实行职业资格制度，纳入全国专业技术人员职业资格制度统一规划和管理。

《房地产经纪管理规定》和《房地产经纪专业人员的职业资格分类及考试规定》对房地产经纪专业人员职业资格分类存在差异。《房地产经纪管理规定》将房地产经纪人员划分为房地产经纪人和房地产经纪人协理两类；《房地产经纪专业人员的职业资格分类及考试规定》将房地产经纪专业人员职业资格分为房地产经纪人协理、房地产经纪人和高级房地产经纪人三个级别，房地产经纪人协理和房地产经纪人职业资格实行统一考试的评价方式，高级房地产经纪人职业资格评价的具体办法另行规定。

房地产经纪人协理和房地产经纪人职业资格实行全国统一大纲、统一命题、统一组织的考试制度，由房地产经纪行业组织负责管理和实施考试工作，原则上每年举行一次考试。国务院住房城乡建设主管部门、人力资源社会保障部门负责对房地产经纪人协理和房地产经纪人职业资格考试进行指导、监督和检查。

房地产经纪人协理、房地产经纪人职业资格考试合格，由人力资源社会保障部、住房城乡建设部监制，由中国房地产估价师与房地产经纪人学会颁发相应级别《中华人民共和国房地产经纪专业人员职业资格证书》，该证书在全国范围有效。房地产经纪专业人员资格证书实行登记服务制度。登记服务的具体工作由中国房地产估价师与房地产经纪人学会负责。取得相应级别房地产经纪专业人员资格证书的人员，应当按照国家专业技术人员继续教育及房地产经纪行业管理的有关规定，参加继续教育，不断更新专业知识，提高职业素质和业务能力。房地产经纪人注册过期后申请延续注册的，申请之日前三年内应当完成 60 学时的继续教育。也就是说，逾期申请延续注册的，在申请之日前三年内的继续教育学时是有效的。

取得房地产经纪人职业资格是进入房地产经纪活动关键岗位和发起设立房地产经纪机构的必备条件，取得房地产经纪人协理资格，是从事房地产经纪活动的基本条件。房地产经纪人应指导房地产经纪人协理和协助高级房地产经纪人工作。

三、房地产中介服务收费管理

《国家计委、建设部关于房地产中介服务收费的通知》（计价格〔1995〕971 号）根据三类房地产中介服务业务内容的不同，分别规定了它们各自的指导性收费标准。

（一）房地产咨询收费

房地产咨询收费按服务形式，分为口头咨询费和书面咨询费两种。口头咨询费，按照咨询服务所需时间结合咨询人员专业技术等级由双方协商议定收费标准。书面咨询费，按照咨询报告的技术难度、工作繁简结合标的额大小计收。普通咨询报告，每份收费 300～1 000 元；技术难度大，情况复杂、耗用人员和时间较多的咨询报告，可适当提高收费标准，收费标准一般不超过咨询标的额的 0.5%。以上收费标准，属指导性参考价格。实际成交收费标准，由委托方与中介机构协商议定。

（二）房地产经纪收费

房地产经纪费根据代理项目的不同实行不同的收费标准。房屋租赁代理收费，无论成交的租赁期限长短，均按半月至一月成交租金额标准，由双方协商议定一次性计收。房屋买卖代理收费，按成交价格总额的 0.5%～2.5%计收。实行独家代理的，收费标准上委托方与房地产中介机构协商，可适当提高，但最高不超过成交价格的 3%。土地使用权转让代理收费办法和标准另行规定。房地产经纪费由房地产经纪机构向委托人收取。

（三）房地产估价收费

房地产估价采用差额定率分档累进收费，即按房地产价格总额大小划分计费率档次，分档计算各档次费用，各档累计之和为收费总额。表 8-1～表 8-3 分别为以房产为主、一般宗地和城镇基准地价的收费标准。

表 8-1　以房产为主的房地产估价收费标准

档　　次	房地产价格总额（万元）	累进计费率（‰）
1	100 以下（含 100）	5
2	101～1 000	2.5
3	1 001～2 000	1.5
4	2 001～5 000	0.8
5	5 001～8 000	0.4
6	8 001～10 000	0.2
7	10 000 以上	0.1

表 8-2　宗地地价评估收费标准

序　　号	土地价格总额（万元）	收费标准（‰）
1	100 以下（含 100）	4
2	10～200	3
3	201～1 000	2
4	1 001～2 000	1.5
5	2 001～5 000	0.8
6	5 001～10 000	0.4
7	10 000 以上	0.1

表 8-3　基准地价评估收费标准

序　　号	城镇面积（平方千米）	收费标准（万元）
1	5 以下	4～8
2	5～20（含 20）（含 5）	8～12
3	20～50（含 50）	12～20
4	50 以上	20～40

2014 年 7 月 1 日起执行国家发展改革委、住房城乡建设部《关于放开房地产咨询收费和下放房地产经纪收费管理的通知》，房地产咨询收费实行市场调节价，房地产经纪服务收费实行政府指导价管理或市场调节价。国家计委、建设部《关于房地产中介服务收费的通知》（计价格〔1995〕971 号）中有关房地产咨询和经纪服务收费的规定同时废止。

住房城乡建设部等部门《关于加强房地产中介管理促进行业健康发展的意见》（建房〔2016〕168 号）进一步明确，要规范中介服务价格行为。房地产中介服务收费由当事人依据服务内容、服务成本、服务质量和市场供求状况协商确定。中介机构应当严格遵守《中华人民共和国价格法》、《关于商品和服务实行明码标价的规定》和《商品房销售明码标价规定》等法律法规，在经营场所醒目位置标识全部服务项目、服务内容、计费方式和收费标准，各项服务均须单独标价。提供代办产权过户、贷款等服务的，应当由委托人自愿选择，并在房地产中介服务合同中约定。中介机构不得实施违反《中华人民共和国价格法》《中华人民共和国反垄断法》规定的价格违法行为。

第三节　房地产估价机构管理

鉴于房地产商品的特殊性，建设部根据《中华人民共和国城市房地产管理法》、《中华人民共和国行政许可法》和《国务院对确需保留的行政审批项目设定行政许可的决定》等法律、行政法规，制定了《房地产估价机构管理办法》（建设部〔2015〕第 142 号），

依此规范房地产估价机构行为，维护房地产估价市场秩序，保障房地产估价活动当事人合法权益。《关于加强房地产估价机构监管有关问题的通知》（建住房〔2006〕294 号）进一步规范了房地产估价机构资质许可行为，强化了对房地产估价机构的日常监管。

一、房地产估价机构的资质等级

房地产估价机构资质等级分为一、二、三级，新设立的房地产估价机构资质等级核定为三级资质。

（一）各等级资质共同需满足的要求

（1）机构名称有房地产估价或者房地产评估字样。

（2）法定代表人或者执行合伙人是注册后从事房地产估价工作 3 年以上的专职注册房地产估价师。

（3）有限责任公司的股份或者合伙企业的出资额中专职注册房地产估价师的股份或者出资额合计不低于 60%。

（4）有固定的经营服务场所。

（5）随机抽查的 1 份房地产估价报告符合《房地产估价规范》的要求。

（6）估价质量管理、估价档案管理、财务管理等各项企业内部管理制度健全。

（7）在申请核定资质等级之日前 3 年内无禁止的行为[①]。

（二）各级资质的相应要求

各等级资质的房地产估价机构，除了要符合共同需满足的要求外，还需满足本等级的资质要求。

1．一级资质标准要求

（1）从事房地产估价活动连续 6 年以上，且取得二级房地产估价机构资质 3 年以上。

（2）有限责任公司的注册资本人民币 200 万元以上，合伙企业的出资额人民币 120 万元以上。

（3）有 15 名以上专职注册房地产估价师。

（4）在申请核定资质等级之日前 3 年平均每年完成估价标的物建筑面积 50 万平方米以上或者土地面积 25 万平方米以上。

（5）有限责任公司的股东中有 3 名以上、合伙企业的合伙人中有 2 名以上专职注册房

[①] 禁止性行为包括：（1）涂改、倒卖、出租、出借或者以其他形式非法转让资质证书；（2）超越资质等级业务范围承接房地产估价业务；（3）以迎合高估或者低估要求、给予回扣、恶意压低收费等方式进行不正当竞争；（4）违反房地产估价规范和标准；（5）出具有虚假记载、误导性陈述或者重大遗漏的估价报告；（6）擅自设立分支机构；（7）未经委托人书面同意，擅自转让受托的估价业务；（8）法律、法规禁止的其他行为。

地产估价师，股东或者合伙人中有一半以上是注册后从事房地产估价工作 3 年以上的专职注册房地产估价师。

2．二级资质标准要求

（1）取得三级房地产估价机构资质后从事房地产估价活动连续 4 年以上。

（2）有限责任公司的注册资本人民币 100 万元以上，合伙企业的出资额人民币 60 万元以上。

（3）有 8 名以上专职注册房地产估价师。

（4）在申请核定资质等级之日前 3 年平均每年完成估价标的物建筑面积 30 万平方米以上或者土地面积 15 万平方米以上。

（5）有限责任公司的股东中有 3 名以上、合伙企业的合伙人中有 2 名以上专职注册房地产估价师，股东或者合伙人中有一半以上是注册后从事房地产估价工作 3 年以上的专职注册房地产估价师。

3．三级资质标准要求

（1）有限责任公司的注册资本人民币 50 万元以上，合伙企业的出资额人民币 30 万元以上。

（2）有 3 名以上专职注册房地产估价师。

（3）在暂定期内完成估价标的物建筑面积 8 万平方米以上或者土地面积 3 万平方米以上。

（4）有限责任公司的股东中有 2 名以上、合伙企业的合伙人中有 2 名以上专职注册房地产估价师，股东或者合伙人中有一半以上是注册后从事房地产估价工作 3 年以上的专职注册房地产估价师。

二、房地产估价机构的资质申请与核准

房地产估价机构在申请估价资质等级时，需向房地产行政主管部门提交申请材料，经批准过后方可从事相应资质等级的业务，所获得的资质等级也不得随意延续、变更、撤回和注销。

（一）资质申请需提交的材料

申请核定房地产估价机构资质等级，应当如实向资质许可机关提交下列材料。

（1）房地产估价机构资质等级申请表（一式两份，加盖申报机构公章）。

（2）房地产估价机构原资质证书正本复印件、副本原件。

（3）营业执照正、副本复印件（加盖申报机构公章）。

（4）出资证明复印件（加盖申报机构公章）。

（5）法定代表人或者执行合伙人的任职文件复印件（加盖申报机构公章）。

（6）专职注册房地产估价师证明。

（7）固定经营服务场所的证明。

（8）经工商行政管理部门备案的公司章程或者合伙协议复印件（加盖申报机构公章）及有关估价质量管理、估价档案管理、财务管理等企业内部管理制度的文件、申报机构信用档案信息。

（9）随机抽查的在申请核定资质等级之日前3年内申报机构所完成的1份房地产估价报告复印件（一式两份，加盖申报机构公章）。

（10）新设立的中介服务机构申请房地产估价机构资质的，应当提供第（1）项、第（3）项至第（8）项材料。

（二）资质核准程序

1．一级资质的核准

申请核定一级房地产估价机构资质的，应当向省、自治区人民政府建设行政主管部门、直辖市人民政府房地产行政主管部门提出申请，并提交“资质申请需提交材料规定的材料”。省、自治区人民政府建设行政主管部门、直辖市人民政府房地产行政主管部门应当自受理申请之日起20日内审查完毕，并将初审意见和全部申请材料报国务院建设行政主管部门。国务院建设行政主管部门应当自受理申请材料之日起20日内做出决定。

2．二、三级资质的核准

二、三级房地产估价机构资质由设区的市人民政府房地产行政主管部门初审，具体许可程序及办理期限由省、自治区人民政府建设行政主管部门、直辖市人民政府房地产行政主管部门依法确定。省、自治区人民政府建设行政主管部门、直辖市人民政府房地产行政主管部门应当在做出资质许可决定之日起10日内，将准予资质许可的决定报国务院建设行政主管部门备案。

资质初审机关在提出初审意见前，应当将申请机构名称、法定代表人、专职注册房地产估价师等信息在初审机关信息网及许可机关信息网上公示10天，认真听取社会、业内意见。对反映的问题，经认真调查核实后，方可出具初审意见。许可机关受理申请后，应当将申请机构名单及时在许可机关网上公布，依法组织专家评审，接受社会监督。

三、资质获准后的日常管理

房地产估价机构获得资质证书具有一定的有效期。如果在这期间不能按资质要求履行职责，主管机关可依法做出降级、撤销或注销其资质。

（一）资质证书及有效期

房地产估价机构资质证书分为正本和副本，由国务院建设行政主管部门统一印制，正、

副本具有同等法律效力。房地产估价机构遗失资质证书的，应当在公众媒体上声明作废后，申请补办。房地产估价机构资质有效期为 3 年，新设立的估价机构资质等级暂定 1 年有效期。房地产估价机构经工商登记注销后，其资质证书失效。

（二）资质升降衔接机制

资质有效期届满，房地产估价机构需要继续从事房地产估价活动的，应当在资质有效期届满 30 日前向资质许可机关提出资质延续申请。资质许可机关应当根据申请做出是否准予延续的决定。准予延续的，有效期延续 3 年。

申请延续原资质未获核准的房地产估价机构，应当自不予延续许可决定做出之日起至资质有效期届满前，申请核准相应资质等级；逾期不申请核准相应资质等级的，再次申请时，按新设立的机构对待。未申请资质延续或被撤回资质的房地产估价机构，不再具有房地产估价机构资质，不得从事房地产估价活动；重新申请核准资质的，按新设立的机构对待。

在资质有效期内遵守有关房地产估价的法律、法规、规章、技术标准和职业道德的房地产估价机构，经原资质许可机关同意，不再审查，有效期延续 3 年。

（三）资质核准内容变更

房地产估价机构的名称、法定代表人或者执行合伙人、注册资本或者出资额、组织形式、住所等事项发生变更的，应当在工商行政管理部门办理变更手续后 30 日内，到资质许可机关办理资质证书变更手续。房地产估价机构名称获准工商登记变更后，向许可机关申请变更机构名称时，应当一并申请办理本机构注册房地产估价师执业单位名称变更手续。许可机关应当一并办理。

（四）资质的撤回

房地产估价机构以欺骗、贿赂等不正当手段取得房地产估价机构资质的，应当予以撤销。房地产估价机构取得房地产估价机构资质后，不再符合相应资质条件的，资质许可机关根据利害关系人的请求或者依据职权，可以责令其限期改正；逾期不改的，可以撤回其资质。同时，有下列情形之一的，资质许可机关或者其上级机关，根据利害关系人的请求或者依据职权，可以撤销房地产估价机构资质。

（1）资质许可机关工作人员滥用职权、玩忽职守做出准予房地产估价机构资质许可的。

（2）超越法定职权做出准予房地产估价机构资质许可的。

（3）违反法定程序做出准予房地产估价机构资质许可的。

（4）对不符合许可条件的申请人做出准予房地产估价机构资质许可的。

（5）依法可以撤销房地产估价机构资质的其他情形。

（五）资质的注销

有下列情形之一的，资质许可机关应当依法注销房地产估价机构资质。

（1）房地产估价机构资质有效期届满未延续的。

（2）房地产估价机构依法终止的。

（3）房地产估价机构资质被撤销、撤回，或者房地产估价资质证书依法被吊销的。

（4）法律、法规规定的应当注销房地产估价机构资质的其他情形。

四、房地产估价机构的估价业务管理

房地产估价机构依法在其资质等级范围内从事房地产估价活动，不受行政区域、行业限制，但房地产估价机构在其工商注册所在地行政区域外从事房地产估价业务的，完成估价业务后，房地产估价机构应向业务发生地县级以上地方人民政府建设（房地产）行政主管部门留存房地产估价报告备查。

（一）各资质等级估价机构的业务范围

一级资质房地产估价机构可以从事各类房地产估价业务，二级资质房地产估价机构可以从事除公司上市、企业清算以外的房地产估价业务，三级资质房地产估价机构可以从事除公司上市、企业清算、司法鉴定以外的房地产估价业务，暂定期内的三级资质房地产估价机构可以从事除公司上市、企业清算、司法鉴定、城镇房屋拆迁、在建工程抵押以外的房地产估价业务。房地产估价机构及执行房地产估价业务的估价人员与委托人或者估价业务相对人有利害关系的，应当回避。

（二）委托估价合同的内容要求

房地产估价机构承揽房地产估价业务，应当与委托人签订书面估价委托合同。未经委托人书面同意，房地产估价机构不得转让受托的估价业务。估价委托合同应当包括下列内容。

（1）委托人的名称或者姓名和住所。

（2）估价机构的名称和住所。

（3）估价对象。

（4）估价目的。

（5）估价时点。

（6）委托人的协助义务。

（7）估价服务费及其支付方式。

（8）估价报告交付的日期和方式。

（9）违约责任。

（10）解决争议的方法。

（三）估价报告出具及保管

在房地产估价机构完成估价业务的过程中，委托人及相关当事人应当协助房地产估价

机构进行实地查勘，如实向房地产估价机构提供估价所必需的资料，并对其所提供资料的真实性负责。房地产估价机构和注册房地产估价师因估价需要向房地产行政主管部门查询房地产交易、登记信息时，房地产行政主管部门应当提供查询服务，但涉及国家秘密、商业秘密和个人隐私的内容除外。

房地产估价报告应当由房地产估价机构出具，加盖房地产估价机构公章，并有至少 2 名专职注册房地产估价师签字。经委托人书面同意，房地产估价机构可以与其他房地产估价机构合作完成估价业务，以合作双方的名义共同出具估价报告。

房地产估价机构应当妥善保管房地产估价报告及相关资料。房地产估价报告及相关资料的保管期限自估价报告出具之日起不得少于 10 年。保管期限届满而估价服务的行为尚未结束的，应当保管到估价服务的行为结束为止。房地产估价机构破产、解散时，其房地产估价报告及相关资料应当移交当地建设（房地产）行政主管部门或其指定的机构。除法律、法规另有规定外，未经委托人书面同意，房地产估价机构不得对外提供估价过程中获知的当事人的商业秘密和业务资料。

（四）房地产估价机构的禁止性行为

房地产估价机构不得有下列行为。

（1）涂改、倒卖、出租、出借或者以其他形式非法转让资质证书。

（2）超越资质等级业务范围承接房地产估价业务。

（3）以迎合高估或者低估要求、给予回扣、恶意压低收费等方式进行不正当竞争。

（4）违反房地产估价规范和标准。

（5）出具有虚假记载、误导性陈述或者重大遗漏的估价报告。

（6）擅自设立分支机构。

（7）未经委托人书面同意，擅自转让受托的估价业务。

（8）法律、法规禁止的其他行为。

五、房地产估价机构的合并、分立与分支机构的设立

一个房地产估价机构成立后，由于各种原因可能会出现机构合并或分立，也可能由于业务范围的扩大，需要设立分支机构。新成立的房地产估价机构应符合一定的要求。

（一）房地产估价机构的合并与分立

房地产估价机构合并的，合并后存续或者新设立的房地产估价机构可以承继合并前各方中较高的资质等级，但应当符合相应的资质等级条件。房地产估价机构分立的，只能由分立后的一方房地产估价机构承继原房地产估价机构资质，但应当符合原房地产估价机构资质等级条件。承继原房地产估价机构资质的一方由各方协商确定，其他各方按照新设立的中介服务机构申请房地产估价机构资质。

（二）房地产估价机构分支机构的设立

按照相关规定，只有一级资质房地产估价机构可以设立分支机构，二、三级资质房地产估价机构不得设立分支机构，不得设立类似分支机构性质的“办事处”“联络点（站）”等机构。分支机构应当以设立该分支机构的房地产估价机构名义承揽估价业务。分支机构应当具备下列条件。

（1）名称采用“房地产估价机构名称+分支机构所在地行政区划名+分公司（分所）”的形式。

（2）分支机构负责人应当是注册后从事房地产估价工作 3 年以上并无不良执业记录的专职注册房地产估价师。

（3）在分支机构所在地有 3 名以上专职注册房地产估价师。

（4）有固定的经营服务场所。

（5）估价质量管理、估价档案管理、财务管理等各项内部管理制度健全。

注册于分支机构的专职注册房地产估价师，不计入设立分支机构的房地产估价机构的专职注册房地产估价师人数。

新设立的分支机构，应当自领取分支机构营业执照之日起 30 日内，到分支机构工商注册所在地的省、自治区人民政府建设行政主管部门、直辖市人民政府房地产行政主管部门备案。省、自治区人民政府建设行政主管部门、直辖市人民政府房地产行政主管部门应当在接受备案后 10 日内，告知分支机构工商注册所在地的市、县人民政府房地产行政主管部门，并报国务院建设行政主管部门备案。

分支机构变更名称、负责人、住所等事项或房地产估价机构撤销分支机构，应当在工商行政管理机构登记。

房地产估价业务应当由房地产估价机构统一接受委托，统一收取费用。

六、行政监督与处罚

县级以上人民政府房地产行政主管部门应当依照有关法律、法规的规定，对房地产估价机构和分支机构的设立、估价业务及执行房地产估价规范和标准的情况实施监督检查。对于违法、违规行为，房地产行政主管部门可对其行使警告、责令限期整改、处以 5 000～30 000 元不等的行政罚款、撤销或注销资质、一定年限内禁止资质申请，造成当事人损失的依法承担赔偿责任，构成犯罪的应承担相应的刑事责任。

第四节　房地产经纪机构管理

随着我国房地产市场的发展，房地产经纪服务的重要性日渐突出。然而，房地产经纪

服务活动中所表现出的问题依然突出，甚至影响到行业的信誉。对此，国家发改委、住房和城乡建设部、人力资源保障部共同制定并发布了《房地产经纪管理办法》（中华人民共和国住房和城乡建设部、中华人民共和国国家发展和改革委员会、中华人民共和国人力资源和社会保障部令第〔2010〕8号发布，〔2016〕第26号修改）、《房地产经纪专业人员职业资格制度暂行规定》和《房地产经纪专业人员职业资格考试实施办法》（人社部发〔2015〕47号）、住房城乡建设部等部门《关于加强房地产中介管理促进行业健康发展的意见》（建房〔2016〕168号），以加强房地产经纪行业管理，使我国房地产经纪行业逐步走上规范有序的发展轨道。

一、房地产经纪机构的设立、备案与注销

房地产经纪机构是依法设立，从事房地产经纪活动的中介服务机构，可以设立分支机构。设立房地产经纪机构和分支机构，应当具有足够数量的房地产经纪人员。房地产经纪机构和分支机构与其招用的房地产经纪人员，应当按照《中华人民共和国劳动合同法》的规定签订劳动合同。

房地产经纪机构及其分支机构应当自领取营业执照之日起30日内，到所在直辖市、市、县人民政府建设（房地产）主管部门备案。直辖市、市、县人民政府建设（房地产）主管部门应当将房地产经纪机构及其分支机构的名称、住所、法定代表人（执行合伙人）或者负责人、注册资本、房地产经纪人员等备案信息向社会公示。通过互联网提供房地产中介服务的机构，应当到机构所在地省级通信主管部门办理网站备案，并到服务覆盖地的市、县房地产主管部门备案。房地产、通信、工商行政主管部门要建立联动机制，定期交换中介机构工商登记和备案信息，并在政府网站等媒体上公示备案、未备案的中介机构名单，提醒群众防范交易风险，审慎选择中介机构。中介机构备案时，要提供本机构所有从事经纪业务的人员信息。市、县房地产主管部门要对中介从业人员实名登记。

房地产经纪机构及其分支机构变更或者终止的，应当自变更或者终止之日起30日内办理备案变更或者注销手续。

二、房地产经纪服务活动的管理

对房地产经纪服务活动的管理，主要涉及业务承接与公示要求、房源信息管理要求、经纪服务合同要求、禁止性行为等方面。

（一）业务承接与公示要求

房地产经纪业务应当由房地产经纪机构统一承接，服务报酬由房地产经纪机构统一收取。分支机构应当以设立该分支机构的房地产经纪机构名义承揽业务。房地产经纪人员不

得以个人名义承接房地产经纪业务和收取费用。房地产经纪机构及其分支机构应当在其经营场所醒目位置公示下列内容。

（1）营业执照和备案证明文件。

（2）服务项目、内容、标准。

（3）业务流程。

（4）收费项目、依据、标准[①]。

（5）交易资金监管方式。

（6）信用档案查询方式、投诉电话及 12358 价格举报电话。

（7）政府主管部门或者行业组织制定的房地产经纪服务合同、房屋买卖合同、房屋租赁合同示范文本。

（8）法律、法规、规章规定的其他事项。

分支机构还应当公示设立该分支机构的房地产经纪机构的经营地址及联系方式。房地产经纪机构代理销售商品房项目的，还应当在销售现场明显位置明示商品房销售委托书和批准销售商品房的有关证明文件[②]。

（二）房源信息管理要求

每一个房地产经纪机构往往掌握着大量的房源信息，这些信息的真实性、准确性和可靠性如何，关系交易能否顺利进行、交易双方的利益能否得到有效保护。从两个方面加强房源信息管理。

1．经纪公司加强房源信息尽职调查和房源信息发布管理

经纪机构对外发布房源信息前，应对房源信息展开尽职调查。核对房屋产权信息和委托人身份证明等材料，经委托人同意后到房地产主管部门进行房源信息核验，并编制房屋状况说明书。房屋状况说明书要标明房源信息核验情况、房地产经纪服务合同编号、房屋坐落、面积、产权状况、挂牌价格、物业服务费、房屋图片，以及其他应当说明的重要事项。

经纪机构还应对房源信息的发布进行管理。所发布房源信息应当内容真实、全面、准确，在门店、网站等不同渠道发布的同一房源信息应当一致。从业人员应当实名在网站等渠道上发布房源信息。不得发布未经产权人书面委托的房源信息，不得隐瞒抵押等影响房屋交易的信息。对已出售或出租的房屋，促成交易的经纪机构要在房屋买卖或租赁合同签订之日起 2 个工作日内，将房源信息从门店、网站等发布渠道上撤除；对委托人已取消委托的房屋，经纪机构要在 2 个工作日内将房源信息从各类渠道上撤除。

2．政府部门提供便捷的房源核验服务

市、县房地产主管部门要对房屋产权人、备案的中介机构提供房源核验服务，发放房

① 如前文所提到的“在经营场所醒目位置标识全部服务项目、服务内容、计费方式和收费标准，各项服务均须单独标价”等。

② 五证两书。

源核验二维码，并实时更新产权状况。积极推行房地产中介服务合同网签和统一编号管理制度。房地产中介服务合同编号应当与房源核验二维码关联，确保真实房源、真实委托。中介机构应当在发布的房源信息中明确标识房源核验二维码。

（三）经纪服务合同要求

房地产经纪机构应当与委托人签订书面房地产经纪服务合同，保存期不少于 5 年。房地产经纪服务合同应当包含下列内容。

（1）房地产经纪服务双方当事人的姓名（名称）、住所等情况和从事经纪业务的房地产经纪人员情况。

（2）房地产经纪服务的项目、内容、要求以及完成的标准。

（3）服务费用及其支付方式。

（4）合同当事人的权利和义务。

（5）违约责任和纠纷解决方式。

房地产经纪机构签订的房地产经纪服务合同，应当加盖房地产经纪机构印章，并由从事该业务的一名房地产经纪人或者两名房地产经纪人协理签名。

房地产经纪机构签订房地产经纪服务合同前，应当向委托人说明房地产经纪服务合同和房屋买卖合同或者房屋租赁合同的相关内容，并书面告知下列事项。

（1）是否与委托房屋有利害关系。

（2）应当由委托人协助的事宜、提供的资料。

（3）委托房屋的市场参考价格。

（4）房屋交易的一般程序及可能存在的风险。

（5）房屋交易涉及的税费。

（6）经纪服务的内容及完成标准。

（7）经纪服务收费标准和支付时间。

（8）其他需要告知的事项。

房地产经纪机构与委托人签订房屋出售、出租经纪服务合同，应当查看委托出售、出租的房屋及房屋权属证书，委托人的身份证明等有关资料，并应当编制房屋状况说明书。经委托人书面同意后，方可以对外发布相应的房源信息。委托人未提供规定资料或者提供资料与实际不符的，房地产经纪机构应当拒绝接受委托。房地产经纪机构与委托人签订房屋承购、承租经纪服务合同，应当查看委托人身份证明等有关资料。

（四）禁止性行为

房地产经纪机构和房地产经纪人员不得有下列行为。

（1）房地产经纪服务实行明码标价制度，不得收取任何未予标明的费用；房地产经纪机构未完成房地产经纪服务合同约定事项，或者服务未达到房地产经纪服务合同约定标准的，不得收取佣金。两家或者两家以上房地产经纪机构合作开展同一宗房地产经纪业务的，只能按照一宗业务收取佣金，不得向委托人增加收费。

（2）捏造散布涨价信息，或者与房地产开发经营单位串通捂盘惜售，炒卖房号，操纵市场价格。

（3）对交易当事人隐瞒真实的房屋交易信息，低价收进高价卖（租）出房屋赚取差价。

（4）以隐瞒、欺诈、胁迫、贿赂等不正当手段招揽业务，诱骗消费者交易或者强制交易。

（5）泄露或者不当使用委托人的个人信息或者商业秘密，谋取不正当利益。

（6）为交易当事人规避房屋交易税费等非法目的，就同一房屋签订不同交易价款的合同提供便利。

（7）改变房屋内部结构分割出租。

（8）侵占、挪用房地产交易资金。

（9）承购、承租自己提供经纪服务的房屋。

（10）为不符合交易条件的保障性住房和禁止交易的房屋提供经纪服务。

（11）法律、法规禁止的其他行为。

三、监督管理

建设（房地产）行政主管部门、价格管理部门、人力资源和社会保障部门（将三部门简称为“监督管理部门”）负责监督检查房地产经纪机构的行为，可通过现场巡查、合同抽查、投诉受理等方式，采取约谈、记入信用档案、媒体曝光等措施，对房地产经纪机构和房地产经纪人员进行监督，被检查的房地产经纪机构和房地产经纪人员应当予以配合，并根据要求提供检查所需的资料。房地产经纪机构违反人力资源和社会保障法律法规的行为，由人力资源和社会保障主管部门依法予以查处。

监督管理部门应当建立房地产经纪机构和房地产经纪人员信息共享制度。建设（房地产）主管部门应当定期将备案的房地产经纪机构情况通报同级价格主管部门、人力资源和社会保障主管部门。经备案的房地产经纪机构可以取得网上签约资格。

直辖市、市、县人民政府建设（房地产）主管部门应当构建统一的房地产经纪网上管理和服务平台，为备案的房地产经纪机构提供下列服务。

（1）房地产经纪机构备案信息公示。

（2）房地产交易与登记信息查询。

（3）房地产交易合同网上签订[①]。

---

① 按照国务院办公厅的要求（国办发〔2010〕4号），全面推行交易合同网签制度。备案的中介机构可进行存量房交易合同网上签约。已建立存量房交易合同网签系统的市、县，要进一步完善系统，实现行政区域的全覆盖和交易产权档案的数字化；尚未建立系统的，要按规定完成系统建设并投入使用。住房城乡建设部将开展存量房交易合同网签系统建设和使用情况的专项督查。

（4）房地产经纪信用档案公示。

（5）法律、法规和规章规定的其他事项。

房地产经纪机构和房地产经纪人员应当按照规定提供真实、完整的信用档案信息。县级以上人民政府建设（房地产）主管部门应当建立房地产经纪信用档案，并向社会公示，并且应当将在日常监督检查中发现的房地产经纪机构和房地产经纪人员的违法违规行为、经查证属实的被投诉举报记录等情况，作为不良信用记录记入其信用档案。

对于经纪服务活动违反相关规定的房地产经纪机构和房地产经纪人员，监督管理部门有权责令其限期整改、记入信用档案、没收违法所得、处以 1 万～3 万元不等的罚款、取消网上签约资格等，情节严重的，依法给予停业整顿等行政处罚。监督管理部门的工作人员在房地产经纪监督管理工作中玩忽职守、徇私舞弊、滥用职权的，依法给予处分；构成犯罪的，依法追究刑事责任。

【案例分享】房地产中介行业违法违规典型案例[①]

2016 年 6 月 7 日和 8 月 17 日住房和城乡建设部在其政府网站和中国经纪人网站上发布了《关于房地产中介行业违法违规典型案例的通报》，显示了政府对房地产经纪机构和经纪人违法、违规行为的关注。这里，我们选取几例，与读者分享。

一、上海德佑房地产经纪有限公司未如实告知抵押信息案

2015 年 8 月，德佑房地产经纪有限公司一百零三分公司及经纪人张某，在为黄某购买上海市虹口区临平路房屋提供经纪服务过程中，未如实告知该房屋全部抵押信息，导致黄某直到 2016 年 2 月才办理产权过户手续。根据《房地产经纪管理办法》第三十七条规定，上海市房地产主管部门取消了该机构的网上签约资格，并处以罚款；对经纪人张某处以罚款。

二、杭州易居臣信房地产经纪有限公司违规代理出租经济适用房案

2015 年 9 月，杭州易居臣信房地产经纪有限公司违规代理经济适用房出租。根据《房地产经纪管理办法》第三十七条规定，杭州市房地产主管部门对该机构下达限期改正通知书，并做出暂停网上签约资格一个月的处罚。

三、宜昌市西陵区爱家信息部中介人员违规承揽业务收费案

2016 年 4 月，宜昌市西陵区爱家信息部中介人员杨某多次以个人名义承揽房地产中介业务，收取费用。根据《房地产经纪管理办法》第三十三条规定，宜昌市房地产主管部门

① 资料来源：中华人民共和国住房和城乡建设部. http://www.mohurd.gov.cn/wjfb/201608/t20160816_228544.html/2016-10-27/ 中国房地产经纪人. http://www.agents.org.cn/2016-10-27/.

对杨某进行了处罚，并将其记入宜昌市房地产中介行业诚信“黑名单”。

四、北京市丁丁租房公司中介人员违规参与出租“群租”房案

2016年1月，北京市朝阳区房地产主管部门根据线索查实丁丁租房公司中介人员存在违规参与出租“群租”房行为。根据《房地产经纪管理办法》第三十七条规定，北京市朝阳区房地产主管部门对丁丁租房公司下发了责令整改通知书，并进行了处罚。

五、南京力图企业管理咨询有限公司违规招揽业务案

2016年8月，南京力图企业管理咨询有限公司（力图地产）在媒体上公开宣传以18万元和30万元的价格包买有关楼盘商品房。上述行为违反了《房地产经纪管理办法》第二十五条规定。南京市房地产主管部门责令该公司限期改正，并取消其网签资格，处以3万元罚款，记入信用档案。

六、北京房地产经纪人协理高某违规招揽业务案

2016年5月，北京房地产经纪人协理高某为招揽业务、收集房源，掩盖自身经纪人协理的身份，虚构了一则承租需求广告，在某小区门口进行宣传。上述行为违反了《房地产经纪管理办法》第二十五条规定。北京市房地产主管部门对高某处以1万元罚款。

七、福州蜗牛房地产经纪服务有限公司违规挪用交易资金案

2016年6月，福州蜗牛房地产经纪服务有限公司在提供二手房交易居间服务过程中，将客户定金违规存入个人账户，由公司控制人魏某挪为他用，魏某因个人债务问题导致无法支付客户定金，致使二手房交易客户无法办理过户手续。上述行为违反了《房地产经纪管理办法》第二十五条规定。福州市房地产主管部门对该公司的违规行为予以通报，记入信用档案，并移送公安机关立案侦查，将依据公安机关调查结果作进一步处理。

八、安徽亿恒地产代理销售有限公司违规赚取差价案

2016年2月，安徽亿恒地产代理销售有限公司合肥市皖江路分公司经理戈某、业务员孙某，勾结社会人员刘某同时冒充“卖家”和“买家”，分别与同一套房屋的实际业主和实际购房人签订存量房买卖合同，试图赚取差价2.5万元。上述行为违反了《房地产经纪管理办法》第二十五条规定。合肥市房地产主管部门责令该公司立即整改，对相关责任人员进行处理，并记入信用档案。目前，该公司已将上述责任人员辞退。

本章小结

房地产中介服务是指具有专业执业资格的人员在房地产投资、开发、销售、交易等各环节中，为当事人提供居间服务的经营活动，是房地产咨询、房地产估价、房地产经纪等

活动的总称。房地产中介机构包括房地产咨询机构、房地产价格评估机构、房地产经纪机构等。

房地产中介服务管理包括房地产中介机构管理和房地产中介服务人员管理。国家实行房地产价格评估人员资格认证制度和房地产经纪人员职业资格制度，房地产价格评估人员和房地产经纪人员需经过全国专业技术人员职业资格考试合格后，方可获得相应资格。

房地产估价机构资质等级分为一、二、三级，新设立的房地产估价机构资质等级核定为三级资质，房地产估价机构在申请估价资质等级时，需向房地产行政主管部门提交申请材料，经批准过后方可从事相应资质等级的业务，所获得的资质等级也不得随意延续、变更、撤回和注销。房地产经纪机构设立之后，需要经过备案方可从事经济活动。房地产经纪机构及其分支机构变更或者终止的，办理备案变更或者注销手续。对房地产经纪服务活动的管理，主要涉及业务承接与公示要求、房源信息管理要求、经纪服务合同要求、禁止性行为等方面。

综合练习

一、基本概念

房地产中介服务；房地产咨询；房地产估价；房地产经纪

二、思考题

1. 简述房地产中介服务的特征和作用。

2. 房地产中介服务机构设立应具备什么条件？房地产中介服务机构如何收费？国家对房地产中介服务人员如何收费？

3. 国家对房地产估价机构如何管理？

4. 国家对房地产经纪机构如何管理？

第九章　房地产行政管理信息化建设

学习目标

通过对本章的学习，学生应掌握如下内容：

1. 房地产行政管理信息化的概念；
2. 房地产行政管理信息化的标准化体系建设；
3. 房地产行政管理信息化的硬件设施建设；
4. 房地产行政管理信息化的应用系统建设；
5. 房地产行政管理信息化的运维机制建设；
6. 房地产行政管理原型系统实例。

导言

房地产行政管理是我国政府对房地产业监管的重要职能和任务，也是房地产业稳定、健康发展的重要保障。随着国内房地产业不断地发展和信息技术不断地革新，房地产行政管理信息化建设也需要不断地发展。当前一些国外发达国家房地产行政管理信息化建设非常完善，形成了一套完备的业务流程和业务系统及标准体系，可为我国房地产行政管理信息化建设提供借鉴经验。房地产行政管理信息化建设是一个系统工程，涉及内容比较多，业务环节较复杂，包括标准化体系建设、硬件设施建设、应用系统建设和机制建设等几个部分的内容。

第一节　房地产行政管理信息化概述

房地产行政管理信息化建设是我国信息化建设的一个重要组成部分，可促进房地产行政管理朝着科学化、先进性、自动化和透明化的方向发展。本节首先讲解房地产行政管理信息化的概念，然后分析信息化建设的必要性、发展现状与趋势，在此基础上，概述房地产行政管理信息化建设的目标和内容。

一、房地产行政管理信息化的概念

随着我国房地产行业快速的发展，房地产行政管理部门需要对房地产的经营活动、地产的建设与开发、房产维修等各方面业务加强管理，保证国内房地产市场稳定健康地发展，这对房地产行政管理业务提出了更高的要求，因此需要加强房地产行政管理的信息化建设。

房地产行政管理信息化是指利用现代的信息技术、网络通信技术和云服务技术等对房地产行政管理业务中的主体和客体进行信息采集、处理、管理和分析，对整个业务流程进行自动化处理的建设过程。其内涵是通过信息化建设来构建一个信息化的虚拟机关，使得房地产业界及公众可以多渠道获取政府的信息和服务。

房地产行政管理信息化建设的一般过程包括：首先通过采集房地产行政管理业务中的主体和客体的相关信息，然后按照国家相关标准和规定主体和客体信息进行编码，建立房地产行政管理综合信息数据库；在此基础上设计和开发房地产行政管理系统软件，逐渐实现房地产行政管理业务的自动化和智能化。

虽然我国房地产行政管理信息化建设到目前为止还没有完善，但也经历了逐渐发展的过程，总结起来大致可分为以下几个阶段：第一阶段为初级阶段，基本完成了数字化工作，初步建立了单机的管理系统，实现了信息查询、简单的计算和统计功能等；第二阶段为初步发展阶段，应用局域网建立了 C/S 结构的房地产项目管理系统、房地产权和产籍管理系统、物业管理系统等业务系统，大大提高了工作效率；第三阶段为深入发展阶段，应用广域网建立了 B/S 结构的房地产行政管理系统，集成了多个业务子系统，形成了一体化的集成应用系统；第四阶段为更新完善阶段，随着物联网、云计算和大数据等一些现代的新技术出现，房地产行政管理系统也需要不断地更新和完善，逐步健全和完善标准化体系，这是目前需要进行的工作。

总体来讲，房地产行政管理信息化建设可促进房地产行政主管部门更高效、更便捷、更节约、更透明地履行职责，同时可为行政管理部门和房地产开发商提供有力的决策支持，为大众用户提供全面、准确、及时的信息服务。

二、房地产行政管理信息化建设的必要性

当前房地产经济发展速度较快，已形成了庞大的房地产市场，房地产行业中的业务非常繁忙和复杂，传统落后的管理模式、服务手段和方式已不能适应房地产业的发展需求，这给房地产行政管理业务提出了新的要求，要求房地产行政管理职能部门和人员提高作业效率，加大作业流程的自动化程度，增强作业流程的透明性和规范化。因此，加强和完善房地产行政管理信息化建设具有重大的现实意义，本书从下面几个方面总结房地产行政管理信息化建设的必要性和重要性。

（一）简化程序，提高效率

房地产行政管理流程中涉及多个相关的政府职能部门、房地产开发与经营企业、物业管理企业、广大房地产消费者等众多的机关部门和人员，包括房地产业的住宅建设、住宅制度改革、房地产项目管理、房地产市场管理、房屋征收与补偿管理、房地产中介管理、物业管理等多项繁杂的管理业务。传统的书面审查、层层报批的程序和作业模式已不能适应现代房地产行政管理业务的要求，急需进行房地产行政管理信息化建设，简化作业流程，淡化层层关卡，建立通畅的电子化交流渠道和平台，提高行政管理的服务水平，提高行业运作效率。可见房地产行政管理的信息化建设是手段，房地产行政管理业务的自动化是目的。

（二）增强调控能力，完善决策机制

传统的房地产行政管理业务中行政管理部门调控能力和调控效率较低，主要表现在上级主管部门对下级行政管理部门的业务管控不便利；管理部门对房地产市场的动态变化调控和预警不便利；管理部门对房地产开发商、经营商、物业管理公司等企业的行为监管不便利。需要应用现代的信息技术网络通信技术和云服务技术等进行地产行政管理信息化建设，建立房地产行政管理系统，应用该系统上级主管部门可及时对下一级房地产管理部门的业务进行指导和管控，下一级房地产管理部门也可以方便地向上级主管部门汇报工作情况。房地产行政管理部门应用房地产行政管理系统可快捷地对房地产市场中供需变化、市场价格变化、国家调控政策等进行分析，依据政策对市场进行调控和预警，对市场行为进行规范管理；可以对房地产开发商、经营商、物业管理公司等企业进行资格审查、资质注册、信息管理等，并可从宏观上予以指导。企业也可以方便在线上传资料，实时地查看业务进度。企业也可以方便在线上传资料，实时地查看业务进度。

（三）增强透明度，规范作业行为

传统的房地产行政管理业务流程中的各个环节和手续不便于在线向大众用户公开，延误用户办事进度，同时也不利于公众对房地产行政管理部门和人员进行监督。需要建立房地产行政管理系统向公众公开相关的法规制度、各房地产行政管理部门及相关部门的职责及其联系、全套的业务流程（包括从土地使用审批、土地利用规划选址、实地界限勘察、房地产权开发项目管理、各种合同的签订、房地产权证发放以及物业管理等）、办事所需大致时间和费用、实现业务进度查看等，应用视频、网络传输等技术实现公众用户和社会参与管理业务的监督，可有效地防止房地产行政管理中违法、违规及其他腐败现象的发生。

（四）整合资源，提高服务水平

房地产行政管理业务涉及多个管理部门，如各级房地产行政管理部门、国土资源管理局相关部门、城市规划局相关部门等，传统的房地产行政管理方式不利于各部门之间数据资源共享和业务衔接，使得办事的企业和个人有“政出多门，无所适从”的感受。通过网

络共享等相关技术建立房地产行政管理系统数据共享接口，实现各部门之间的数据资源共享，可以尽量减少办事企业和个人参与各部门之间的业务衔接环节，可有效地减少各部门之间各自拥有数据、各自为政、相互推诿的现象出现，因此可大大提高房地产行政管理部门的服务水平和质量。

三、我国房地产行政管理信息化建设的现状与趋势

随着世界房地产产业的不断发展，信息技术和网络通信技术等不断革新，各国房地产行政管理信息化建设也在不停地发展。国外发达国家房地产产业非常发达，房地产产业管理非常完善，大致可分为两类管理模式，即市场主导模式（如美国）和政策主导模式（如新加坡）。不论是市场主导模式的管理模式还是政策主导模式的管理模式，房地产产业管理的信息化建设都已经完成并正常运行，形成了完善的房地产产业管理信息化体系，甚至有的建立了国际房地产管理信息系统，在世界范围内进行房地产交易。国外发达国家房地产管理信息化建设的成果可为我国房地产行政管理信息化建设提供宝贵的经验。

随着国内房地产产业的不断发展和政府部门电子政务的广泛应用，我国房地产行政管理信息化建设也取得了显著的成效。国家在“十五计划”中明确指出“信息化是当今世界经济和社会发展的大趋势，也是我国产业升级和实现工业化、现代化的关键环节，要把推进国民经济和社会信息化放在优先的位置”。据此国家建设部提出了建设领域和房地产方面信息化建设的“十五计划”，旨在通过信息化建设来改变传统的建设行业和房地产行业的管理模式，提高管理效率。自此房地产产业信息化建设在国内拉开了序幕，其中房地产行政管理信息化建设由各级政府负责开展工作，得到了快速的发展，取得了较好的成效。

经过近十五年的信息化建设工作，省级城市、地级城市和大部分县级城市已经将信息技术、网络通信技术等应用到房地产行政管理工作中，搭建了房地产行政管理信息网络，建立了房地产管理基础信息数据库，应用房地产行政管理软件辅助业务管理。房地产行政管理软件基本包括了发布公开信息、建设用地管理、房地产项目管理、房地产市场管理、住房补贴管理、物业管理等功能，能够满足各级行政部门房地产行政管理业务正常运行的需求。

当前信息化技术领域出现了云计算、大数据、物联网、虚拟现实等新一代网络与科学计算技术，同时国家投入大量资金提升网络速度，为房地产行政管理信息化建设提供了新的技术支撑和运行环境。今后房地产行政管理信息化建设的重点应该是在当前房地产行政管理信息化建设现状的基础上，充分利用云计算、大数据、物联网、虚拟现实等新技术解决当前房地产行政管理信息化建设中存在的以下几个方面的问题：（1）构建云计算环境下的房地产行政管理系统，促进房地产行政管理上下级部门之间进一步加强数据共享与资源集成，真正实现上级对下级管控无障碍，下级对上级汇报无障碍；（2）利用云计算环境，

促进房地产行政管理部门与其他相关部门之间进一步加强数据共享与协同作业，真正实现跨部门业务衔接无障碍；（3）利用大数据分析技术等对多年积累的房地产数据进行深入挖掘，分析房地产经济与市场变化的规律，为房地产行政管理部门提供更加有力的决策支持；（4）利用虚拟现实技术、3D GIS 技术和物联网技术等构建三维房地产管理系统是一个重要的发展趋势，这也是当前我国智慧城市建设中的一个重要组成部分。

四、房地产行政管理信息化建设的目标

房地产行政管理信息化建设属于政府电子政务建设的范畴，因此其建设目标与其他类型的政府电子政务建设的目标基本一致，其建设目标概述如下。

（一）标准化

标准化是房地产行政管理信息化建设的基本要求和目标。由于房地产数据具有多来源、多类型的特点，因此需要对各种数据进行统一分类和编码，这是数据共享和系统集成的基础；需要对系统开发进行规范化，在系统开发中应该对系统设计、程序开发和项目管理规范化，这是各子系统集成和整合的基础。

（二）高效性

高效性是房地产行政管理信息化建设的最终目标。房地产行政管理信息化建设的目的是用企事业单位和大众用户提供快捷的信息服务，因此房地产行政管理信息系统响应的较高时效性是信息化建设的重要目标之一。一方面，通过数据共享和系统集成增强各级房地产行政管理部门之间作业的协调性以及房地产行政管理部门与其他部门之间作业的协调性，进而提高管理系统响应的时效性；另一方面，应用现代 3G 或 4G 通信技术建立移动的房地产行政管理系统是重要的发展趋势，房地产行政管理业务分管领导或责任人随时随地可以完成审批等操作，也可以提高管理系统响应的时效性和灵活性。

（三）自动化

自动化是房地产行政管理作业提高效率的有力手段，房地产行政管理业务流程处理的自动化水平是决定管理效率的关键因素。按照国家的相关规定和标准，建立规范的房地产行政管理业务流程是实现房地产行政管理业务自动化处理的前提。在此基础上，应用云计算技术、物联网技术、信息服务技术和网络通信技术等开发房地产行政管理系统，实现从用户业务申请到注册、审批、复核、发证等各个业务环节的辅助办公功能，从而提高业务处理的自动化水平，提高工作效率，而且能够减少因人为因素造成的影响。

（四）透明性

透明性是房地产行政管理政务公开的基本要求。当前各级房地产行政管理局已经根据

《中华人民共和国政府信息公开条例》编制了《国土资源和房屋管理局政府信息公开指南》，建立了信息分类和编排体系，在网站上及时公开了房地产行政管理相关业务的公众信息。另外，房地产行政管理办公区建立了视频监控系统，也加强了房地产行政管理办公的透明性，可有效地防止腐败现象的发生。

（五）稳定性

稳定性是房地产行政管理信息化建设正常运行的前提条件，稳定性和可靠属性是评价系统软件性能的重要指标。一般从以下几个方面提高系统软件的稳定性：（1）程序代码中添加错误处理语句，以避免系统运行中因为出现错误时导致系统崩溃；（2）根据编写代码规范对代码进行详细的审查，尽量减少出现 bug 的概率；（3）执行严格、规范的软件测试和试运行制度，尽量在系统软件正常运行之前发现问题。

（六）安全性

安全性是房地产行政管理信息化建设持续、健康运行的保障。为了保障房地产行政管理业务正常运行和服务职能的有效实现，需要为房地产行政管理电子政务网络建立完善的信息安全体系，在房地产行政管理信息化的建设中实施信息安全工程，包括信息系统安全管理体系、网络安全技术和运行体系、系统安全服务体系、安全风险管理体系。

第二节 房地产行政管理信息化建设内容

一、标准化体系建设

标准化体系建设是各行业信息化建设的基础建设任务，只有建立了完善的标准化体系，房地产行政管理信息化建设才有规范和标准依据。目前国内房地产行政管理信息化建设还不完善，还没有形成统一的标准体系，本节在参考相关文献和相关行业的信息化标准体系的基础上，初步总结了房地产行政管理信息化建设的标准化体系的框架。

（一）标准化体系建设的意义

标准化体系建设是信息化建设的重要内容，也是信息化建设的基础和保障，是保证信息系统互通、互连、互操作的前提，是实现信息资源共享与协同的基础。只有通过统一技术要求、业务要求和管理要求等标准化手段，才可以保障信息化建设有章可循，有法可依，形成一个有机的整体，避免盲目和重复，降低成本，提高效益，从而规范和促进信息化建设有序、高效、快速和健康地发展。一套科学合理的信息化标准化体系是实施信息化建设的重要保证，做好标准化体系建设这项工作，对加快信息化建设进程起到事半功倍的作用。

房地产行政管理业务中涉及的人员类型较多，数据来源多样，业务流程繁杂，因此需要建立完善的标准化体系对房地产行政管理信息化建设进行标准化和规范化，只有实现标准化和规范化才能保证其持续健康地发展。但目前国内还没有统一完善的房地产行政管理信息化标准化体系，仅仅存在房地产交易和权属登记管理规范、房地产估价技术标准、房屋测量技术标准等，需要参考国内相关的标准和规范以及国外房地产行政管理信息化标准化体系的内容，健全和完善我国房地产行政管理信息化标准化体系。

（二）标准化体系建设的目的

1．规范房地产行政管理业务流程

房地产行政管理业务涉及职能部门较多，存在上下级部门垂直管理和平级部门协调作业等问题，同时业务流程中的环节比较繁杂，通过标准化体系建设可以规范房地产行政管理业务流程，形成用户注册、项目申请、资格审查、项目审批、发放证件等一系列规范的业务，办理业务的用户可以根据网站公布的规范业务流程自主地办理各项业务，实时地查看业务进展情况，管理人员可以实时查看当前需要自己处理的事务等。

2．规范房地产行政管理信息化建设内容

房地产行政管理信息化建设内容标准化是标准化体系中的核心部分，涉及房地产行政管理中所有业务内容的标准化，从管理系统建设过程的角度讲包括与房地产行政管理中主体和客体相关的数据标准化、房地产行政管理系统软件建设标准化、系统运行与维护标准化等内容。数据标准化是数据共享的前提，系统软件建设标准化是系统集成、交换接口互通的基础，系统运维标准化是信息化建设得以稳健实施的保障。

3．提高房地产行政管理自动化水平

房地产行政管理标准化体系建设可有效地提高房地产行政管理业务自动化水平，房地产行政管理业务流程标准化为业务自动化处理提供了框架，可以减少由于人为因素造成业务处理进程滞后的概率。房地产行政管理系统软件建设标准化是提高房地产行政管理自动化水平的关键，应用计算机信息处理、统计分析、智能识别等技术，可以实现房地产行政管理中资料上传和下载、用户身份和证件有效性验证、网络审批与签名、证件打印、统计分析等各个业务环节的自动化处理，减少人工干预，提高工作效率。

4．促进房地产行政管理法制化

房地产行政管理信息化建设必须以相关法律建设为基础，房地产行政管理法制化建设可为房地产行政管理营造良好的信息化运转和发展环境。而一些房地产行政管理法律或法规中细则和条例的制定需要以房地产行政管理信息化建设标准化体系为依据，以法律的形式规范房地产行政管理部门和职员的作业行为，使房地产行政管理业务处理有法可依，可有效地防止违法作业、以权谋私等情况的发生。

（三）标准化体系建设的原则

在房地产行政管理标准化体系建设中，需要有明确的方向和规范的过程，必须确立相

应的原则来指导建设过程。借鉴国外相关标准化体系建设的成功经验，参考国内已有相关标准化体系的建设情况，建议房地产行政管理标准化体系建设遵循以下几项基本原则。

1．科学性原则

科学性是房地产行政管理信息化建设的标准化体系建设的基本原则，要求标准化体系的框架结构合理、内容完备、技术先进，这是应用系统和技术系统安全、可靠、稳定运行的根本保障。

2．完整性原则

房地产行政管理业务涉及职能部门较多，业务环节较多，因此标准化体系中的内容较多，在标准化体系设计时，需要自顶向下、分层次设计，在统一框架下尽可能考虑到各个方面，逐步建成完整的标准规范体系。

3．一致性原则

房地产行政管理信息化建设是国家信息化建设的一部分，因此房地产行政管理信息化建设的标准化体系建设就与国家信息化建设中的标准化体系相一致，应遵守国家指令性标准，尽量采用现有国际、国家、行业成熟、较广泛使用的技术标准和规范，应与国际、国家及行业的相关标准化体系和规范相一致。

4．适用性原则

标准化体系是房地产行政管理信息化建设的依据和准绳，因此标准化体系内容要紧密结合地产行政管理业务的详细内容，保证制定的标准和规范具有适用性、可操作性、可执行性和可考核性。

5．集成性原则

房地产行政管理业务涉及住房保障和房地产管理局的职能部门、城市规划局的相关部门、国土资源局的相关部门等，因此房地产行政管理信息化建设的标准化体系应与相关部门的标准化体系相集成，引导房地产行政管理系统与其他部门的系统相集成，数据相互共享。

6．可持续性原则

随着时代的发展，房地产行政管理业务在不断地发展和调整，信息化建设的技术也在不断地革新，因此标准化体系建设要适应房地产行政管理业务发展和技术革新的需要，持续不断地进行调整和更新，具有良好的可持续性。

（四）标准化体系建设的框架

1．标准化体系的信息技术框架

随着我国房地产业的发展，国家机构和房地产行业已逐步建立房地产行业的一些标准和规范，如中华人民共和国城市房地产管理法、房地产业基本术语标准、房地产估价规范、房地产市场信息系统技术规范、房地产登记技术规程、房产测量规范等，但还没有形成统一、完善的标准化体系，房地产行政管理方面也同样有待于建立标准化体系。

由于标准化体系涉及内容较多，限于篇幅，本书仅讲述房地产行政管理信息化建设中标准化体系建设的框架内容，具体内容可以参阅相关的国家标准和行业标准。标准化体系框架结构的划分也是一项非常复杂和难于界定的建设内容，它可以从信息技术自身的属性来划分，也可以从行业应用的角度来划分。从信息技术的角度讲，依据国家信息化标准化体系框架的内容，房地产行政管理信息化建设的标准化体系框架也包括六大要素：房地产行政管理信息技术基础标准体系、房地产行政管理信息资源标准体系、房地产行政管理网络基础设施标准体系、房地产行政管理信息安全标准体系、房地产行政管理应用标准体系、房地产行政管理标准体系。

2．标准化体系的行业应用框架

根据房地产行政管理相关标准和规范，参考国内外相关资料，房地产行政管理信息化标准化体系，从房地产行政管理行业应用的角度讲，主要内容可总结为数据分类与编码标准化体系、指标体系标准化体系、管理系统标准化体系、数据交换与互操作接口标准化体系几个方面的内容。

从系统功能模块的角度讲，房地产行政管理应用系统信息化标准体系包括房地产行政管理业务信息化标准体系、房地产项目管理信息化标准体系、房地产市场管理信息化标准体系、房地产产权产籍管理信息化标准体系、房地产开发商管理信息化标准体系、住房公积金管理信息化标准、房地产评估公司管理信息化标准体系、房地产中介管理信息化标准体系、物业公司管理信息化标准体系等，其中每个标准体系包括前面的数据分类与编码标准、指标标准、系统设计标准、程序开发标准和项目管理标准和信息交换互操作接口标准化等相关内容的标准。房地产行政管理行业应用标准化体系的框架结构初步设计如图 9-1 所示。

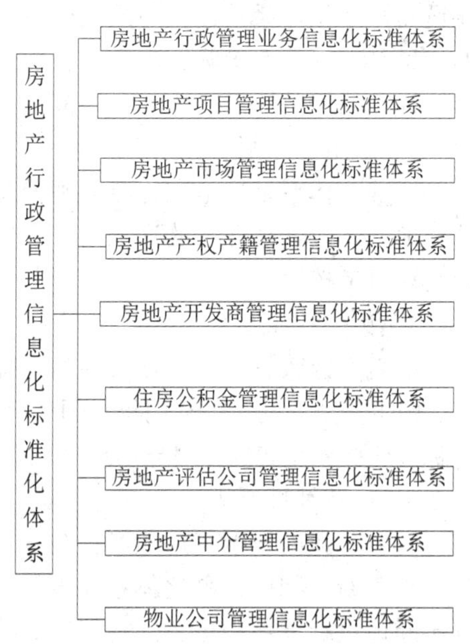

图 9-1　房地产行政管理信息化标准化体系

二、房地产行政管理信息化硬件基础设施建设

硬件基础设施是信息化建设的底层支撑，随着现代信息技术的发展，房地产行政管理信息化的硬件基础设施建设也在不断地更新换代。本节概述网络环境设施建设、服务器架构搭建、存储设备配置和辅助设施配置等方面的建设内容。

（一）网络环境设施建设

网络环境是房地产行政管理信息化建设的重要基础设施，当前我国政府正投入大量资金提升各种网络的速度和稳定性，为现代房地产行政管理信息化建设奠定了良好的基础。

现代房地产行政管理信息化建设中所需网络的类型包括云网络、物联网、无线通信网络等几种类型，这几种类型的网络往往结合使用，形成完整的网络环境体系。

（二）服务器架构搭建

服务器是现代房地产行政管理系统中的核心设施，要求具有高度的灵活性、可靠性和可维护性，具有良好的备份和恢复机制。从逻辑上服务器一般可以分为数据层服务器、应用层服务器和网络层服务器三层结构，数据层服务器主要用于存储、管理和检索房地产行政管理业务中的所有数据，应用层服务器用于运行房地产行政管理系统，网络层服务器负责与客户端进行身份认证和交互、协调访问应用层服务器。

在云计算环境中这三层服务器统一由云计算环境中的基础设施层来管理，应用政府云平台搭建现代房地产行政管理服务器体系是重要的发展趋势。在实际的房地产行政管理信息化建设中，可借助地方政府搭建的政府云计算中心，调用政府云计算中心的服务器资源搭建数据层服务器、应用层服务器和网络层服务器三层服务器架构。

（三）存储设备配置

网络存储出现之前的应用系统大多采用用户端和服务器所带硬盘作为业务数据的存储设备，但随着房地产业的发展和房地产行政管理业务的拓展，目前已经积累了海量的房地产数据，这种传统的存储方式已不能满足现代房地产信息化建设的需要，逐渐被网络存储模式所取代。

云存储是网络存储的最重要存储方式，它是云计算的一个组成部分，是指通过集群、分布式文件系统以及网格计算的技术，将不同类型的存储设备整合起来，统一为外界提供可靠存储服务的一项技术，同时提供了对存储系统监控管理的功能。云存储平台可以为房地产行政管理应用系统提供虚拟化的存储空间，可保证应用系统具有充足的数据保存空间，同时云存储为业务数据库提供自动的多镜像备份，保证数据的安全性，减少灾难性的事故发生的概率。

（四）辅助设施配置

现代房地产行政管理信息化中涉及的辅助设施主要包括身份证读取器、视频摄像机、扫描仪、绘图仪、打印机、POS 机等，用于在房地产行政管理业务中完成信息采集、公务监控、证件和票据打印输出等任务。

三、房地产行政管理信息化应用系统建设

房地产行政管理应用系统是信息化建设中的核心内容，应用系统建设的质量直接影响

房地产行政管理业务的效率。本节从软件工程与项目管理的角度，重点讲解房地产行政管理应用系统建设的基本理论内容，涉及房地产行政管理应用系统建设中的系统分析、系统功能设计、实现方法等具体的细节内容在第三节房地产行政管理原型系统实例中讲解。

（一）系统分析

系统分析是房地产行政管理应用系统建设中的最初阶段，也是非常关键的环节，系统分析的好坏直接影响系统建设成效的优劣，因此需要投入人力进行深入的调研，为系统建设打下良好基础。它系统分析的主要任务是通过与房地产行政管理职能部门和业务人员进行深入的交流与调研，彻底搞清用户的业务流程、服务对象、作业内容、系统建设的目标和技术要求等，然后根据具体系统的建设任务和内容，以及当前的技术现状，进行系统建设的可行性分析，在此基础上，提出应用系统的建设方案，并完成系统分析报告。系统分析阶段的主要任务包括可行性分析、系统详细调查与需求分析和编制建议方案等内容。

1．可行性分析

可行性分析是从技术条件、资源条件、经济条件、行政需求和人员专业技能等各方面对应用系统建设的可实施性和可操作性进行宏观的分析，在对现有的房地产行政管理应用系统运行情况和实际业务进行初步调查分析的基础上，对应用系统建设的预计成效进行初步的估计。可行性分析需要进行初步调查，一般需要由经验丰富的工程项目管理员、业务系统分析员、程序设计开发员等方面的领导和骨干组成调查小组，负责对现有应用系统运行情况和管理业务现状进行交流与调查，并对调查结果进行梳理与总结，形成应用系统建设可行性报告，阐明可实施性和可操作性论点与论据。

2．系统详细调查与需求分析

系统详细调查与需求分析是在初步调查与可行性分析的基础上，理清楚房地产行政管理的业务流程，涉及的用户类型，每类用户需要解决的问题，系统中数据的处理流程，其作用在于为逻辑模型设计打下良好的基础。系统详细调查比初步调查目标更明确，内容更具体，调查人员直接与业务操作人员更加充分地交流，对业务中的问题进行更加透彻的分析和研究，搜集程序设计与开发所需的数据。

详细调查的原则包括客观性、系统化、规范化和启发性等原则；详细调查的步骤主要包括调查前准备、确定调查对象和实施调查三个过程；详细调查的内容既包括对业务操作现状和现有系统运行现状进行调查等方面的定性调查内容和部门组织结构与职能的调查、用户类型调查、业务流程的调查、业务特点调查等方面的定量调查内容；详细调查的方法主要包括会议调查、问卷调查、访问调查等形式。

详细调查结束后需撰写需求分析报告，依据调查资料对调查情况进行总结与分析，并对系统建设提出必要的建议。需求分析报告的内容主要包括现状分析、业务与功能需求分析、数据需求分析和系统规模评估。

3．编制建议方案

通过上述初步调查和详细调查过程，系统分析人员对房地产行政管理业务现状和现行管理系统的运行现状、需要问题等有了深入的了解，接下来就应该编制应用系统建设的建议方案。建议方案是系统分析中的最后一步，非常重要的步骤，因为建议方案是指导后面的系统设计与开发的框架。应用系统建设的建议方案主要包括系统建设的目标、系统建设的规模、系统流程与功能、系统建设的技术方案、基础设施的配置、系统建设的成效与风险的评估等几个方面的内容。

（二）系统设计

系统设计是根据系统分析阶段的系统建设目标、系统拟解决的问题、系统功能框架对系统的功能进行设计，包括系统总体设计和详细设计。系统分析是明确“为什么干和干什么”的问题，系统设计与开发则是解决“怎样去干”的问题，系统设计的任务是将分析阶段的需求分析内容和建议方案，转换成一个具体的计算机实现方案。系统设计的结果是系统开发与实现的蓝图，需要深入细致地进行设计。

系统设计的好坏直接影响系统建设成效的优劣，为了使所应用系统达到预期目标、具有较强生命力，系统设计应用遵循简洁性、稳定性、一致性和完整性、灵活性和节约性等几个基本原则。

随着信息技术的发展，形成了几种常用的系统设计方法，从所描述的要素角度可分为面向数据流的系统设计方法、面向数据结构的系统设计方法、面向对象的系统设计方法、面向服务的系统设计方法等，在当前系统设计的过程中这些设计方法往往结合使用。

系统设计分为总体设计和详细设计两大阶段，总体设计的任务是设计系统的架构（包括技术框架、基础设施结构等）和功能模块结构等，详细设计的任务是设计每个子系统的各模块的具体功能，包括数据库设计、界面设计、功能设计、接口设计、算法程序设计和代码设计等。

（三）系统开发

通过系统总体设计和详细设计，对应用系统的建设框架、功能细节、算法流程等内容都已非常清楚，接下来可以根据这些内容进行系统软件开发，实现各模块中的功能。系统开发的首要任务是根据系统架构设计确定程序开发的技术、开发语言、搭建开发环境，然后进行程序设计、编写代码，再进行程序调试与纠错，最后打包或发布程序。

1．系统开发模型

系统开发模型是指软件开发全部过程、活动和任务的结构框架，它能清晰、直观地表达系统开发全过程，明确规定了要完成的主要活动和任务，是工程项目开展工作的基础。系统开发模型有多种，如边做边改模型、瀑布模型、快速原型模型、增量模型、螺旋模型、演化模型、喷泉模型、智能模型、混合模型、RAD 模型等。

2．程序开发技术

随着计算机程序设计的发展，形成了许多程序开发技术，一些当前常用的程序开发技术可应用于房地产行政管理系统中，创建高效的应用程序和房地产行政管理系统开发相关的典型程序开发技术包括数据库开发技术、面向对象的编程技术、组件开发技术、Web 服务开发技术、AJAX 开发技术、API 开发技术、移动程序开发技术等。

3．程序设计

程序设计是用计算机语言设计解决特定问题程序的过程，即把详细设计的内容转换成某种编程语言编写的程序的过程，它是系统建设中重要的环节，一般包括问题分析、算法设计、编写代码、程序调试、系统测试等不同阶段，这个过程主要由专业的程序员来完成。

4．程序调试

程序调试过程是消除或修正程序中错误的过程，程序中的错误可分为编辑语法错误、运行时异常错误和运算逻辑错误三大类，编辑语法错误容易消除，但运行时异常错误和运算逻辑错误只有程序运行时才可能通过调试发现，因此对程序进行调试是必不可少的，是保证系统质量的关键步骤。程序调试的方法包括静态调试和动态调试两种。

5．系统测试

系统测试的重点任务是检测系统与实际作业符合情况、系统的实用性、稳定性、可靠性和运行效率等，因此系统测试的关键是“真实”和全面。目前系统测试一般分两种情况进行：一是由系统开发单位的系统测试员与用户一起对系统进行全面测试；二是委托软件测试机构对系统进行测试，并提供测试报告。

（四）系统运行与维护

在系统正式运行之前最少需要两个月的试运行时间，在这期间系统开发单位需要向用户提供系统开发文档，对用户进行系统操作与维护培训，然后进入系统正常运行与维护阶段。系统运行与维护阶段主要包括撰写系统开发文档、系统部署、用户培训、系统试运行和系统运行与维护等内容。

四、房地产行政管理信息化的运维机制建设

依据《信息技术服务运行维护 GB/T 28827.1～3—2012》《2006—2020 年国家信息化发展战略》《2011—2015 年建筑业信息化发展纲要》等相关规定和标准，建立完善的信息化管理与运行机制是房地产行政管理信息化建设持续、健康发展的重要保障，主要包括制度体系建设、组织机构建设、运维机制建设等几个方面的内容。

（一）制度体系建设

制度是房地产行政管理信息化建设规范化的准绳，只有建立完善的信息化建设制度体

系，才能在实际操作中有依据。房地产行政管理信息化建设制度体系包括管理部门及人员职责明确制度、网络管理、维护与安全制度、数据库管理与维护制度、管理系统运行与维护制度、信息保密、公开与发布制度、作业流程记录与追溯制度、信息化建设培训与咨询制度、设备管理制度等多方面的内容。

（二）组织机构建设

随着房地产行政管理信息化建设的发展，需要建立健全的信息化建设组织机构，有组织、按计划进行，同时也对业务管理人员提出了更高的要求，既要具备房地产管理的相关知识，又要掌握现代信息技术。房地产行政管理信息化组织机构建设包括组织机构的设立和管理部门及人员职责的划分两部分内容。房地产行政管理信息化组织机构一般包括信息化建设委员会、信息化评审组（团）、信息化建设办公室、信息化实施部门等相关的机构。

（三）运维机制建设

房地产行政管理信息化建设的运维机制建设是信息化建设长期稳定运行的保障，涉及运维工作保障机制建设和管理业务系统运维两部分内容。运维工作保障机制包括建立运维岗责体系、明确运维人员工作责任、建立运维反馈制度等。管理业务系统运维包括信息化基础设施运维、业务系统运维和信息资源共享运维三个方面的内容。

第三节　房地产行政管理原型系统实例

房地产行政管理系统是一个非常庞大的政府电子政务和电子商务结合的综合应用系统，需要投资大量的人力、物力和财力才能建设起来。由于人力、物力和财力等各方面的限制，本书在参考相关资料的基础上，只对原型系统进行了简单的设计与开发，目的是让读者了解房地产行政管理系统主要各功能模块的业务需求，以及系统设计与实现的过程与方法，以期起到抛砖引玉的作用。

一、原型系统概述

（一）系统简介

1．系统框架结构

房地产行政管理原型系统是采用基于 SOA 的架构构建的 B/S 结构的 Web 应用系统，该系统从逻辑上分为三个层次：第一层是数据层，在数据库服务器中安装 SQLServer 数据库，存储原型系统中使用的统计数据和图形数据；第二层是逻辑层，在应用系统服务器中发布并运行房地产行政管理原型系统和原型系统中使用的各种 Web 服务；第三层是应用层，是通过广域网络访问原型系统的浏览器客户端，支持 IE、360、火狐等多种浏览器，在客户端既能显示图表，也能显示和浏览三维场景、对小区和楼房进行查询和定位等。原型系统的框架结构如图 9-2 所示。

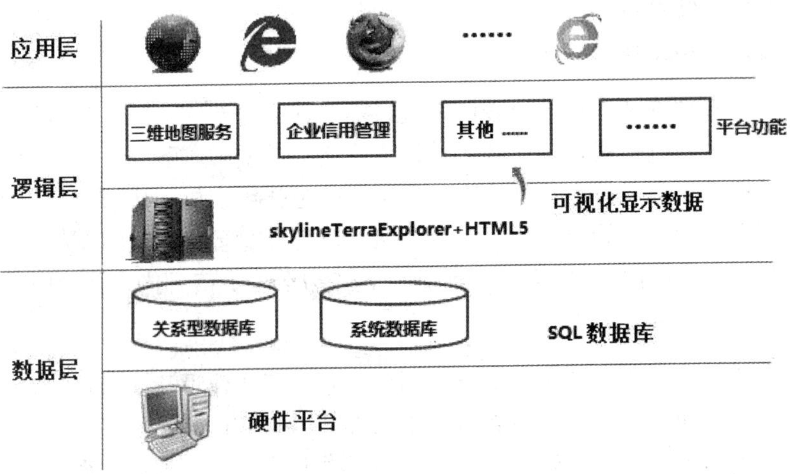

图 9-2　原型系统的框架结构

2．系统功能结构

房地产行政管理应用系统涉及房地产管理局中的工程管理中心、行业规划中心、市场管理中心、征收管理中心、住房建设中心、拆除管理中心、房屋办证交易中心、集镇建设发展中心、市保障性住房建设发展中心、物业专项维修资金管理中心、房地产管理局产权产籍管理中心等十多个主要的职能部门，应用系统要为这些职能部门提供辅助办公的功能，所以应用系统根据业务需要划分为一些子系统或功能模块，服务于对应部门的业务职能。

房地产行政管理原型系统根据房地产管理局中部门职能划分，设计了用户指南模块、开发商企业管理模块、开发项目管理模块、交易市场管理模块、产权产籍管理模块、房屋征收管理模块、房地产中介管理模块、物业公司管理模块、住房公积金管理模块、住房保障管理模块、网上签约模块和三维房地产地图子系统，每个模块开发实现了基本的功能，本节第二至第十一部分对每个模块中的业务流程、系统设计与实现方法进行简要的讲解。房地产行政管理原型系统结构框架如图 9-3 所示。

（二）关键技术

为提高系统跨平台性能和丰富用户体验，有效支持三维场景的显示与操作，原型系统采用富网络应用程序 RIA（Rich Internet Applications）开发模式，在 HTML5 页面中嵌入 TerraExplorer 三维开发组件、调用 JavaScript 脚本函数和 WebService 服务，使场景显示和一些计算功能在客户端运行，减轻服务器端的负担。

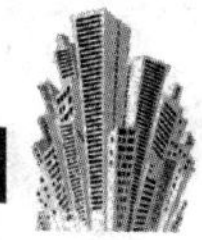

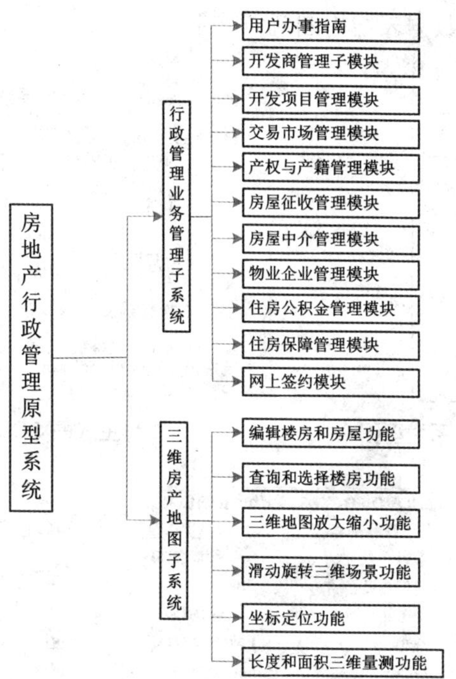

图 9-3 原型系统的功能结构

原型系统综合应用了数据库开发技术、面向对象编程技术、组件开发技术、AJAX 技术、WebService 服务开发技术、JavaScript 编程技术和三维编程技术等，其中数据库开发技术、面向对象编程技术、组件开发技术、AJAX 技术、WebService 服务开发技术等在本章第四节已经对其原理与特点进行了概述，在此不再赘述。下面概述原型程序中用到的 HTML5、JavaScript 编程技术、TerraExplorer 三维开发技术。

（三）实现方法

由于篇幅限制，现对系统设计与实现的主要方法简要地进行讲述，在每个功能模块中不再讲述具体的实现方法。

1．系统设计方法

（1）界面设计的方法。原型系统中采用现代的页面设计语言 HTML5 进行系统页面设计，HTML5 提供了一些新的 Canvas 等标签，具有强大的媒体操作功能，可以方便地实现业务图的设计和控制，用不同色彩代表不同的状态，各模块页面设计的效果如本节后续内容所示。

（2）数据库设计的方法。应用 Visio 2010 工具，根据 E-R 模型创建了逻辑关系模型图，并将逻辑关系模型转换成 SQL 脚本，系统用户的逻辑关系模型图、SQL 脚本和由 SQL 脚本创建的 SQLSERVER 数据表结构如图 9-4 所示，限于篇幅，其他表的逻辑关系模型图、

SQL 脚本和 SQLSERVER 数据表结构图就省略了。

系统用户	
PK	编码
	用户姓名 身份证号码 性别 年龄 民族 用户类型 工作部门编码 业务编码

（a）系统用户表逻辑关系模型图

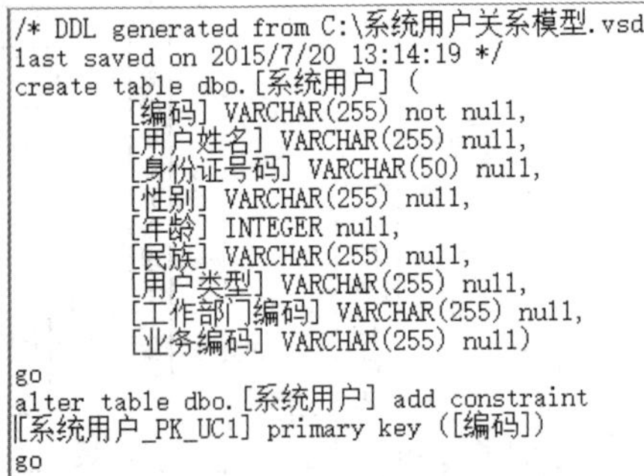

```
/* DDL generated from C:\系统用户关系模型.vsd
last saved on 2015/7/20 13:14:19 */
create table dbo.[系统用户] (
        [编码] VARCHAR(255) not null,
        [用户姓名] VARCHAR(255) null,
        [身份证号码] VARCHAR(50) null,
        [性别] VARCHAR(255) null,
        [年龄] INTEGER null,
        [民族] VARCHAR(255) null,
        [用户类型] VARCHAR(255) null,
        [工作部门编码] VARCHAR(255) null,
        [业务编码] VARCHAR(255) null)
go
alter table dbo.[系统用户] add constraint
[系统用户_PK_UC1] primary key ([编码])
go
```

（b）生成的 SQL 脚本

LENOVO.FDCXZGL - dbo.系统用户*

	列名	数据类型	允许 Null 值
🔑	编码	nvarchar(255)	☐
	用户姓名	nvarchar(255)	☑
	身份证号码	nvarchar(50)	☑
	性别	nvarchar(255)	☑
	年龄	int	☑
	民族	nvarchar(255)	☑
	用户类型	nvarchar(255)	☑
	工作部门编码	nvarchar(255)	☑
	业务编码	nvarchar(255)	☑
▶	系统角色	nvarchar(255)	☑

（c）由 SQL 脚本创建的系统用户表结构

图 9-4　用户办事指南子系统中数据库逻辑设计图

2．系统功能实现方法

（1）数据库访问的方法。访问数据库是本系统的基本功能，在各个功能模块都用到此项功能。在各功能页面中使用 AJAX 方法，应用 C#语言调用 ADO.NET 组件模型编写的用于访问数据库的 WebService 信息服务，实现数据库中数据的查询、添加、编辑和删除等功能。

（2）通信与交互功能的实现方法。在房地产行政管理系统中邮件通信及手机短信交互是必要的交互方式，便于公文的传输和消息的发布。原型系统应用简单邮件传输协议（SMTP）实现邮件发送功能，应用手机短信操作的 API 实现向用户手机发送信息的功能。

（3）证书认证的实现方法。在房地产行政管理系统中各种证书的认证与存储是重要的业务功能，原型系统中实现了证书原件现场扫描和在线查询证书编号的功能；并在数据库中应用二进制块存储了证书扫描件，同时应用 FTP 协议实现各种证书扫描件上传到服务器端中进行备份。

（4）三维场景的生成方法。本书实例三维场景应用 SkyLine 公司的 TerraBuilder 软件将某小区的 DEM 数据和背景影像数据合成了三维地形 MPT 文件；应用 3D Max 软件创建了高层楼房的三维模型和别墅的三维模型；应用 TerraExplorer Pro 软件把三维场景和三维模型集成为小区三维场景，创建了房屋标签对象，保存为三维场景 Fly 文件；应用 TerraExplorer Pro 组件模型开发了三维房地产地图子系统的原形系统。

（5）三维房产信息查询与定位的实现方法。在 HTML5 页面中嵌入 TerraExplorer Pro 控件 TE3DWindow 和 TEInfomationWindow 等，用于显示三维场景和资源信息树，通过编程接口 API 可以获得每个地物对象的 OjbectID 编码，这个编码在整个三维场景中是唯一的，在创建时写入到小区信息表、楼栋信息表和房屋信息表中，把三维地物与数据库中的属性信息关联起来，实现三维场景中信息查询的功能。

通过查询结果获得地物对象的 OjbectID 或应用编程接口 API 可以通过三维场景资源树获得地物对象的 OjbectID，然后调用 API 定位函数实现地物定位的功能。

同样地，调用编程接口 API 的三维场景浏览的函数实现漫游、缩放、变换视角等各种功能。

调用编程接口 API 的三维场景浏览的函数实现添加三维模型、量测面积、长度和高度、房屋光照时间等各种辅助功能。

二、用户办事指南模块

（一）系统用户注册

系统用户通过注册界面填写用户信息，提交后存储到系统用户信息表中。管理员登录系统后提示需要对用户进行审核，管理员审核通过后，用户注册成功，并发邮件通知。

（二）用户登录

用户通过登录界面填写用户名、密码、用户类型和验证码信息，提交后在系统用户信息表中查询对比用户信息，若信息正确则登录成功，并根据用户类型跳转到系统主界面。若登录 5 次不成功后避免当日再次登录，用户可以申请获得密码，并通过邮箱或手机号接收密码。

（三）查看部门及人员信息

用户通过查看部门界面点击相关部门，查看其职能、人员等相关的信息。

（四）查看业务流程及当前业务进展

用户通过查看业务流程界面点击相关业务，查看业务流程、流程中的每个环节的信息。用户登录后在当前业务列表中显示用户当前正在办理的业务，点击当前业务可以查看业务进展情况、留言信息等。

用户办事指南模块中房屋征收与补偿管理的处理流程与相关信息显示效果如图 9-5 所示，限于篇幅，该模块中其他页面的设计与实现效果不再列出。

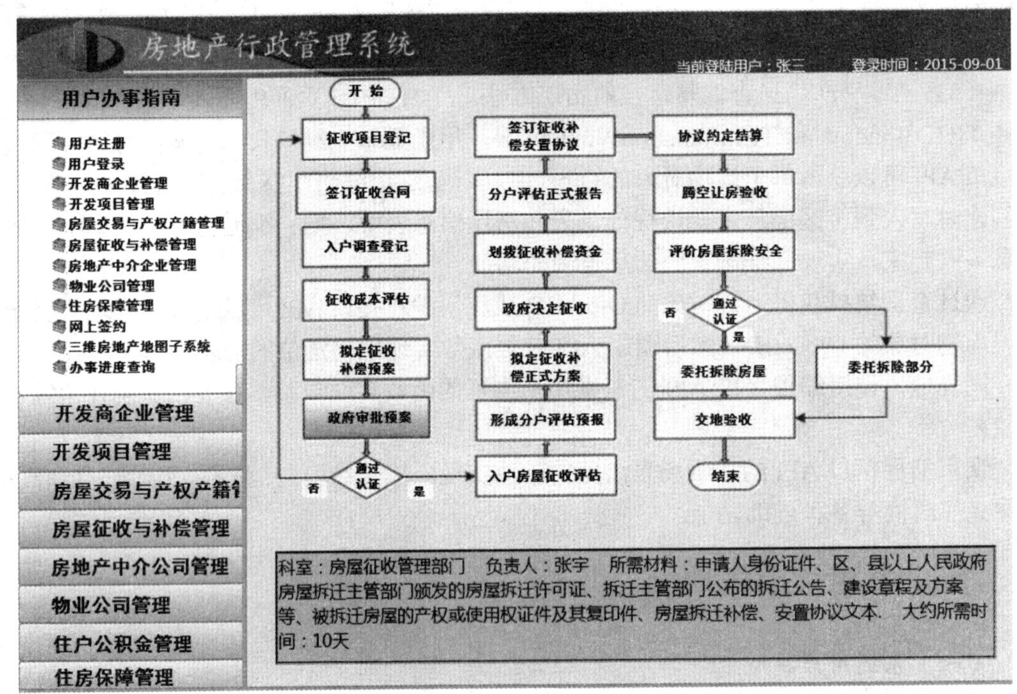

图 9-5　房屋征收与补偿管理的处理流程及相关信息查看

三、开发商企业管理模块

（一）开发商企业信息管理

开发商企业用户通过开发商企业注册界面填写开发商企业的详细信息，提交注册申请，并提交必要的材料，提交后存储到开发商企业当前信息表中，职能人员按照《房地产开发企业资质管理规定》等国家相关标准和规范审核信息及相关材料，审核通过后对开发商企业进行注册并颁发登记证件。

类似地，开发商企业用户通过开发商企业变更界面填写开发商企业的详细信息，提交变更申请，并提交必要的材料，提交后存储到开发商企业变更临时信息表中，职能人员审核信息及相关材料，审核通过后对开发商企业进行变更操作，即原来的开发商信息从开发商企业当前信息表中转移到开发商企业变更信息表中，开发商企业变更临时信息表中的信息转移到开发商企业当前信息表中，并颁发变更证件。

开发商企业用户通过开发商企业注销界面提交注销申请，并提交必要的材料，提交后职能人员审核企业信息及相关材料，审核通过后对开发商企业进行注销操作，在开发商企业注销表中记录注销信息，并收回证件。

（二）开发商企业信息查询

用户通开发商企业信息查询界面填写查询条件，提交后在数据库中查询开发商企业信息。

（三）开发商企业评价

用户通过开发商企业评价界面输入各种评价信息，提交后系统在后台重新计算该企业的评价分数和等级。

开发商企业注册页面设计与功能实现的效果如图 9-6 所示，限于篇幅，该模块中其他页面的设计与实现效果不再列出。

房地产行政管理系统

当前登陆用户：张三　登录时间：2015-09-01

用户办事指南
开发商企业管理
开发商企业信息管理
开发商企业信息查询
开发商企业评价
开发项目管理
房屋交易与产权产籍管理
房屋征收与补偿管理
房地产中介公司管理
物业公司管理
住房公积金管理
住房保障管理
网上签约
三维房产地图子系统

开发商企业注册（提交相关材料给工作人员并且审核通过后才可以进行注册）：

企业全称：	XXXX房地产开发公司		
法定代表人：	张三	联系电话：	16756543356
销售经理：	李四	联系电话：	18347898897
联系人：	王五	联系电话：	15127998889
办公所在地址：	XX省XX市XX区XX路123号	开发项目地址：	XX省XX市XX区XX大街
组织机构代码：	1218738178	法人营业执照注册号：	13237167
注册资本总额：	76万	税务登记证号：	738127
登记注册类型：	有限公司	经营范围：	房地产开发与经营
工商注册成立日期：	1999-12-28	营业执照到期日期：	2016-3-12
企业网址或电子信箱：	1738273@163.com		
企业简介：	XXXXXXXXXXX		

立即注册

图 9-6　开发商企业注册页面

四、开发项目管理模块

（一）项目申请

开发商用户通过项目申请页面填写提出项目申请，填写开发商信息和项目信息，提交后存储到项目登记信息表中。通过网上提交材料页面将《国有土地划拨决定书》《建设用地批准书》等证书的扫描件上传到服务器。

（二）项目审核与登记

用户通过材料审查页面查看待审核的项目信息，对开发商上传的证书进行真伪鉴别，对于有问题的项目删除项目登记信息，并说明原因；对于没有问题的项目，填写审核信息，并通知开发商带证书原件办理登记手续。

（三）商品房预售管理

房地产开发商用户通过提供商品房预售方案页面提交《商品房预售方案》，房地产行政管理人员下载《商品房预售方案》进行审核，审核通过后打印《土地使用证》和《商品房预售许可证》，并登记开发项目的所有信息。

开发项目信息查询页面与功能实现的效果如图 9-7 所示，限于篇幅，该模块中其他页面的设计与实现效果不再列出。

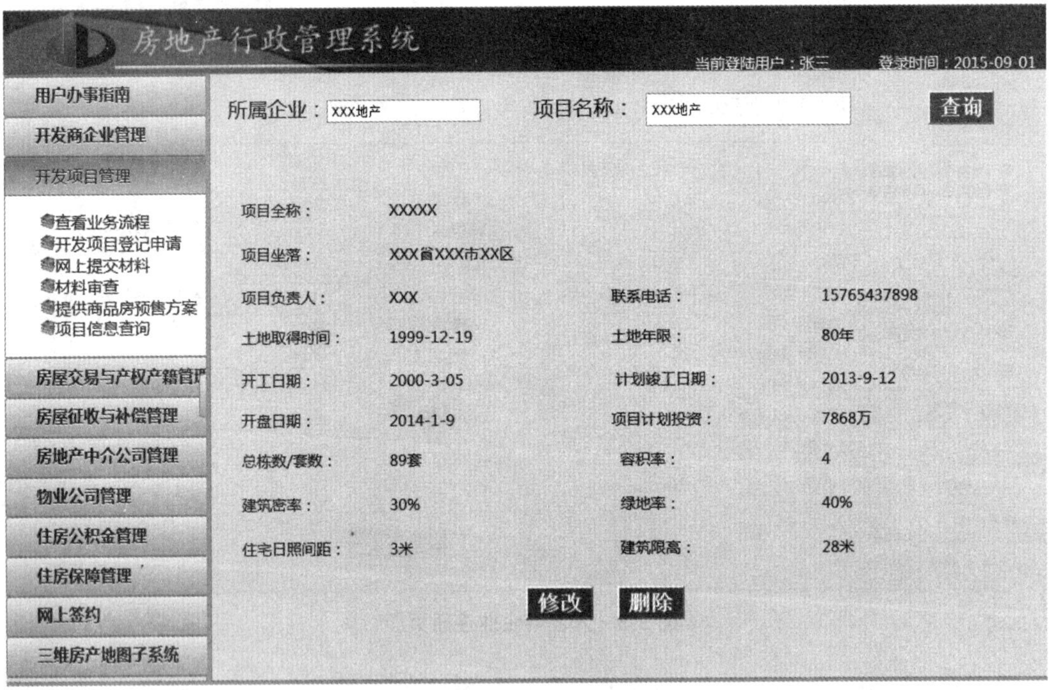

房地产行政管理系统
当前登陆用户：张三　登录时间：2015-09-01

用户办事指南
开发商企业管理
开发项目管理
查看业务流程
开发项目登记申请
网上提交材料
材料审查
提供商品房预售方案
项目信息查询
房屋交易与产权产籍管理
房屋征收与补偿管理
房地产中介公司管理
物业公司管理
住房公积金管理
住房保障管理
网上签约
三维房产地图子系统

所属企业：XXX地产　项目名称：XXX地产　查询

项目全称：	XXXXX		
项目坐落：	XXX省XXX市XX区		
项目负责人：	XXX	联系电话：	15765437898
土地取得时间：	1999-12-19	土地年限：	80年
开工日期：	2000-3-05	计划竣工日期：	2013-9-12
开盘日期：	2014-1-9	项目计划投资：	7868万
总栋数/套数：	89套	容积率：	4
建筑密率：	30%	绿地率：	40%
住宅日照间距：	3米	建筑限高：	28米

修改　删除

图 9-7　开发项目信息查询页面

五、房屋交易与产权产籍管理模块

（一）初始登记

商品房购买用户（或委托开发商用户）通过初始登记页面填写申请者信息和商品房信

息，通过提交材料页面提交《初始登记户明细表》《商品房预售许可证》《土地使用权证》等相关材料，行政职能人员通过材料审核页面对提交的材料进行审核和审批，核实商品房的详细信息后，保存商品房产权产籍信息，并打印《房屋产权证》。

（二）变更登记

用户通过变更登记页面填写产权变更信息，通过提交材料页面提交《房屋产权证》等相关材料，行政职能人员通过材料审核页面对提交的材料进行审核和审批，审批通过后保存更新信息，并重新打印房屋产权证。

（三）转移登记

用户通过转移登记页面填写产权转移信息，通过提交材料页面提交《房屋产权证》等相关材料，行政职能人员通过材料审核页面对提交的材料进行审核和审批，审批通过后保存转移信息，并重新打印房屋产权证。

（四）抵押登记

用户通过转移登记页面填写产权转移信息，通过提交材料页面提交《房屋产权证》和抵押证明等相关材料，行政职能人员通过材料审核页面对提交的材料进行审核和审批，审批通过后保存抵押信息，打印《房屋抵押许可证》。

（五）查封登记

司法机关用户通过查封登记页面填写产权查封信息，通过提交材料页面提交《协助执行通知书》及附带的法律文书等相关材料，行政职能人员通过材料审核页面进行审核和审批，审批通过后保存查封信息，在网上公示查封信息。

（六）注销登记

个人用户通过注销登记页面填写产权注销信息，通过提交材料页面提交《房屋产权证》等相关材料，行政职能人员通过材料审核页面进行审核和审批，审批通过后保存注销信息，在网上公示注销信息。

（七）信息查询

通过用户登录系统的身份或角色，控制用户可以查询的内容，行政职能人员通过产权产籍查询页面能够查询所有房屋交易与产权产籍的初始登记、变更、转移、抵押、查封和注销等各个环节的信息，而商品房购买用户可以查询本人所拥有房屋的登记信息。

房屋交易与产权产籍管理模块中初始信息登记页面设计与实现效果如图 9-8 所示，限于篇幅，该模块中其他页面的设计与实现效果不再列出。

房地产行政管理系统

当前登陆用户：张三　登录时间：2015-09-01

用户办事指南
开发商企业管理
开发项目管理
房屋交易与产权产籍
初始登记
变更登记
转移登记
抵押登记
查封登记
注销登记
信息查询
房屋征收与补偿管理
房地产中介公司管理
物业公司管理
住房公积金管理
住房保障管理
网上签约
三维房产地图子系统

登记申请书下载　提交申请注意事项　《房屋产权证》打印
初始登记信息的录入

申请人/产权人：
申请人姓名：张三　联系电话：13245125446
证件类型：身份证　证件号码：375645412155445625

房屋信息：
总层数：18　当前层：6　房号：101
总建筑面积：82　室内面积：72　分摊面积：10
其他：　成交金额：50万　产权证号：F-5441547
房屋用途：商业营业　建筑结构：钢结构　房屋地址：XX市XX区XX路123号

提交材料　审核材料　保存　打印房产证　三维场景查看

图 9-8　初始信息登记界面

六、房屋征收与补偿管理模块

（一）征收项目登记

房屋征收管理人员通过征收项目登记页面填写征收项目基本信息，如征收项目编码、性质、主管部门、主要负责人、征收项目批复文件、预计起始日期、预计结束日期、大体征收户数、大约平面面积、范围红线图、所属行政区域等信息，建立征收项目登记材料。

（二）签订征收调查委托合同

房屋征收管理部门通过签订征收调查委托合同页面填写招标信息、中标单位信息、签订征收调查委托合同的编码，上传合同扫描件。

（三）征收成本预评估

固定资产评估公司通过征收成本预评估页面填写入户初步调查基本信息，上传影像资料和征收成本预评估报告文件。

（四）拟订征收补偿方案

房屋征收与补偿管理中心通过拟订征收补偿方案页面填写拟订征收补偿方案基本信息，主要包括征收房屋数目，涉及人口数目，补偿资金总额，分户评估，搬迁和安置过程预计投入的人力、物力和财力数目，拟订房屋征收工作进度计划，制订组织领导方案等内容，然后上传拟订征收补偿方案文档。

（五）入户房屋征收评估

房屋征收与补偿管理中心通过入户房屋征收评估页面填写入户房屋征收评估的基本信息，主要包括产权属性、房屋建筑面积、墙体结构、房间数目、固定资产估价数目等，上传拟订征收补偿方案认证和审批材料。

（六）拟订分户评估预案

房屋征收与补偿管理中心通过分户评估预案页面填写分户评估预案的基本信息，主要包括预计每户补偿金额、发放时间、安置计划等内容。

（七）划拨补偿专项资金

房屋征收与补偿管理中心通过划拨补偿专项资金页面填写划拨补偿专项资金的基本信息，主要包括拨款账号、入账账号、划拨金额、划拨时间、用途、经办人等内容。上传政府部门对分户评估预案的审议资料。

（八）分户评估

房屋征收与补偿管理中心通过分户评估页面修正分户评估预案中的错误和缺漏信息，录入户主银行账号、身份证号等信息，上传户主签字的指认资料和分户评估正式报告。

（九）签订征收补偿协议

房屋征收与补偿管理中心通过签订征收补偿协议页面录入每户征收补偿协议的基本信息，并上传协议扫描件；通过该页面录入每户发放补偿金的信息，并公示已发放金额。

（十）腾空房屋验收

房屋征收与补偿管理中心通过腾空房屋验收页面录入每户房屋的腾空情况信息，并公示未腾空房屋信息。

（十一）委托拆除房屋

房屋征收与补偿管理中心通过委托拆除房屋页面录入委托拆除房屋情况的信息，并公布该信息；上传委托拆除房屋协议扫描件。对于存在危险的房屋委托该拆迁公司进行部分拆除。

（十二）交地验收

房屋征收与补偿管理中心通过交地验收页面录入征收面积、范围边界、未拆除面积等信息，并上传征地红线图。

房屋征收与补偿管理模块中征收项目登记页面设计与实现效果如图 9-9 所示，限于篇幅，该模块中其他页面的设计与实现效果不再列出。

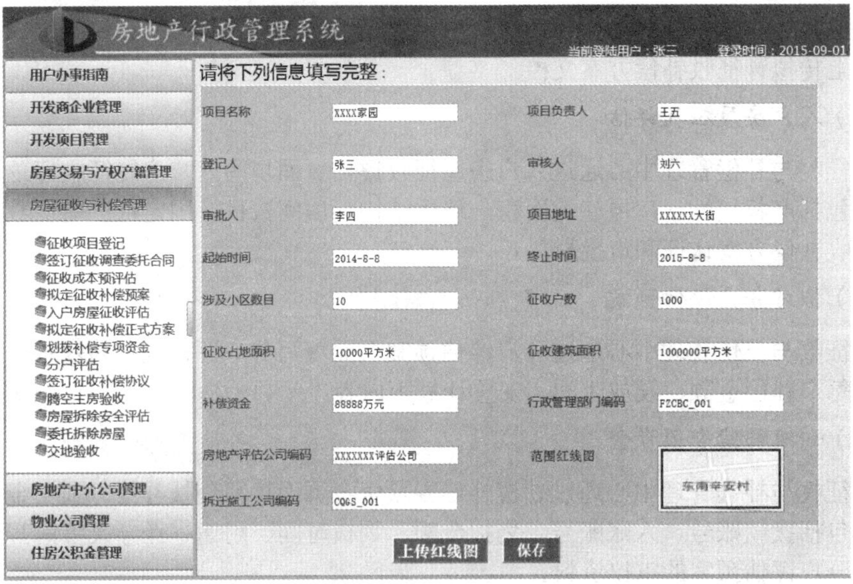

图 9-9　征收项目登记页面

七、房地产中介管理模块

（一）房地产中介信息管理

房地产中介用户通过开发商企业注册界面填写房地产中介的详细信息，提交注册申请，并提交必要的材料，提交后存储到房地产中介当前信息表中，职能人员按照《房地产中介资质管理规定》等国家相关标准和规范审核信息及相关材料，审核通过后对开发商企业进行注册并颁发登记证件。

类似地，房地产中介用户通过房地产中介变更界面填写房地产中介的详细信息，提交变更申请，并提交必要的材料，提交后存储到房地产中介变更临时信息表中，职能人员审核信息及相关材料，审核通过后对房地产中介进行变更操作，即原来的房地产中介信息从房地产中介当前信息表中转移到房地产中介变更信息表中，房地产中介变更临时信息表中的信息转移到房地产中介当前信息表中，并颁发变更证件。

房地产中介用户通过房地产中介注销界面提交注销申请，并提交必要的材料，提交后职能人员审核企业信息及相关材料，审核通过后对房地产中介进行注销操作，在房地产中介注销表中记录注销信息，并收回证件。

（二）房地产中介信息管理开发商企业信息查询

用户通过房地产中介信息查询界面填写查询条件，提交后在数据库中查询房地产中介信息。

（三）开发商企业评价

用户通过房地产中介评价界面输入各种评价信息，提交后系统在后台重新计算该企业的评价分数和等级。

房地产中介管理模块中中介公司注册页面设计与功能实现的效果如图 9-10 所示，限于篇幅，该模块中其他页面的设计与实现效果不再列出。

房地产行政管理系统
当前登陆用户：张三　登录时间：2015-09-01

用户办事指南
开发商企业管理
开发项目管理
房屋交易与产权产籍管理
房屋征收与补偿管理
房地产中介公司管理
中介公司信息注册
中介公司信息变更
中介公司信息注销
物业公司管理
住房公积金管理
住房保障管理
网上签约
三维房产地图子系统

中介公司信息注册（提交相关材料给工作人员并且审核通过后才可以进行注册）：

中介公司名称：XXXX房地产中介有限公司
组织机构代码：54875446　营业执照编码：16756543356
证书编号：ZJ10215　联系电话：18347898897
联系人：张三　联系电话：15127998889
传真：0548-458726462　行政区划：XX省XX市XX区
注册资本：200万　公司规模：中型企业
中介公司类型：私营企业　办公地址：738127
成立日期：2010-06-06　法定代表人：李四
邮政编码：541684　主营范围：二手房中介；租赁房中介

立即注册

图 9-10　房地产中介公司注册界面

八、物业公司管理模块

（一）物业公司信息管理

物业公司用户通过物业公司注册界面填写物业公司的详细信息，提交注册申请，并提交必要的材料，提交后存储到物业公司当前信息表中，职能人员按照《物业管理企业资质管理办法》等国家相关标准和规范审核信息及相关材料，审核通过后对物业公司进行注册并颁发登记证件。

类似地，物业公司用户通过物业公司变更界面填写物业公司的详细信息，提交变更申请，并提交必要的材料，提交后存储到物业公司变更临时信息表中，职能人员审核信息及相关材料，审核通过后对物业公司进行变更操作，即原来的开发商信息从物业公司当前信息表中转移到物业公司变更信息表中，物业公司变更临时信息表中的信息转移到物业公司当前信息表中，并颁发变更证件。

物业公司用户通过物业公司注销界面提交注销申请，并提交必要的材料，提交后职能人员审核企业信息及相关材料，审核通过后对物业公司进行注销操作，在物业公司注销表中记录注销信息，并收回证件。

（二）物业公司信息查询

用户通过物业公司信息查询界面填写查询条件，提交后在数据库中查询物业公司信息。

（三）物业公司评价

用户通过物业公司评价界面输入各种评价信息，提交后系统在后台重新计算该企业的评价分数和等级。

物业管理模块中物业公司注册页面设计与实现的效果如图 9-11 所示，限于篇幅，该模块中其他页面的设计与实现效果不再列出。

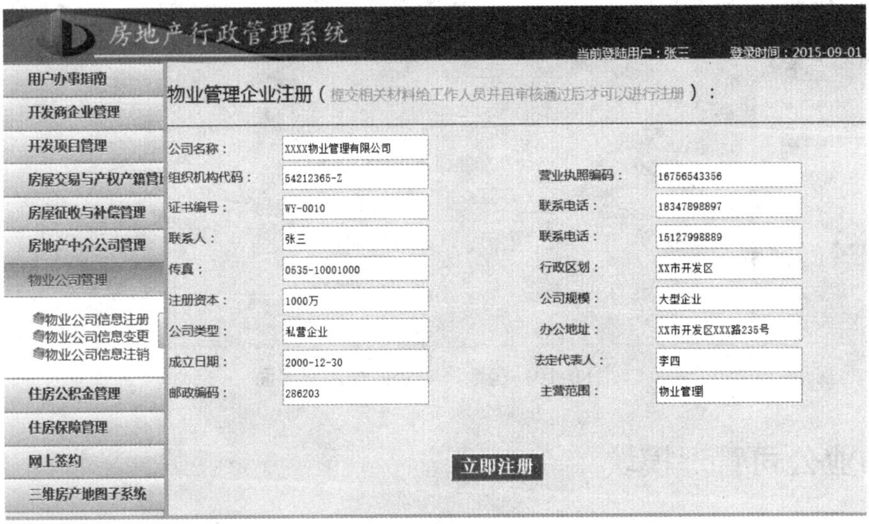

图 9-11　物业公司注册页面

九、住房公积金管理模块

（一）申请公积金开户

工作单位用户通过申请公积金开户页面填写公积金开户信息，上传《组织机构代码证》《单位介绍信》《住房公积金开户申请单》等材料扫描件；住房公积金管理用户通过材料审核页面对提交的材料进行审核，并给单位打印《住房公积金管理中心开户登记表》《住房公积金管理中心汇缴清册》等材料；工作单位用户持《住房公积金管理中心开户登记表》《住房公积金管理中心汇缴清册》等材料到住房公积金缴存银行公积金窗口办理银行账户开户手续后，住房公积金管理用户通过申请公积金开户页面登记公积金银行账号。

（二）公积金汇缴

工作单位用户通过公积金汇缴页面填写公积金汇缴信息，包括汇缴时间、当月单位应缴纳住房公积金金额和个人应缴纳金额，上传住房公积金汇缴明细清单等材料；住房公积金管理中心用户通过公积金汇缴页面将盖章后的汇激明细清单上传到系统中，并登记公积金汇缴详细信息。

（三）公积金转移

个人用户或工作单位用户通过公积金转移申请页面填写公积金转移信息，包括原公积金编码、转移原因、新公积金信息等内容，上传原工作单位出具的公积金转移证明材料和《住房公积金转移通知书》以新单位出具的经其住房公积金管理机构盖章确认的证明材料；住房公积金管理用户通过公积金转移审核页面进行材料审核；最后住房公积金管理用户通过公积金转移登记页面登记公积金转移的详细信息，封存公积金账号。

（四）公积金提取流程

个人用户通过公积金提取申请页面填写公积金提取信息，包括公积金编码、提取原因、提取方式等内容，上传工作单位出具的公积金提取证明和《住房公积金提取申请书》等材料；住房公积金管理用户通过公积金提取审核页面进行材料审核，并打印《住房公积金提取确认表》；最后住房公积金管理用户通过公积金提取登记页面登记公积金提取的详细信息。

（五）公积金贷款

个人用户或工作单位用户通过公积金贷款申请页面填写公积金贷款信息，包括公积金编码、贷款原因、贷款方式、贷款金额等内容，并通过上传《住房公积金贷款申请审批表》《购房合同书》等材料；住房公积金管理用户通过公积金贷款审核页面进行材料审核，并打印《抵押物审核评估通知单》，填写房屋价值评估信息，并上传《评估报告》；房管局分管领导及住房公积金管理用户通过公积金贷款审核页面进行贷款审核，并打印《住房公积金管理委员会担保委托贷款调查通知单》；住房公积金管理用户通过材料提交页面提交《公积金贷款协议》；房管局分管领导通过公积金贷款审核页面对贷款金额等进行审批；个人用户到银行办理公积金贷款手续后，住房公积金管理用户通过公积金贷款登记页面填写公积金贷款详细信息，并通过材料提交页面提交《委托贷款合同》、《住房公积金委托贷款抵押合同》、《住房公积金委托贷款质押合同》和《住房公积金委托贷款保证合同》。

（六）公积金注销

个人用户通过公积金注销申请页面填写公积金提取信息，包括公积金编码、注销原因、注销时间等内容，上传工作单位出具的公积金注销证明和《住房公积金注销申请书》等材料；住房公积金管理用户通过公积金注销审核页面进行材料审核，并打印《住房公积金注销确认表》；最后住房公积金管理用户通过公积金注销登记页面登记公积金注销的详细信息，封存公积金账号。

住房公积金管理模块中申请公积金开户页面设计与实现的效果如图 9-12 所示，限于篇幅，该模块中其他页面的设计与实现效果不再列出。

图 9-12　申请公积金开户页面

十、住房保障管理模块

（一）保障性房源申请

住房保障管理中心用户通过保障性房源申请页面查找类型为保障性的项目，申请保障性住房；分管领导通过业务审批页面审批保障性房源，住房保障管理中心用户通过保障性房源申请页面登记保障性住房信息。

（二）住房补贴管理

个人用户通过住房补贴申请页面填写申请住房补贴的基本信息，主要包括公积金编码、个人信息、单位信息、申请日期、住房补贴类型、补贴金额、发放方式等内容；通过材料提交页面提交《单位住房补贴资金委托管理协议》《单位缴存住房补贴资金委托管理登记表》《单位缴存住房补贴委托管理资金核定表》等材料；住房保障管理中心用户通过材料审核页面对材料进行审核；住房保障管理中心用户通过住房补贴管理页面登记职工住房补贴档案。

（三）保障性住房申请

个人用户通过保障性住房申请页面填写申请保障性住房的基本信息，主要包括公积金编码、个人信息、单位信息、申请日期、保障性住房信息等内容；个人用户通过材料提交

页面提交《本市城市居民最低生活保障金领取证》等相关材料；住房保障管理中心用户通过材料审核页面对材料进行审核；通过保障性住房分配页面登记三种保障性住房分配信息，并打印购买住房合同。

住房保障管理模块中申请保障住房页面设计与实现的效果如图 9-13 所示，限于篇幅，该模块中其他页面的设计与实现效果不再列出。

图 9-13　申请保障住房页面

十一、网上签约模块

（一）现房网上签约

买方用户通过现房网上签约页面填写现房网上签约申请信息，查看现房信息，并可浏览三维场景，选择合适的现房；住房保障管理中心用户通过业务审批页面审批现房网上签约，并通过邮件或手机短信通知买方用户；买方用户通过现房网上签约页面确认现房信息，打印《现房签约合同》，并与卖方用户联系，双方签订合同后上传《现房签约合同》扫描件；住房保障管理中心用户通过现房网上签约管理页面登记网上签约档案。

（二）期房网上签约

买方用户通过期房网上签约页面填写期房网上签约申请信息，查看期房信息，并可浏览三维规划设计场景，选择合适的期房；住房保障管理中心用户通过业务审批页面审批期房网上签约，并通过邮件或手机短信通知买方用户；买方用户通过期房网上签约页面确认期房信息，打印《期房签约合同》，并与卖方用户联系，双方签订合同后上传《期房签约合同》扫描件；住房保障管理中心用户通过期房网上签约管理页面登记网上签约档案。

（三）注销网上签约

买方或卖方通过注销网上签约页面填写注销网上签约信息，如网上签约编码、注销原理、网上签约合同编码、申请注销时间；买方或卖方通过提交材料页面上传双方同意注销的说明材料；住房保障管理中心用户通过期房网上签约管理页面登记注销网上签约档案。

网上签约模块中现房签约页面设计与实现的效果如图 9-14 所示，限于篇幅，该模块中其他页面的设计与实现效果不再列出。

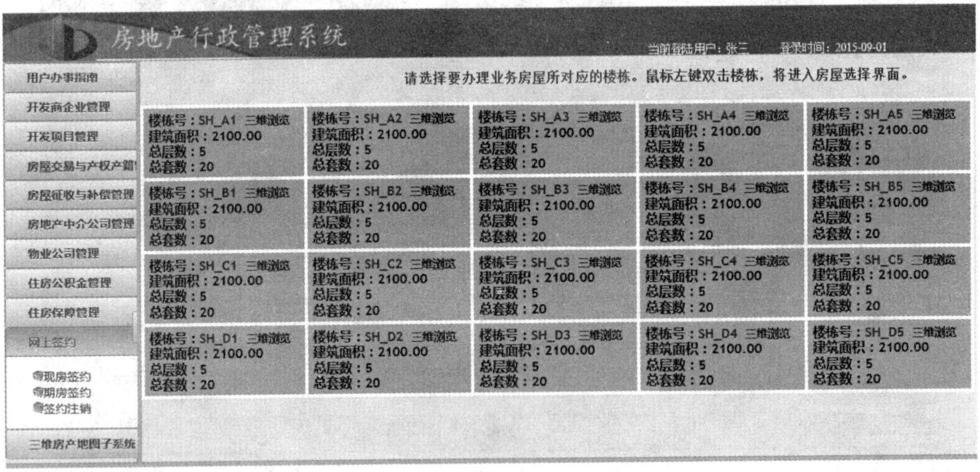

房地产行政管理系统
当前登陆用户：张三 登录时间：2015-09-01

用户办事指南
开发商企业管理
开发项目管理
房屋交易与产权产籍
房屋征收与补偿管理
房地产中介公司管理
物业公司管理
住房公积金管理
住房保障管理
网上签约
现房签约
期房签约
签约注销
三维房产地图子系统

请选择要办理业务房屋所对应的楼栋。鼠标左键双击楼栋，将进入房屋选择界面。

楼栋号：SH_A1 三维浏览 建筑面积：2100.00 总层数：5 总套数：20	楼栋号：SH_A2 三维浏览 建筑面积：2100.00 总层数：5 总套数：20	楼栋号：SH_A3 三维浏览 建筑面积：2100.00 总层数：5 总套数：20	楼栋号：SH_A4 三维浏览 建筑面积：2100.00 总层数：5 总套数：20	楼栋号：SH_A5 三维浏览 建筑面积：2100.00 总层数：5 总套数：20
楼栋号：SH_B1 三维浏览 建筑面积：2100.00 总层数：5 总套数：20	楼栋号：SH_B2 三维浏览 建筑面积：2100.00 总层数：5 总套数：20	楼栋号：SH_B3 三维浏览 建筑面积：2100.00 总层数：5 总套数：20	楼栋号：SH_B4 三维浏览 建筑面积：2100.00 总层数：5 总套数：20	楼栋号：SH_B5 三维浏览 建筑面积：2100.00 总层数：5 总套数：20
楼栋号：SH_C1 三维浏览 建筑面积：2100.00 总层数：5 总套数：20	楼栋号：SH_C2 三维浏览 建筑面积：2100.00 总层数：5 总套数：20	楼栋号：SH_C3 三维浏览 建筑面积：2100.00 总层数：5 总套数：20	楼栋号：SH_C4 三维浏览 建筑面积：2100.00 总层数：5 总套数：20	楼栋号：SH_C5 三维浏览 建筑面积：2100.00 总层数：5 总套数：20
楼栋号：SH_D1 三维浏览 建筑面积：2100.00 总层数：5 总套数：20	楼栋号：SH_D2 三维浏览 建筑面积：2100.00 总层数：5 总套数：20	楼栋号：SH_D3 三维浏览 建筑面积：2100.00 总层数：5 总套数：20	楼栋号：SH_D4 三维浏览 建筑面积：2100.00 总层数：5 总套数：20	楼栋号：SH_D5 三维浏览 建筑面积：2100.00 总层数：5 总套数：20

图 9-14 现房签约页面

十二、三维房地产地图子系统

本书以某小区为例，建立了三维地表场景，构建了高层楼房和别墅的三维模型，集成了三维小区场景，并与数据库中的小区信息、楼栋信息和房屋信息进行了关联，在房屋交易与产权产籍管理模块、房屋中介管理模块、物业公司管理模块、网上签约模块和三维房地产地图子系统中都可以查询三维场景中小区、楼栋和房屋的信息，定位和显示小区、楼栋和房屋三维图形。

（一）信息查询

用户登录系统时记录访问权限，当用户具有访问三维场景的权限时，有两种方式查询信息：一种方式是用户通过三维场景查询页面输入名称等查询条件来查询三维场景中小区的信息、楼栋的信息和房屋的信息；另一种方式是用户在三维场景视图中点击楼房可以查看楼房和房屋的信息。

（二）房产定位

用户登录系统时记录访问权限，当用户具有访问三维场景的权限时，用户通过房屋交

易与产权产籍管理模块、房屋中介管理模块、物业公司管理模块和网上签约模块中的信息查询页面查询小区、楼栋和房屋信息，在信息列表中点击定位按钮，系统自动定位到三维场景中对应的小区、楼栋和房屋。

另外一种定位方式是用户通过三维场景资源树，点树中小区、楼房或房屋的节点对象，系统也可以自动定位到三维场景中对应的小区、楼栋和房屋。

（三）三维场景浏览

用户登录系统时记录访问权限，当用户具有访问三维场景的权限时，用户通过三维浏览页面中的三维窗口进行三维场景的漫游、缩放、变换视角等各种操作。

（四）辅助管理

用户登录系统时记录访问权限，当用户具有访问三维场景的权限时，用户通过三维浏览页面添加楼栋三维模型、房屋标签等，编辑地物对象的属性，并将属性信息保存到对应的数据库表中；在三维窗口中进行量测面积、长度和高度等；房屋光照时间分析等操作。

三维房地产地图子系统中三维场景操作工具、小区场景、楼栋三维模型和别墅三维模型显示的效果如图 9-15 所示，限于篇幅，该模块中其他页面的设计与实现效果不再列出。

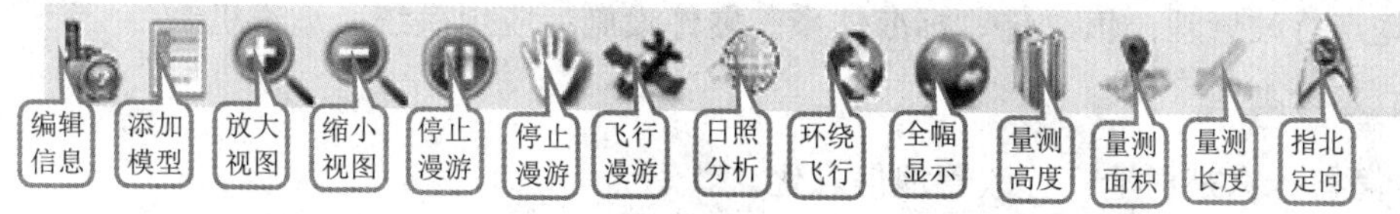

（a）三维场景操作工具

（b）小区三维场景图

图 9-15　三维房地产地图子系统中三维场景显示效果

本章小结

房地产行政管理信息化是房地产行政管理业务的支撑平台，房地产行政管理信息化建设的质量对房地产行政管理的工作效率、透明性和科学性等具有重大的影响。本章首先讲解了房地产行政管理信息化的概念，使读者从整体上理解房地产行政管理信息化的定义、信息化建设的必要性、发展现状与趋势、建设目标及内容。然后阐述了房地产行政管理信息化的标准体系建设、硬件设施建设、应用系统建设和运维机制建设几个方面的建设内容，尤其是房地产行政管理应用系统建设部分以原型系统为实例，从系统软件开发的角度进行了详细讲解，有利于读者对每个建设环节的具体内容深入理解和掌握。

综合练习

一、基本概念

房地产行政管理；信息化、标准体系；硬件设施；应用系统；运维机制

二、思考题

1. 简答什么是房地产行政管理信息化。
2. 简述我国房地产行政管理信息化建设的现状与发展趋势。
3. 简述房地产行政管理信息化的标准化体系建设的框架内容。
4. 简述房地产行政管理信息化建设中硬件设施有哪些。
5. 简述房地产行政管理应用系统包括哪些功能。
6. 简述房地产行政管理信息化建设中运维组织机构及其职能。
7. 简述房地产行政管理系统主要包括哪些功能模块及其实现方法。

第十章　房地产宏观调控

学习目标

通过对本章的学习，学生应掌握如下内容：

1. 宏观调控和房地产宏观调控的产生与内涵；
2. 房地产宏观调控政策工具；
3. 房地产宏观调控的必要性；
4. 2008年以来的房地产宏观调控政策。

导言

高房价已成为整个中国社会最为关注的话题之一，由此引发了政府出台一轮又一轮的房地产宏观调控政策，调控力度之大、时间之持久，是任何一个行业无法比拟的。那么，究竟什么是房地产宏观调控？房地产宏观调控要达到什么样的目标？调控的方法和手段又有哪些？既然中国的房地产宏观调控源自高房价，那么必须搞清楚引发高房价的根源，据此对症下药，才能制订出科学可行的调控方案。

第一节　房地产宏观调控概述

一、宏观调控的产生及内涵

在中国，宏观调控理念是伴随着社会主义市场经济体制的建立而产生的。对于市场经济是否需要政府的调节控制，在西方经济学界中亦是一个争论的焦点。凯恩斯学派在20世纪30年代风行一时，该学派的主要论点是政府应当对经济作适度调节控制，该论点受到美国罗斯福总统的极力支持，直到六七十年代才慢慢衰落而为提倡自由经济的货币学派（以佛德里曼为代表）所替代，该学派强调市场的作用而强烈反对政府的干预，英国首相戴卓尔夫人是这派的积极支持者。不过这派的理论最近亦不如以前那样受捧戴，原因是许多奉

行这种理论的国家，经济都陷入衰退。穷则思变，一些新的理论也逐渐兴起，认为政府的干预行为是不可避免的。所以经济理论的兴替往往与经济兴衰联系在一起，哪一派理论有助于当时经济摆脱衰退，哪一派就流行。不过谁也不可能完全取代对方，原因是资本主义下（或市场经济下），完全取消政府对经济的调节功能是不可能的，只是政府的作用有时强烈些，有时平淡些；有时直接些，有时间接些；有些政府高明些，而有些政府却“笨拙”些罢了。世界上并没有“纯粹”的市场经济，从来没有能脱离政府影响的经济模式，政策本身就是一种影响经济的力量。

中国今天的“宏观经济调控”表面看来有“计划经济”时代的干预的味道，但从实质来看，过去的“计划经济”是在完全否认经济规律（特别是市场的价值规律）的基础上运作的，计划经济体制中，国家对经济生活的计划管理，实际上是把宏观经济目标用层层分解的方式加以微观化，直接组织和干预以企业为主体的全部微观经济运行活动。而以对微观经济运行的直接调控取代了国家的宏观调控，只是微观化了国民经济计划理论，并不存在真正的国家宏观调控，今天的调控却是在承认市场经济的基础上运行的，二者有原则的区别。而且干预的范围大多数是违背市场原则的一些行业、地区的土政策，其目的还是要将它重新纳入市场的正确轨道上。

纵观学者们对宏观调控内涵的定义，可以认为下列表述是合适的：所谓宏观调控，其实施主体是国家权力和行政机关；其客体是市场经济主体及其行为；其目标是通过对国民经济进行总体调节和控制，达到促进国民经济健康持续平稳发展的目的。即宏观调控是国家权力和行政机关为了实现促进国民经济健康持续平稳发展的目的，通过行政的、经济的、法律的手段来引导和影响市场经济主体及其行为，从而对国民经济进行总体调节和控制的手段和职能的统称。

二、房地产宏观调控的内涵

所谓房地产宏观调控，简言之就是针对房地产业的宏观调控，是国家权力和具备管理房地产职能的行政机关，为了实现促进房地产业健康持续平稳发展的目的，通过行政的、经济的、法律的手段来引导和影响房地产市场主体及其行为，从而对房地产业进行总体调节和控制的手段和职能的统称。

业内人士普遍认为，政府对房地产业的全面宏观调控始于 2003 年，随后出台的各项调控政策力度之大、频率之密集，实属史上罕见，也为其他行业所不及。纵观各级政府及相关部委出台的调控政策不难发现，虽然各时期因经济形势不同，政策调控内容有所差别，但调控目标基本上是一致的，即房地产宏观调控的总目标是为了促进房地产业健康持续平稳发展，促进房地产业总需求和总供给的总量与结构动态平衡，防止房地产价格的过快上涨，保持房地产价格的稳定。应该说，总目标的设定符合房地产宏观调控的原本之意，成

为各项政策出台的指引。

三、房地产宏观调控的政策工具

目前，房地产宏观调控的主要政策工具大致分为强制性政策工具、金融政策工具和财政政策工具等。

（一）强制性政策工具

房地产宏观调控的强制性政策工具主要包含房地产市场发展国家规划、行政强制政策工具、土地政策工具、公共住房政策工具等。这些规划和政策一经出台，是由国家权力机关的强制力保证其实施的，并对整个房地产市场的运行产生了深远的影响。

1．房地产市场发展国家规划

计划经济时代，我国实行福利分房制度，住房资源的配置主要是靠国家计划进行，极度抑制市场机制的作用，这也是由当时的社会经济条件决定的；1998 年房地产市场化改革后，市场在资源的配置中逐步发挥基础性的主导作用，但由于市场的缺陷，需要政府进行必要的宏观调控，首先表现在国家级和各省级的“五年规划”中，指明了各个阶段房地产市场的发展目标和发展方向。

2．行政强制政策工具

政府依据法律法规以及自身权威在职责权限范围内采取行政命令、指示、条例、规定等手段，对房地产市场的经济活动和经济关系进行直接的调节和控制，以达到宏观调控的目标。行政强制措施作为房地产宏观调控的重要辅助手段，由于其依赖资源的特殊性，具有权威性、强制性、垂直性、直接性等特点。多年来，行政强制政策工具被广泛应用，如我们熟知的“121 号文”“18 号文”“老国八条”“新国八条”“国六条”等，以及具体的如限购限贷政策、取消过时性限制政策等。

3．土地政策工具

土地作为必不可少的资源在房地产开发中处于最基础的位置，土地的供应管理机制和土地价格影响着住房的投资构成和价格构成。我国宪法规定，土地属于国家和集体所有，禁止私人进行买卖，政府可以通过调整土地的供应管理结构，改变土地的供应量，来影响土地的开发方式和价格，进而影响房地产商拿地的成本。土地政策作为强制性政策工具的代表，在我国房地产宏观调控中发挥着重要的作用。

4．公共住房政策工具

住房作为特殊的商品具有双重属性，一方面具有商品的一般属性，需要市场在资源配置中发挥基础性的作用；但另一方面，作为生活必需品，具有社会属性，居住权是公民的基本权利，住房问题如果解决不好很有可能会演变为社会问题，从这个意义上讲，住房具有“准公共物品”的特性。完善的住房体系既要能满足住房资源合理流动、各阶层多元化的消费需求，又必须要保证中低收入者基本的住房需求，公共住房则是其中效果最为直接、明显的政策工具之一。当前各国政府都有为满足中低收入者需求，而采取多种形式的住房保障措施，我国的保障性住房建设经历了经济适用住房、廉租房、限价房、公租房等多类型合并为公租房的转变。随着国家顶层设计层面推进住房保障从“实物保障”向“货币补贴”政策思路的转变，各地结合本地区实际情况，着手研究并实施住房保障货币化政策，逐步落实国家“两个货币化”（即棚户区改造货币化安置、公租房保障货币化）政策，推进住房保障模式改革创新。

（二）金融政策工具

主要指信贷政策工具和货币政策工具。金融政策工具作为我国房地产宏观调控的主要手段之一，为促进我国房地产市场的持续健康发展发挥了极为重要的作用。

1．信贷政策工具

信贷政策，是中央银行制定的指导金融机构贷款投向的政策。房地产信贷主要是指银行等金融机构对房地产开发商、建筑开发商等的生产经营活动发放贷款以及对于普通居民购买、建设住房所发放的贷款。房地产信贷政策是政府进行宏观调控行之有效的金融工具之一。

2．货币政策工具

货币政策，是指政府或中央银行为影响经济活动所采取的措施，尤其是指控制货币供给以及调控利率的各项措施。货币政策工具是我国政府进行房地产宏观调控的主要金融手段之一，通过实施公开市场操作、利率政策、存款准备金制度、汇率政策等手段对货币市场进行监督和管理，减少房地产市场周期波动的震荡，防止出现过热或过冷现象的恶化，进而促进整个房地产市场的健康运行。

信贷政策和货币政策相辅相成，相互促进，既有区别又有联系。信贷政策主要着眼于解决经济结构问题，通过引导信贷投向，调整信贷结构，促进产业结构调整和区域经济协调发展。货币政策主要着眼于调控总量，通过运用利率、汇率、公开市场操作等工具借助市场平台调节货币供应量和信贷总规模，促进社会总供求大体平衡，从而保持币值稳定。从调控手段看，货币政策调控工具更市场化一些；而信贷政策的有效贯彻实施，不仅要依靠经济手段和法律手段，必要时还须借助行政性手段和调控措施。在我国目前间接融资占绝对比重的融资格局下，信贷资金的结构配置和使用效率，很大程度上决定着全社会的资金配置结构和运行效率。信贷政策的实施效果极大地影响着货币政策的有效性。信贷政策的有效实施，对于疏通货币政策传导渠道，发展和完善信贷市场，提高货币政策效果发挥着积极的促进作用。

（三）财政政策工具

财政政策工具是政府为了实现特定的政策目标而采取的一系列的手段和措施，主要有

财政收入（一般为税收）、财政支出、公债和政府投资。财政政策工具同样是我国政府进行房地产市场调控所采取的重要政策手段之一。一方面通过财政税收中税种、税基和税率的调整来调节房地产市场中各主体利益的分配，进而影响到整个房地产市场的供给需求结构；另一方面可以通过财政支出、政府投资等手段来体现政府对某一方面的扶持，引导资金的流动方向，如政府大力投资兴建社会保障性住房，满足低收入家庭的基本需求，从而在资源配置和调控过程中发挥十分重要的作用。

四、房地产宏观调控的必要性

国家启动对房地产经济的宏观调控和引导，是规范房地产市场运行、推动房地产业良性发展的迫切要求和重要内容。总体而言，房地产宏观调控的必要性主要体现在以下四个方面。

（一）实施宏观调控是房地产资源优化配置的需要

宏观调控是社会主义市场经济体制下的政府履行的一项基本职能。社会资源以市场配置为基础，这是市场经济体制的基本要求，有利于资源配置的高效率。但是，市场配置资源也存在着自发性与盲目性等缺陷。为克服市场失灵，保证其健康运行，政府必须对市场经济进行干预和调控。房地产经济作为我国市场经济中的一个重要的子系统，其资源配置在充分发挥市场机制调节作用的基础上，同样需要政府的调节和控制，以保证房地产业健康发展。在房地产市场中，土地和房屋是重要资源，尤其是作为房地产基础的土地作为一种稀缺资源，具有不可再生性，迫切需要通过政府的宏观调控来实现其合理配置。

（二）实施宏观调控是由房地产业的重要地位决定的

房地产行业关联度、带动力强，已成为我国国民经济的重要支柱，占有极其重要的地位。房地产业的运行状况与发展水平会影响到诸多产业的繁荣与衰退，尤其会对直接相关产业，如建筑业、建筑装潢业等的发展起到决定性的作用。另外，房地产业的发展还会直接影响社会总供给和总需求的总量平衡和结构平衡。正因为房地产业的特殊地位与巨大影响力，中央与地方政府始终采取各种手段与措施，对房地产市场实施有力的宏观调控，力求在市场发挥积极调节作用的同时，不断提高和履行政府职能，来克服市场失灵，维持我国房地产市场的健康有序运行。

（三）实施宏观调控是由房地产业的特殊性决定的

房地产是不动产，具有位置固定不能移动的特点，短期内难以调整或调整费用很高，所以必须在一个相对较长的时间内进行合理的规划和控制。同时，由于房地产是使用年限特别长、价值很高的耐用品，所以房地产投资决策正确与否，对整个社会的房地产供给总量和需求的总量平衡和结构平衡会产生巨大的影响，甚至会关乎整个社会经济能否良性运

行，所以必须对房地产投资实施有效控制。此外，房地产交易是一种产权交易，要依法通过产权转让来完成，如产权的界定、分割、复合、重组、转移都要靠法律来界定、确认和保护，因而也需要运用法律手段来规范其行为。正是由于房地产行业具有以上特殊性，决定了政府宏观控制的必要性。

（四）实施宏观调控是规范房地产市场运行的需要

当前，我国房地产市场总体还不够成熟，主要呈现出如下特点：区域发展不平衡、局部过热；住房保障能力差、结构性矛盾依然突出；市场管理体制仍不健全；房地产价格增长过快；市场主体行为缺乏理性等。因此，必须由政府提供有力的扶持和引导，通过采取适当的宏观调控措施，规范房地产市场运行，促使其更快走向成熟，对国民经济发展发挥其应有的作用。

第二节　2008年以来的房地产宏观调控政策

2008年9月开始的全球金融危机，成为中国房地产宏观调控的分水岭。从2003年121号文开始直到2008年9月之前，中央政府所出台的一系列宏观调控政策基本上属于“打压”或“抑制”。美国金融危机使中国的房地产宏观调控政策发生了转向，从此前的“打压”或“抑制”转向了“支持”。在政策支持、通胀恐慌、外贸出口受阻的三大因素下，房地产又迎来一次暴涨，连续数年的宏观调控努力在即将取得成效的时候戛然而止，因而从2009年下半年逐渐迎来了被称为“世上最严厉的宏观调控”阶段。2014年至今，整个房地产业进入全面“去库存”阶段。

一、2008年9月上旬之前的“抑制”阶段

2008年9月之前，房地产调控政策继续沿用“抑制”政策。2008年3月，建设部70/90政策适用范围扩大到经济适用住房。中国人民银行于3月25日、4月20日、5月20日连续三次上调存款类金融机构人民币存款准备金率分别为0.5个百分点，达到16.5%，创下历史新高。2008年6月10日《财政部、国家税务总局关于企业为个人购买房屋或其他财产征收个人所得税问题的批复》规定，企业为个人购买房产依法征收个人所得税。在土地政策方面，2008年5月30日，国家多项调控政策开始施行，土地阀门再度把紧——商品住宅开发不得超过3年，土地管理不作为将受严惩，6月1日起执行。2008年8月25日，中国人民银行、银监会联合下发《关于金融促进节约集约用地的通知》，要求各金融机构严格加强商业性房地产信贷管理。金融机构禁止向房地产开发企业发放专门用于缴交土地出让价款的贷款；土地储备贷款采取抵押方式的，应具有合法的土地使用证，贷款抵押率最

高不得超过抵押物评估价值的70%，贷款期限原则上不超过2年。严格加强农村集体建设用地项目贷款管理。对利用农村集体土地开发商业性房地产的，不得发放任何形式的贷款；对购买农村集体土地上建设的住房的城镇居民，不得发放住房贷款。

二、2008年9月下旬—2009年下半年的“支持”阶段

受美国金融危机影响，各国政府纷纷救市。作为“救市”政策的一部分，中国人民银行宣布从2008年9月16日起，下调一年期人民币贷款基准利率0.27个百分点，下调存款类金融机构人民币存款准备金率0.5个百分点。从2008年10月到2008年12月，中国人民银行共下调利率四次：2008年10月9日起下调一年期人民币存贷款基准利率各0.27个百分点，2008年10月30日下调存贷款基准利率0.27个百分点，2008年11月26日下调存贷款基准利率1.08个百分点，2008年12月23日下调一年期存贷款基准利率0.27个百分点。

其他鼓励购房、促进开发的系列“救市”新政随之出台，包括降低首套房首付比例、调整流通环节税收、下调自有资本金贷款比例等。2008年10月22日《中国人民银行关于扩大商业性个人住房贷款利率下浮幅度有关问题的通知》决定，自2008年10月27日起商业性个人住房贷款利率的下限扩大为贷款基准利率的0.7倍，最低首付款比例调整为20%。2008年11月1日开始实施财政部、国家税务总局联合下发的《关于调整房地产交易环节税收政策的通知》，对个人首次购买90平方米及以下普通住房的，契税税率暂统一下调到1%，对个人销售或购买住房暂免征收印花税，对个人销售住房暂免征收土地增值税。

2008年12月20日《国务院办公厅关于促进房地产市场健康发展的若干意见》，从个人、企业以及政府层面提出了“支持”房地产业的积极政策：“加大对自住型和改善型住房消费的信贷支持力度，对住房转让环节营业税暂定一年实行减免政策等进一步鼓励普通商品住房消费政策；引导房地产开发企业积极应对市场变化，支持房地产开发企业合理的融资需求，取消城市房地产税等支持房地产开发企业积极应对市场变化；落实地方人民政府稳定房地产市场的职责，因地制宜解决其他住房困难群体住房问题等强化地方人民政府稳定房地产市场的职责”，强调“坚持正确的舆论导向”，“要以加快保障性住房建设，鼓励住房合理消费，促进房地产市场健康发展为基调，大力宣传中央出台的各项政策措施及其成效，着力稳定市场信心。”为贯彻落实《国务院办公厅关于促进房地产市场健康发展的若干意见》（〔2008〕131号文件）关于进一步鼓励普通商品住房消费的精神，促进房地产市场健康发展，2008年12月27日财政部、国家税务总局下发《关于个人住房转让营业税政策的通知》规定，自2009年1月1日至12月31日，个人将购买不足2年的非普通住房对外销售的，全额征收营业税；个人将购买超过2年（含2年）的非普通住房或者不足2年的普通住房对外销售的，按照其销售收入减去购买房屋的价款后的差额征收营业

税；个人将购买超过2年（含2 年）的普通住房对外销售的，免征营业税。同时，废止了《财政部国家税务总局关于调整房地产营业税有关政策的通知》（财税〔2006〕75号）的相关规定。

2009年上半年，房地产调控政策基本沿用了“支持”导向。年初，各商业银行和各地方政府纷纷制定细则，贯彻国办发〔2008〕131号文件。1月3日，四大国有银行宣布，只要2008年10月27日前执行基准利率0.85倍优惠、无不良信用记录的优质客户，原则上都可以申请七折优惠利率，并相继出台了实施细则。与此同时，加大土地供应、整顿市场秩序的土地政策相继出台。在2009年5月27日，国务院发布《关于调整固定资产投资项目资本金比例的通知》，规定保障性住房和普通商品住房项目的最低资本金比例为20%，其他房地产开发项目的最低资本金比例为30%。这是自2004年4月以来执行35%自有资本金贷款比例后的首次下调。

一系列文件的发布与实施，实质上宣告了“抑制”政策的终止，为各地政府因地制宜地出台“救市”政策提供了政策支持，对促进房地产业迅速恢复和发展发挥了重要作用。

三、2009年下半年—2013年年底的“打压”阶段

“支持”政策的实施效果就是房地产业迅速出现了供需两旺的局面，造成房地产价格快速上涨。2009年下半年终于重新迎来了新一轮的宏观调控，政策导向由“支持”重归“打压”。12月9日，国务院常务会议研究完善促进消费的若干政策措施，将个人住房转让营业税征免时限由2年恢复到5年，遏制炒房现象。12月14日，国务院常务会议研究完善促进房地产市场健康发展的政策措施，明确提出：“加强市场监管，稳定市场预期，遏制部分城市房价过快上涨的势头”，同时强调“地方政府要切实负起责任”“遏制部分城市房价过快上涨的势头”。12月17日，财政部、国土资源部、央行、监察部等五部委公布《关于进一步加强土地出让收支管理的通知》，将开发商拿地首付款比例提高到五成，且分期缴纳全部价款的期限原则上不超过一年。此前，一些地方土地出让大多执行20%～30%的首付政策。土地出让金新规对于开发企业争当“地王”、地方政府过度依赖“土地财政”，起到了有效的遏制。

随着楼市价格的不断攀升，2010年房地产业迎来了号称“史上最严厉的宏观调控年”，政策之频繁，力度之大，史上罕见，展现了中央政府坚决遏制房价过快上涨的决心。

1月10日，《国务院办公厅关于促进房地产市场平稳健康发展的通知》（称为“国十一条”）。“国十一条”确定了2010年楼市调控基调，即坚决抑制当前房价不合理上涨，进一步加强和改善房地产市场调控，稳定市场预期，促进房地产市场平稳健康发展。4月17日，堪称史上最严的《国务院关于坚决遏制部分城市房价过快上涨的通知》（称为“新国十条”）登上各大媒体头条，从政府问责、住房需求、住房供给、保障性安居工程建设、市场监管等方面提出了“十条”严厉规定。随着“新国十条”的实施，一些房价过高的城

市相继颁布限制家庭购房套数的规定，被称为“限购令”。2010 年 4 月 30 日，北京出台“国十条”实施细则，率先规定“每户家庭只能新购一套商品房”。此后，约 49 个房价过高的地级以上城市相继颁布相关细则，出台限制家庭购房套数的规定。9 月 29 日，相关部委出台巩固楼市调控成果的新一轮政策，被称为“9·29 新政”，内容包括第一套首付提高到 3 成以上、第二套首付不低于 5 成，利率不低于基准利率的 1.1 倍、第三套停贷、首次明确推进房产税改革、落实中小套型商品住房和保障性住房建设计划和供地计划、房价过高上涨过快城市将限定家庭购房套数、对有囤地捂盘等违法记录的房企停发股票和贷款。这几项措施是对“新国十条”的细化与落实，影响范围与深度均超过“新国十条”，房产税改革与“限购令”的明确，成为调控亮点。

“限购令”等行政手段的强力介入，在一定程度上破坏了市场机制的运行规则，在精准打击投资客的同时，也让一部分自住需求者的购房需求遭受牵连打击。但在尚无更好缓释房价飙涨的“良方”之前，“限购令”的政策调控作用，也许只是高烧楼市的“止疼药”，还算不上是那颗能真正降温的“退烧药”。

除了行政手段调控房地产市场运行之外，经济手段仍旧发挥了重要作用。1 月 18 日、2 月 25 日、5 月 10 日、10 月 13 日、11 月 16 日、11 月 29 日，中国人民银行先后六次上调存款类金融机构人民币存款准备金率，每次调整 0.5 个百分点，直至历史最高点。时隔三年，10 月 20 日央行首度加息，住建部上调公积金贷款利率一年期存款基准利率上调 0.25 个百分点，其他各档次存贷款基准利率据此相应调整；住建部 20 日上调五年期以下及五年期以上个人住房公积金贷款分别至 3.50%和 4.05%。12 月 26 日央行决定再次上调金融机构人民币存贷款基准利率，分别上调 0.25 个百分点，其他各档次存贷款基准利率相应调整；住建部再次上调住房公积金贷款利率上调 0.25 个百分点。

土地政策发挥积极作用。1 月 21 日，国土资源部发布《国土资源部关于改进报国务院批准城市建设用地申报与实施工作的通知》提出，申报住宅用地的，经济适用住房、廉租住房和中低价位、中小套型普通商品住房用地占住宅用地的比例不得低于 70%；3 月 10 日国土资源部出台《关于加强房地产用地供应和监管有关问题的通知》，内容包括了“开发商竞买保证金最少两成”“1 月内付清地价 50%”等 19 条土地调控政策；3 月 22 日，国土资源部会议提出，在今年住房和保障性住房用地供应计划没有编制公布前，各地不得出让住房用地；将在房价上涨过快的城市开展土地出让招拍挂制度完善试点；各地要明确并适当增加土地供应总量；房价上涨过快、过高的城市，要严控向大套型住房建设供地。

2011 年房地产市场调控为 2010 年调控的延续和深化。2011 年，为进一步巩固房地产调控成果，中央升级调控力度，综合运用行政、经济手段，仍以抑制投资投机需求、增加供给为总体思路。

第一，限购、限价、限贷等行政手段加码，税收、利率等经济手段跟进，调控政策全面升级。2011 年 1 月 26 日，国务院常务会议再度推出八条房地产市场调控措施（国八条），

将 2010 年“国十条”和“9.29 新政”的限购要求具体化、严格化，限购范围扩大至 40 多个城市，限制标准严厉程度大大提高。7 月“国务院常务会议”又将限购范围扩大到地级县级城市，限购城市进一步扩大至近 50 个城市。价格方面，中央规定商品房明码标价防止房地产企业坐地起价，要求各地制定房价控制目标，并以问责制确保地方政府执行力度，地方“限价令”陆续出台。

首套、二套贷款门槛提高，三套停贷，各类需求均受到一定抑制。从 2010 年 1 月“国十一条”到 2011 年 1 月“国八条”，首套房贷款首付比例全面调到 30%及以上；二套房首付比例不低于 60%，贷款利率不低于基准利率的 1.1 倍；三套及以上住房暂停发放贷款；不能提供 1 年以上当地纳税或社会保险缴纳证明的非本地居民暂停发放购房贷款。

住房转让营业税调整、房产税改革试点正式落地。紧随“国八条”之后，2011 年 1 月 27 日，财政部发布住房转让营业税通知，将购买不足 5 年（含 5 年）的普通住宅对外销售由按差额征收营业税改为按全额征收；同日，上海、重庆宣布次日开始试点房产税，上海征收对象为本市居民新购房且属于第二套及以上住房和非本市居民新购房，税率暂定为 0.6%；重庆征收对象是独栋别墅、高档公寓，以及无工作户口无投资人员所购二套房，税率为 0.5%～1.2%，进一步打击炒房行为。10 月人大会议已经表明今后会扩大房产税改革试点范围。

第二，在保障房建设方面，资金、土地等配套措施跟进，促使大规模建设计划落实到位。中央投入资金增加，多项政策支持保障房融资。中央发布《关于利用债券融资支持保障性住房建设有关问题的通知》《关于多渠道筹措资金确保公共租赁住房项目资本金足额到位的通知》等多项政策支持保障房融资，确保建设进度。《国民经济和社会发展第十二个五年规划纲要》中提出，未来 5 年，我国将开工建设 3 600 万套保障房，2011 年和 2012 年各 1 000 万套，后面三年 1 600 万套，“十二五”末使保障性住房的覆盖率达到 20%。根据住建部统计数据，截至 2011 年 10 月底，全国保障房已开工 1 033 万套，超额完成年初计划任务。

第三，在货币政策方面，上半年持续收紧，新增房地产贷款下降显著，年底货币政策微调。为抑制通货膨胀，央行在 2011 年上半年持续收紧货币政策，但下半年收紧步伐明显放缓。2011 年 1—7 月，央行共加息 3 次（2 月 9 日、4 月 6 日、7 月 7 日，每次分别上调 0.25 个百分点，一年期存款利率提高到 3.5%）；上调存款准备金率 6 次（1 月 20 日、2 月 24 日、3 月 25 日、4 月 21 日、5 月 18 日、6 月 20 日，每次分别上调 0.5 个百分点，大型金融机构存款准备金率达到 21.5%的历史高点）。进入下半年以后，随着物价过快上涨的势头得到遏制(CPI 增速由 7 月的 6.5%高位回落至 10 月的 5.5%，11 月进一步下降至 4.2%)，中央及时调整货币政策收紧步伐，7—11 月共计 5 个月里，央行未上调利率和存准率。11 月 30 日，央行公布从 12 月 5 日起下调存款准备金率 0.5 个百分点，这是近三年来央行首次下调存准率，释放 2012 年货币政策微调的信号。12 月 12 日，中央经济工作会议召开，指出

要推进营业税改征增值税和房产税改革试点，坚持房地产调控政策不动摇，促进房价合理回归。

持续而严厉的调控政策对房地产市场产生了严重的影响。2011 年 1—11 月全国商品住宅累计新开工面积为 13.5 亿平方米，同比增长 17.6%，增幅较 2010 年同期大幅回落 28.6 个百分点。全国商品住宅开发投资完成额 39 856.64 亿元，增长 32.80%，增幅较 2010 年同期回落 1.4 个百分点。1—11 月全国 30 个重点城市商品住宅成交量较 2010 年和 2009 年同期分别下降 16.4%和 45.2%，不但投资性需求被严重抑制，而且部分改善型甚至首次置业需求也被波及。中指院 11 月份全国百城平均价格显示，11 月份 100 个城市住宅平均价格为 8 832 元/平方米，环比下跌 0.28%。土地市场受到影响，各地土地市场纷纷出现流拍、取消拍卖或低价成交的现象，据统计，仅 11 月中全国 35 个热点城市内流标和中止出让的地块就达到了 117 宗，环比 10 月的 22 宗增加了 4 倍多，流标地块的规划建筑面积达到 1 580 万平方米。在一些二线城市，甚至还出现了开发商“退地”的情况。如 11 月 2 日，济南市国土资源部门公告出让的 11 幅土地，其中 9 幅因无人申请购买而流拍，另外 2 幅以底价成交。原先有意出手的龙湖最后以“资金紧张”的理由退出了竞买。

2012 年，房地产调控政策稳中趋紧，在保证经济发展的背景下坚持调控不放松，地方政府微调楼市政策，基本未突破限购、限价等政策红线，但也有部分地方政府的微调政策被中央政府叫停。财政政策、金融政策、土地政策依然发挥着重要作用。

中央关于房地产调控不放松。1 月 31 日温家宝总理主持召开国务院第六次全体会议，指出巩固房地产市场调控成果，继续严格执行并逐步完善抑制投机投资性需求的政策措施，促进房价合理回归。2 月 6 日李克强主持保障性住房公平分配工作座谈会，强调要继续坚持搞好房地产市场调控，巩固调控成果。3 月 5 日《政府工作报告》指出，严格执行并逐步完善抑制投机、投资性需求的政策措施，进一步巩固调控成果，促进房价合理回归。部分城市对房地产政策进行微调。大多数地方政府的微调政策得到了中央政府的认可，也有部分地方政府的微调政策被中央政府叫停。获准的微调政策旨在鼓励自住性住房需求的政策措施，主要方式是放宽住房公积金政策和调整普通住房价格标准，如济南、武汉、南昌、郑州、沈阳、乌鲁木齐、南宁、西安、厦门、大连、连云港、信阳、日照、蚌埠、常州、漳州、滨州、江门、临沂、莆田、芜湖等城市放宽公积金政策，厦门、天津、上海、北京等城市都对普通住房价格标准进行了调整。被叫停的微调政策则主要是涉及放松限购、限价政策的政策措施，如上海、芜湖、中山、珠海等城市。表明地方的微调政策不可触及中央调控的底线。同时，中央加强监管。7 月下旬至 8 月上旬，国务院派出 8 个督察组对北京市、天津市、河北省等 16 个省（市）贯彻落实房地产调控政策措施情况进行了督促检查，强调各地不得以任何理由变相放松调控。

财政政策方面，2012 年继续推进保障性安居工程建设，在确保质量的前提下，基本建成 500 万套，新开工 700 万套以上。因此，2012 年房地产领域财政政策的重点就是解决保

障性安居工程的资金问题。1月财政部发布《关于切实做好2012年保障性安居工程财政资金安排等相关工作的通知》，针对中央和地方财政资金支持保障房建设做出相应规定；6月住建部等七部委联合发布《关于鼓励民间资本参与保障性安居工程建设有关问题的通知》等文件，鼓励和引导民间资本通过直接投资、间接投资、参股、委托代建等多种方式参与廉租住房、公共租赁住房、经济适用住房、限价商品住房和棚户区改造住房等保障性安居工程建设。

金融政策方面，在2月初召开的金融市场工作座谈会上，央行部署了2012年金融市场和信贷政策工作重点及落实措施，明确提出要“继续落实差别化住房信贷政策，完善融资机制，改进金融服务，加大对保障性安居工程和普通商品住房建设的支持力度，满足首次购房家庭的贷款需求”。央行在2月、5月先后两次下调存款类金融机构人民币存款准备金率0.5个百分点。两次下调后，中国大型金融机构的存款准备金率降至20%，中小型金融机构的存款准备金率则降至16.5%。6月，央行将金融机构一年期存、贷款基准利率分别下调0.25个百分点，其他各档次存贷款基准利率及个人住房公积金存贷款利率相应调整；同时，将金融机构存款利率浮动区间的上限调整为基准利率的1.1倍，下限调整为基准利率的0.8倍。这是自2010年起央行连续5次加息后的首次减息，金融机构一年期贷款基准利率降为6.31%。随后，央行又发特急文件（银发〔2012〕142号文）明确在允许金融机构对企业贷款利率浮动区间下限放宽至基准利率0.8倍的同时，对个人住房贷款利率浮动区间的下限仍为基准利率的0.7倍。7月，央行再次下调金融机构人民币存贷款基准利率，金融机构一年期存款基准利率下调0.25个百分点，一年期贷款基准利率下调0.31个百分点，其他各档次存贷款基准利率及个人住房公积金存贷款利率相应调整；同时，将金融机构贷款利率浮动区间的下限调整为基准利率的0.7倍，个人住房贷款利率浮动区间不作调整；并强调金融机构要继续严格执行差别化的各项住房信贷政策，继续抑制投机投资性购房。

土地政策方面，2月，国土资源部《关于做好2012年房地产用地管理和调控重点工作的通知》中，提出要科学合理地编制2012年住房用地供应计划，保障性住房、棚户区改造住房和中小套型普通商品住房用地不低于总量的70%；合理增加普通商品住房用地，严格控制高档住宅用地，不得以任何形式安排别墅类用地。6月，国土资源部发布了《闲置土地处置办法》，以避免开发商囤地，促进已出让用地尽早开发，以增加市场供给量。7月，国土资源部、住建部发布《关于进一步严格房地产用地管理巩固房地产市场调控成果的紧急通知》，强调要坚持调控不放松，不断巩固调控成果，坚决防止房价反弹；强调加大住房用地供应力度，应保尽保保障性安居工程用地，进一步加大普通商品住房用地的供应力度。9月，国土资源部《关于严格执行土地使用标准大力促进节约集约用地的通知》要求严格执行国家发布的《限制用地项目目录》《禁止用地项目目录》《工业项目建设用地控制指标》，公路、铁路、民用航空运输机场、电力、煤炭、石油和天然气工程项目建设用地等控制指标，房地产用地宗地规模、容积率控制等各类土地使用标准，以便控制建设用

地规模，促进土地节约集约利用。11 月国土资源部、财政部、中国人民银行、中国银监会联合发布《关于加强土地储备与融资管理的通知》，以加强土地储备机构、业务和资金管理，规范土地储备融资行为。

总体来看，2012 年政策的两大重点是促进房价合理回归和解决中低收入家庭的住房问题。房地产调控仍然是服务于宏观经济增长的需要，2012 年世界经济复苏依然艰难曲折，中国宏观经济在外需持续萎靡、内需有效需求不足的情况下，面临着较大的下行压力。在经济下行压力加大、“稳增长”成为宏观经济政策首要目标之时，央行在 2012 年先后两次下调存款类金融机构人民币存款准备金率，而后又两次下调金融机构人民币存贷款基准利率，房地产企业资金链的紧张状况也随之得到一定程度的缓解。中央政府和地方政府也出台了一系列鼓励自住性住房需求的政策，以利于扩大内需、稳定增长。这再一次证明，房地产调控是服从于宏观调控目标的，是服务于宏观经济增长需要的。

2013 年，“宏观稳、微观活”成为房地产政策的关键词，全国整体调控基调贯彻始终，不同城市政策导向出现分化。年初，《国务院办公厅关于继续做好房地产市场调控工作的通知》持续加码调控，不仅要求提高二套房贷首付比例，还特别强调出售自有住房需缴纳 20%的个税。根据“国五条”要求，各地纷纷落实相关措施。大多数城市仅公布了本年度的房价控制目标，部分重点城市公布了“国五条”细则，主要包括完善稳定房价工作责任制、坚决抑制投机投资性购房、增加普通商品住房及用地供应、加快保障性安居工程规划建设、加强市场监管等方面。但在公布细则的城市中，对国五条各项调控政策的落实力度也存在差异，仅有北京、上海等城市在地方细则中严格落实国五条相关要求。

四、2014 年以来的房地产业“去库存”阶段

经过 2009 年下半年—2013 年年底的“打压”阶段，楼市出现了大面积的观望情况，投资增速显著趋缓。不论是一线城市还是二三线城市，房地产销售面积和销售额同比都出现大幅下滑现象，并且房地产市场出现大量的库存，楼盘空置现象严重。从此房地产业迎来了“去库存”阶段。因而，从中央到地方都采取了一系列调控措施，对房地产市场加以调整。就 2014 年出台的房地产市场政策而言主要分以下几点。

（1）对不同城市房地产进行分类调控。李克强总理 2014 年 3 月 5 日在政府工作报告中提出分类调控，增加中小套型商品房和共有产权住房供应，抑制投机投资性需求，从而促进房地产市场持续健康发展。这意味着政府不再一味地采用行政手段来遏制房价过快增长，而是更加灵活机动的市场手段被融入其中，如热点城市抑制投资投机需求，非热点城市政策调控相对会宽松。

（2）支持居民首套房贷，取消“限购令”。5 月 12 日，央行要求银行支持居民家庭首套房贷；6 月下旬，全国有 40 多个城市将“限购令”相继取消或大幅度松绑。使房贷审

批流程缩短，有利于首次置业人群，松绑限购令从而盘活房地产市场，减少房地产库存量。

（3）进行“不动产登记”征求意见。8 月 15 日，《不动产登记暂行条例（征求意见稿）》（以下简称《条例》）公布，规定将集体土地所有权，房屋等建筑物、构筑物所有权，宅基地使用权等纳入不动产登记范围中。而《条例》也对查询做出规定，要求民事主体去登记机构查询要说明目的。按照《物权法》规定，必须是权利人和利害关系人才可以进行查询。这有助于调查不动产出现的腐败问题，抑制投资性需求，但作用不是非常显著。继而 9 月 30 日，中国人民银行、中国银监会联合下发“9・30”房贷新政，内容涉及加大对保障房金融支持、支持居民合理住房贷款需求、支持房企合理融资需求等多项政策。“9・30”房贷新政被业内视为房贷政策的大尺度“松绑”，对楼市的刺激作用比较明显。新政推出后，楼市升温较快。开发商推盘意愿加强，此前还在观望的购房者也积极入市。

除此之外，放宽住房公积金贷款，央行并宣布降息。10 月 9 日，住房和城乡建设部、财政部和央行联合印发《关于发展住房公积金个人住房贷款业务的通知》，要求各地放宽公积金贷款条件；11 月 21 日，央行宣布降息，决定自 2014 年 11 月 22 日起下调金融机构人民币贷款和存款基准利率；并且在 12 月 5 日，北京市住建委通告弃选自住房开售。公开销售的自住房，除了不再摇号外，购房资格审核、选房公证以及购买后的产权登记、再上市等问题，均按现有自住房政策执行。

通过 2014 年政府对于房地产市场的调控，促进了房地产市场的合理化发展。但是房地产库存量没有大幅度减少迹象。因而 2015 年房地产市场调控趋于房地产供需调节。其主要的调控政策有以下几点。

（1）加快城市群发展，支持城镇保障性安居工程。4 月 8 日，国务院批复同意《长江中游城市群发展规划》，提出城乡统筹发展；4 月 8 日，财政部、住房城乡建设部联合发布通知（财综〔2015〕4 号），制定了《城镇保障性安居工程财政资金绩效评价暂行办法》（以下简称《办法》），《办法》要求：各级财政部门会同住房城乡建设等部门，对财政资金支持城镇保障性安居工程实行绩效评价，提高财政资金使用效益。

（2）合理管理运营房地产市场。4 月 24 日，第十二届全国人大会常委会第十四次会议修订了《广告法》，新《广告法》规定：房地产广告必须真实、合法、科学、准确，不得欺骗、误导消费者；4 月 13 日，国土资源部、中央编办联合下发《关于地方不动产登记职责整合的指导意见》，强调要充分认识不动产登记职责整合的重要性和紧迫性，加快推进不动产登记职责整合，确保不动产登记职责整合工作有序推进；4 月 21 日，财政部、国土部、住建部、央行、税务总局、银监会等六部门印发《关于运用政府和社会资本合作模式推进公共租赁住房投资建设和运营管理的通知》，鼓励地方运用 PPP 模式推进公共租赁住房投资建设和运营管理；同时 4 月 17 日，央行第二次下调各类存款类金融机构人民币存款准备金率。

（3）盘活市场经济和土地机制。5 月 8 日，国务院批转发展改革委《关于 2015 年深

化经济体制改革重点工作的意见》，研究提出深化住房制度改革实施方案，修订住房公积金管理条例；6 月 25 日，国土资源部提出创新存量用地倒逼机制，同时拟对部分城市新增建设用地实行“刚性约束”，因地制宜地建立符合各个城市区域特点的存量土地盘活机制。

（4）棚户区改造，加强不动产信息管理。6 月 30 日，《国务院关于进一步做好城镇棚户区和城乡危房改造及配套基础设施建设有关工作的意见》（以下简称《意见》）正式公布。《意见》提出，制定城镇棚户区和城乡危房改造及配套基础设施建设三年计划（2015—2017 年）。改造包括城市危房、城中村在内的各类棚户区住房 1 800 万套（其中 2015 年 580 万套），农村危房 1 060 万户（其中 2015 年 432 万户）；8 月国土资源部发布《关于做好不动产登记信息管理基础平台建设工作的通知》，明确各地要按照 2015 年下半年信息平台上线试运行，同时《房地产税法》正式列入人大常委会立法规划。

（5）降低首付，唱响去库存主旋律。31 日出台“831”政策提出再次申请住房公积金委托贷款购买住房的，最低首付款比例由 30%降低至 20%；9 月 30 日，央行和银监会联合发出通知，在不实施“限购”措施的城市，对居民家庭首次购买普通住房的商业性个人住房贷款，最低首付款比例调整为不低于 25%；11 月 10 日，习近平主席主持召开中央财经领导小组第十一次会议，研究经济结构性改革和城市工作。其中，对于房地产的表述，提出“要化解房地产库存，促进房地产业持续发展。”这是十八大以来，习近平首次对房地产明确提出去库存表态；11 月 11 日，李克强主持召开国务院常务会议，提出以加快户籍制度改革带动住房、家电等消费。2015 年 12 月召开的中央经济工作会议以罕见的篇幅论述了房地产去库存的重要性，“以建立购租并举的住房制度为主要方向，把公租房扩大到非户籍人口。要发展住房租赁市场，鼓励自然人和各类机构投资者购买库存商品房，成为租赁市场的房源提供者，鼓励发展以住房租赁为主营业务的专业化企业”。2016“两会”政府工作报告强调指出：“推进城镇保障性安居工程建设和房地产市场平稳健康发展。今年棚户区住房改造 600 万套，提高棚改货币化安置比例。完善支持居民住房合理消费的税收、信贷政策，适应住房刚性需求和改善性需求，因城施策化解房地产库存。建立租购并举的住房制度，把符合条件的外来人口逐步纳入公租房供应范围。”各地随之出台各种“去库存”政令，使得楼市“去库存”成为 2016 年最热门的词汇之一。

通过以上政策的出台以及实行，我们可以看到在 2014 年以来房地产市场去库存阶段出台的调控政策主要体现在以下几个方面：第一，降息降准组合发力，降低首付，减轻居民家庭购房经济负担；第二，“限购令”取消和松绑，扩大房地产市场；第三，加强房地产市场运营管理合理化，实施不动产登记；第四，加大市场供需来进行房地产市场调控；第五，加强房地产市场去库存，使房地产市场趋于良性发展。通过这些调控政策，我们可以看出房地产调控是服从于宏观调控目标的，是服务于宏观经济增长需要的。

纵观十几年我国房地产宏观调控历程，不难理解，为了实现房地产市场健康稳定发展以及房价稳定的目标，我国政府干预房地产市场的频率和力度都较大。但由于政策频繁，政策反复，缺乏一致性等原因，政策效果并不理想。房地产宏观调控应建立相应的长效调控机制以稳定市场主体预期，在提高市场绩效建立有效市场的同时，采取有效的激励机制，兼顾经济效率与社会公平，引导有效供给与有效需求，最终促进房地产市场稳定健康发展。

【资料分享】房地产调控政策“堵”与“疏”的理性思考[①]

2003年以来，面对不断攀升的房价，政府多次运用土地、金融、税收、住房保障等经济手段对房地产市场进行干预，尤其2009年以来，伴随着新一轮调控政策的密集出台，国内房地产市场正经历史上最严厉的宏观调控，调控政策中除了更为苛刻和具体的土地、金融、税收、住房保障政策外，行政手段“限购令”也加入其中。市场手段和行政手段的综合应用，充分显示出政府调控房地产市场和控制房价过快上涨的决心。然而，与历次宏观调控一样，市场仅在政策出台后有短暂回落，但下行趋势并未显现。分析造成这一现状的原因不难发现，多数的房地产调控政策呈现出“堵多于疏”的特性，这不仅有悖于市场本身的运行规律，而且使得多数政策难以实施，最终出现政策向右、市场向左的尴尬局面。

一、房地产宏观调控“堵”与“疏”的分析

随着限购、限贷、税收减免优惠政策取消，重庆和上海两地房产税的相继推出，土地供应增加，加快中低价位、中小套型普通商品住房建设，保障性安居工程建设力度加大等宏观调控政策的出台和实施，积存于房地产市场中的各种矛盾愈加显现出来；与此同时，这些调控政策本身也呈现出“堵”与“疏”相结合的特性。

（一）“堵”的分析

在一手房市场上，颁布政令堵住资金流向房地产市场的渠道，借此严加防范、控制资金流向房地产市场；同时，在二手房市场上，通过提高个人所得税、营业税、契税等交易税费，开征房产税，进一步设置障碍，提高了入市门槛。诸如此类“堵”的调控政策意在抑制市场需求。

显然，限购、限贷、税收减免优惠政策取消、房产税的推出即完成了上述功能。但是，这些“堵”的调控政策究竟是否符合市场规律，会给市场带来什么样的影响，这是需要我们认真思考的问题。

首先，从经济学的角度看，房地产特别是住宅除了满足人们的居住功能外，更多的时候承担了投资品的属性，具有保值增值的特性。因此，任何通过人为措施强制使其回归居住属性或消费属性的做法，显然都是违背了房地产本身的规律性，是不可取的。

其次，根据世联地产近3年对19个城市的住宅销售与土地成交监测来看，住宅土地成

---

① 几年前，作者曾就房地产宏观调控做过思考，并形成这样一个短文，与读者共勉。

交热度与住宅销售面积密切相关，而住宅销售面积又与政府调控政策息息相关。因此，“限购令”等政策的实施使得当期商品住宅的成交量下降的同时，一方面使得当期住宅土地市场成交量随之下降，这将直接导致未来商品住宅市场供应量减少，后果可能是暂时的价格稳定或下降是以未来价格大幅度上升为代价的，人为增加了市场的波动和不确定性；另一方面，目前实施的楼市调控政策主要是针对商品住宅市场，商业、办公地产市场不在调控范围内，因此后两类市场获得了良好的发展机遇。许多开发商加入了商业、办公地产市场行列，商业、办公用地的增速远远大于住宅用地的增速。

显然，虽然“限购令”等政策的实施将一部分投资者“堵”在商品住宅市场之外，但投资者的趋利性并不会因此而改变，他必将手中的资金投到包括商业、办公地产在内的其他可以获利的领域。

第三，以“限购令”为代表的调控政策存在退出市场期限。若这一期限较长，可以预见的是，商品住宅市场不能排除逐渐萎缩的危险，投资者手中的资金进入其他领域，那么届时政府是否会为了稳定这些领域的发展，再出台类似的“限购”政策呢？如此，限购小麦、限购大豆、限购玉米等都有可能出现，历史又回到了曾经的计划经济时代，这将是非常可怕的事情。

若以“限购令”为代表的调控政策只是权宜之计，很快退出市场，那么当它退出市场之时，只要新的投资机会还没有实质性形成，人们还是会认为投资房地产最有利可图，自然会回过头来投资，而这时房子的供给可能会减少，供求关系决定了未来的房价一定会上涨得更加激烈。

（二）“疏”的分析

增加土地供应，加快中低价位、中小套型普通商品住房建设，加大保障性安居工程建设力度等措施，意在扩大市场供给，“疏”通住宅供给渠道。然而，分析已经表明，意在“堵”住商品住宅市场需求的调控政策已实质性地降低了商品住宅土地市场的需求量，减少的是未来商品住宅的供给，为未来房价的再度上涨埋下了隐患。加大保障性安居工程建设力度被提到前所未有的重要地位。的确，作为社会保障体系的一个重要组成部分，政府有责任确保它的人民“住有所居”。然而，目前在中国的住房保障应达到何种程度以及住房保障方式（两种方式：“砖头补贴”或“人头补贴”）的选择等至关重要的问题上还存在较大争议，这不能不影响有限的土地资源和房屋资源的有效利用。而加快中低价位、中小套型普通商品住房建设也存在执行上的困难，具体如下。

首先，普通商品房的标准很难界定。普通商品房的含义是什么？现有的成文规定一是户型面积在 120m^2（可上浮 20%）以下或者 90m^2 以下占到 70%；二是成交价格不高于同级地段平均交易价格的 2 倍；三是容积率在 1.1 倍以上。那么，我们不禁产生这样的疑虑：这些标准制定的依据是什么？是否仅仅满足了面积、价格、容积率规定的商品房就能被认定为普通商品房？作为房屋最重要的指标——建筑质量、小区环境设计、区内外市政设施

配套等是否也应有相应的规定？

其次，即使普通商品房的标准能够制定得完美无缺，那么等到了实践中这些指标也会面临着难以执行的矛盾。假若开发商在买地时承诺将以普通商品房的价格进行销售，而到商品房真正上市时已过了很长一段时间，这期间市场需求、建筑成本等可能会发生很大变化，开发商必然要根据市场需求以及建筑成本的变化情况重新确定楼盘上市价格，而这一价格能否控制在政府限定的价格以内，则完全取决于政府干预市场的能力（实际上，过于强大的政府干预会损害市场的良性发展）。如若不然，这些标准因受到来自市场各方的抵制而不能持续得到执行。更为糟糕的是，一旦管制放松，极有可能带来新一轮的价格上涨，多年的宏观调控已经切切实实地证明了这种说法。

由此来看，我们认为具有“疏”特点的这些调控政策，实际上“堵”的成分更多一些。总体上说，政策调控思路和取向是通过扩大市场供给的同时，抑制部分市场需求，以达到遏制房价快速上涨的目的。应该说，这种“堵”与“疏”相结合的调控思路和取向无疑是正确的，但是“堵”的力度要明显高于“疏”的力度，这有悖于市场本身的运行规律。因此，要想促进房地产市场平稳健康发展，还必须寻找其他突破口。

二、以“疏”为主，付之以“堵”，使房价回归理性

相信国人对“大禹治水”的故事如数家珍。面对滔滔洪水，大禹从鲧治水的失败中汲取教训，改变了“堵”的办法，对洪水进行“疏”导，体现出他具有带领人民战胜困难的聪明才智。如今，面对翻云覆雨的房地产市场，国人不妨重新思考“大禹治水”隐含的哲理。因需求而带来的高房价如同洪水一般，若是想依靠“堵”的办法解决问题，只有在不断增加堤坝高度的同时将所有可能发生决堤的地方全都“堵”上。市场经济条件下，似乎谁都没有能力支付如此之高的成本，除非重新回到计划经济时代。而以“疏”为主，付之以适当的“堵”，方有可能使房价回归真实。

（一）主要依靠市场手段，解决住房供应问题

在商品房的供给上，应遵循市场供求规律，而不能一出问题就人为划定一个杠杠强制大家都去遵守。从房地产市场营销的角度看，开发商在项目前期一般都要展开市场调查，其中一项主要内容就是本项目的市场需求调查，所形成的市场调查报告也成为开发商进行产品开发、定价、促销以及渠道选择等的重要依据（称为 4PS 营销策略）。

通过调查，若该项目的市场需求在 100m^2 以上超过 7 成，而现有政策非要规定 90m^2 以下占到 70%以上，这种规定明显是不合适的。开发商作为企业，保证盈利是它的职责所在，是对企业自身和股东负责任的表现。钻石能卖出钻石价格而非要当成石头来卖，或者钻石只能当成石头来卖而非要要求仍然按钻石价格来卖，这样的做法还是少有为妙。中国目前是否应该大规模新建保障性住房，也是必须认真研究的问题。相关研究表明，住房保障程度与整个社会的保障理念有关。目前，中国的社会保障体系是以基本保障为基础，这也就决定了中国的住房保障只能是低水平的基本保障，而不能将住房保障泛化为包括中等

收入人群的"住房普遍福利"。另一方面，来自中国统计年鉴的数据表明，2006年城市人均住宅建筑面积27.1m^2，而2009年山东省城镇居民的家庭住房情况是，现有住房总建筑面积31.8m^2/人，城镇的住房私有化率达到94.51%。由此可见，目前城镇人口不存在普遍的住房短缺，住房已经进入更新换代阶段。但是，城镇中仍然存在着一部分低收入家庭，这些家庭靠自身能力无法完成住房改善要求和住房需求，需要政府帮助。住房保障涉及的群体正是这一部分人，他们需要依靠政府的帮助和自身的努力解决住房问题。

在巨额的城市存量住房中，是否有足够的适合低收入人群居住的住房，这决定了住房保障方式的选择问题。因此，各个城市应在对现有住房存量状况调查研究的基础上，再决定采取"人头补贴"或"砖头补贴"。若某个城市有足够的适合低收入人群租住的住房，政府再重新建造大量的保障性住房，必然会造成大量浪费，还可能扰乱市场秩序。此时可考虑"人头补贴"，充分发挥住房过滤的作用，从而实现住房保障的目的。反之，在那些虽然存在大量的存量住房但缺乏足够住房适合低收入人群租住的城市，可适当建些保障性住房，通过"砖头补贴"的方式解决低收入人群的住房问题。

（二）适当抑制国人住房需求的同时拓宽投资渠道，缓解国人的房地产情结

适当抑制国人住房需求的思路无疑是正确的。中国的现实情况决定了不可能每户家庭拥有多套住房，绝大多数人家也不可能像欧美国家那样住上几百平方米的大房子。因此，通过税收、信贷等经济手段引导人们的合理住房需求是非常有必要的。

多年来房地产宏观调控的主要目标是抑制房地产投资和投机需求。然而，国内适宜的投资渠道和投资机会的缺失，使得无论政策怎样调控，人们的房地产情结始终不变。实际上，当政策只告诉人们不允许进行房地产投资，却没有告诉人们允许投资什么的时候，政策即使得到实施也只能是暂时的。因此，缓解国人房地产情结的根本办法是拓宽人们的投资渠道，降低投资门槛，使他们手中的钱有地可去。好在，为了疏通巨额民间资本的投资渠道，政府出台了一系列相关政策。例如，《国务院关于鼓励和引导民间资本健康发展的若干意见》（国发〔2010〕13号）强调要进一步拓宽民间投资的范围和领域，鼓励和引导民间资本进入包括政策性住房建设在内的多类社会公用与基础建设事业领域；《关于保障性安居工程资金使用管理有关问题的通知》（财综〔2010〕95号）提出利用贷款贴息引导社会发展公共租赁住宅；而财政部《关于支持公共租赁住房建设和运营有关税收优惠政策的通知》（财税〔2010〕88号）则对公租房建设和经营涉及的城镇土地使用税、印花税、契税、房产税等减免做了规定。当中央政府这些政策措施得到落实时，必将大大缓解房地产市场的压力；也只有当需求得到释放时，价格才能真正回归理性。

本章小结

所谓房地产宏观调控，是国家权力和具备管理房地产职能的行政机关，为了实现促进

房地产业健康持续平稳发展的目的，通过行政的、经济的、法律的手段来引导和影响房地产市场主体及其行为，从而对房地产业进行总体调节和控制的手段和职能的统称。业内人士普遍认为，政府对房地产业的全面宏观调控始于2003年，随后出台的各项调控政策力度之大、频率之密集，实属史上罕见，也为其他行业所不及。

房地产宏观调控的主要政策工具大致分为强制性政策工具、金融政策工具和财政政策工具等。2008年以来实施的房地产宏观调控政策大致分为四个阶段，即2008年9月上旬之前的“抑制”阶段、2008年9月下旬—2009年下半年的“支持”阶段、2009年下半年—2013年年底的“打压”阶段和2014年以来的房地产业“去库存”阶段。

房地产宏观调控应建立相应的长效调控机制以稳定市场主体预期，在提高市场绩效建立有效市场的同时，采取有效的激励机制，兼顾经济效率与社会公平，引导有效供给与有效需求，最终促进房地产市场稳定健康发展。

综合练习

一、基本概念

宏观调控；房地产宏观调控；国有房产；强制性政策工具；金融政策工具；信贷政策；货币政策；财政政策

二、思考题

1．为什么会产生房地产宏观调控？

2．房地产宏观调控的政策工具有哪些？

3．评述一下房地产宏观调控政策的实施效果。

参 考 文 献

1．董藩，郑润梅．土地法学[M]．北京：北京师范大学出版社，2009.

2．董藩，丁宏，陶斐斐．房地产经济学[M]．北京：清华大学出版社，2012.

3．谭术魁．房地产管理学[M]．上海：复旦大学出版社，2006.

4．李英，孙艳玲，张红日．城镇住房保障模式研究——以政府资助下的租赁为主体[M]．北京：清华大学出版社，2012.

5．刘黎虹，韩丽红．工程建设法规与案例[M]．北京：机械工业出版社，2015.

6．潘安平．房地产法规[M]．北京：北京大学出版社，2013.

7．中国法制出版社．征收拆迁补偿 2014 年 实用版[M]．北京：中国法制出版社，2014.

8．马怀德．行政法学[M]．北京：中国政法大学出版社，2009.

9．史笔，顾大松，朱嵘．房屋征收与补偿司法实务[M]．北京：中国法制出版社，2011.

10．付光辉．房地产估价[M]．北京：化学工业出版社，2011.

11．孙晓丽，乔晓辉．房地产政策与法规[M]．北京：化学工业出版社，2009.

12．葛书环，刘楠．建设法规[M]．北京：中国时代经济出版社，2013.

13．建设部住宅与房地产业司，建设部政策法规司．商品房销售管理办法暨商品房买卖合同示范文本指南[M]．北京：中国物价出版社，2001.

14．石海均，王宏．房地产开发[M]．北京：北京大学出版社，2010.

15．李延荣．房地产管理法[M]．北京：中国人民大学出版社，2011.

16．唐永忠，李清立．房地产开发与经营[M]．北京：清华大学出版社，2013.

17．叶天泉，花景新，温世瑞．房地产市场辞典[M]．沈阳：辽宁科学技术出版社，2009.

18．刘跃进，韩晓东，陈桂兰．房地产与物业管理法律实务[M]．北京：化学工业出版社，2007.

19．高旭军，沈晖．房地产法[M]．上海：上海财经大学出版社，2004.

20．徐惠蓉，王岚．经营城市 21 世纪中国经营城市的理论与实践[M]．兰州：甘肃人民出版社，2004.

21．周伟林，严冀．城市经济学[M]．上海：复旦大学出版社，2004.

22．李英，周宇．房地产市场营销[M]．第二版．北京：清华大学出版社，2016.

23．房地产经纪人执业资格考试辅导用书编委会．房地产基本制度与政策[M]．北京：中国经济出版社，2014.

24．吴高盛．《中华人民共和国城市房地产管理法》释义及实用指南[M]．北京：中国民主法制出版社，2015.

25．史贵镇，黑敬祥．2015 全国房地产估价师执业资格考试用书 全国房地产估价师执业资格考试历年真题精析[M]．北京：机械工业出版社，2014.

26．范如国．房地产投资与管理[M]．武汉：武汉大学出版社，2014.

27．李晓波，周峰．房地产投资交易一本通（政策解读版）[M]．北京：中国铁道出版社，2014.

28. 李勇军. 我国商品房预售资金监管的经济学解析[M]. 成都: 四川大学出版社，2013.

29．汇智书源．人人都要懂的房产常识大全集（实用案例版）[M]．北京：中国铁道出版社，2015.

30．邓扬威．房地产全程营销宝典[M]．广州：广东旅游出版社，2006.

31．潘安平．房地产法规[M]．北京：北京大学出版社，2013.

32. 江必新，何东宁. 最高人民法院指导性案例裁判规则理解与适用 •房地产卷[M]. 北京：中国法制出版社，2014.

33．王庆新．百姓法律顾问丛书：房屋买卖、租赁与物业管理[M]．北京：中国检察出版社，2012.

34．北京市大瀚律师事务所．房产纠纷案例大全：房屋权属、买卖、租赁、征收补偿、居间、继承、赠与[M]．北京：中国法制出版社，2015.

35．蒋利玮．房屋买卖纠纷维权必备[M]．北京：中国法制出版社，2006.

36．郑岐山．商品房买卖法律实务[M]．上海：上海社会科学院出版社，2010.

37．吴庆玲．房地产产权产籍管理[M]．北京：首都经济贸易大学出版社，2005.

38．王贵水．你一定要懂的经济学知识[M]．北京：北京工业大学出版社，2015.

39．高程德．经济法（民商法）[M]．上海：上海人民出版社，2015.

40．戚伟平．新编经济法概论[M]．上海：上海财经大学出版社，2015.

41．席枫．房地产市场管理[M]．天津：南开大学出版社，2015.

42．王诤诤．房地产估价理论与应用[M]．北京：清华大学出版社，2014.

43．余源鹏．二手房交易三日通：高房价下的二手房投资交易指南[M]．北京：机械工业出版社，2014.

44．陈光中，关永宏．新世纪多科性大学法学应用规划教材：房地产法学[M]．北京：中国民主法制出版社，2008.

45．董藩，丁宏，陶斐斐．房地产经济学[M]．北京：清华大学出版社，2012.

46．徐开墅．民商法辞典[M]．增订版．上海：上海人民出版社，2004.

47. 陈华彬. 我国物权立法难点问题研究[M]. 北京：首都经济贸易大学出版社，2014.

48．刘国臻．土地与房产法研究[M]．北京：中国政法大学出版社，2013.

49．田禹，刘德明．物业管理概论[M]．北京：清华大学出版社，2015.

50．吴高盛．《中华人民共和国城市房地产管理法》释义及实用指南[M]．北京：中国民主法制出版社，2015．

51．张保东．现代房地产建设管理指引[M]．北京：光明日报出版社，2005．

52．谭术魁．房地产经营与管理[M]．上海：复旦大学出版社，2009．

53．缪文卿．国有企业企业家激励问题研究[M]．济南：山东人民出版社，2014．

54．白文桥．2015 年法律硕士（法学）联考大纲要点解析及应试策略[M]．北京：中国人民大学出版社，2014．

55．王凯．工程建设法规[M]．北京：清华大学出版社，2014．

56．叶剑平．房地产经营与管理[M]．北京：中国农业出版社，2011．

57．叶天泉．房地产市场辞典[M]．沈阳：辽宁科学技术出版社，2009．

58．孙晓丽，乔晓辉．房地产政策与法规[M]．北京：化学工业出版社，2009．

59．吴庆玲．房地产产权产籍管理[M]．北京：首都经济贸易大学出版社，2005．

60．谭峻．房地产产权产籍管理[M]．北京：中国人民大学出版社，2002．

61．林增杰．房地产产权产籍管理[M]．北京：中国建筑工业出版社，1996．

62．姚坤一．房地产行政管理学[M]．上海：百家出版社，1994．

63．卜一德．房地产开发经营管理实用手册[M]．第 3 版．北京：中国建筑工业出版社，2010．

64．黄安永．建设法规[M]．南京：东南大学出版社，2010．

65．中国法制出版社．中华人民共和国城市房地产管理法：立案·管辖·证据·裁判[M]．北京：中国法制出版社，2015．

66．刘玉章．房地产企业财税操作技巧[M]．北京：机械工业出版社，2015．

67．李进都．房地产税收理论与实务[M]．北京：中国税务出版社，2000．

68．梁小民．活学活用经济学[M]．北京：中国社会科学出版社，2007．

69．董文毅．税收[M]．北京：北京交通大学出版社，2011．

70．陈多长．房地产税收论[M]．北京：中国市场出版社，2005．

71．杨遂周．契税与房地产税收一体化管理实用手册[M]．杭州：浙江人民出版社，2006．

72．国家税务总局教材编写组．房地产税收管理实务[M]．北京：中国财政经济出版社，2015．

73．朱光磊．房地产税收面对面：实务与案例[M]．北京：机械工业出版社，2015．

74．翟继光．营改增最新政策解读与筹划案例[M]．北京：中国经济出版社，2015．

75．樊剑英．营改增政策深度解析及纳税辅导：知名财税专家深度解读 2013 年 8 月 1 日实施的营改增新政[M]．北京：经济管理出版社，2013．

76．徐滇庆．房产税[M]．北京：机械工业出版社，2013．

77．侯一麟．房产税在中国：历史试点与探索[M]．北京：科学出版社，2016．

78．杨继瑞，马永坤．房产税征收对区域经济的影响：以新都区为例[M]．成都：西南财经大学出版社，2015．

79．中国房地产估价师与房地产经纪人学会．房地产基本制度与政策[M]．北京：中国建筑工业出版社，2013．

80．滕永健，袁媛．房地产基本制度[M]．北京：中国建筑工业出版社，2010．

81．陈耀东．房地产法[M]．北京：清华大学出版社，2012．

82．王克强，王洪卫，刘红梅．房地产法[M]．上海：复旦大学出版社，2015．

83．陆克华．房地产基本制度与政策[M]．北京：中国建筑工业出版社，2008．

84．师华，武家国．房地产法学[M]．北京：中国电力出版社，2008．

85．王家庭，李英．物业估价[M]．北京：清华大学出版社，2009．

86．郑承华．房地产交易法律实务[M]．武汉：武汉大学出版社，2015．

87．唐烈英．房地产法律问题研究[M]．武汉：华中科技大学出版社，2014．

88．林增杰．网络时代的房地产业[M]．天津：天津大学出版社，2008．

89．赖明．房地产企业信息化与数字社区[M]．北京：中国建筑工业出版社，2002．

90．盛垒同，杜德斌．我国房地产行政管理信息化建设问题初探[M]．中国建设信息，2006．

91．王宏．房地产行政管理[M]．北京：机械工业出版社，2007．

92．谭术魁，王望珍．房地产管理学[M]．上海：复旦大学出版社，2006．

93．任木荣，苏国强．我国房地产业宏观调控目标体系研究[J]．经济纵横，2010．

94．黄炜炜．房地产业政府信息化研究[D]．上海：华东师范大学，2002．

95．迟旭锋．房地产业信息化研究[D]．重庆：重庆大学，2002．

96．黄曦．中国房地产业信息化发展的研究[D]．重庆：重庆大学，2008．

97．黄相如．房地产业信息化发展新趋势[J]．互联网天地，2008．

98．张所地．房地产管理信息系统[M]．沈阳：东北财经大学出版社，2006．

99．杨勤法．房地产宏观调控政策与法律[M]．北京：北京大学出版社，2011．

100．左传长.中国经济：理论变革与政策创新[M]．北京：中国市场出版社，2008．

101．董藩，李英.房地产金融[M]．大连：东北财经大学出版社，2014．

102．李石山，汪安亚，唐义虎．物权法[M]．北京：北京大学出版社，2014．

103．王诤诤．房地产估价理论与应用[M]．北京：清华大学出版社，2014．

104．史秋波．上海司法行政发展研究报告 2002[M]．上海：上海社会科学院出版社，2003．

附录 A 本书引用的重要法律、法规简称

一、法律

1．《宪法》/《中华人民共和国宪法》（1949 年 10 月中华人民共和国成立后，第一届、第四届和第五届全国人民代表大会分别于 1954 年 9 月、1975 年 1 月、1978 年 3 月和 1982 年 12 月先后制定、颁布了四部《中华人民共和国宪法》。全国人民代表大会分别于 1988 年 4 月 12 日、1993 年 3 月 29 日、1999 年 3 月 15 日、2004 年 3 月 14 日通过宪法修正案）

2．《合同法》/《中华人民共和国合同法》（中华人民共和国主席令第 15 号，第九届全国人民代表大会常务委员会第二次会议于 1999 年 3 月 15 日通过，自 1999 年 10 月 1 日 1 起实施）

3．《招标投标法》/《中华人民共和国招标投标法》（第九届全国人民代表大会常务委员会第十一次会议于 1999 年 8 月 30 日通过，中华人民共和国主席令第 21 号于 1999 年 8 月 30 日公布，自 2000 年 1 月 1 日起实施）

4．《广告法》/《中华人民共和国广告法》（中华人民共和国主席令第 22 号，中华人民共和国第八届全国人民代表大会常务委员会第十次会议于 1994 年 10 月 27 日通过，自 1995 年 2 月 1 日起施行，2015 年 4 月 24 日修订通过，自 2015 年 9 月 1 日起实施）

5．《中华人民共和国继承法》（1985 年 4 月 10 日第六届全国人民代表大会第三次会议通过，1985 年 4 月 10 日中华人民共和国主席令第 24 号公布，自 1985 年 10 月 1 日起施行）

6．《土地管理法》/《中华人民共和国土地管理法》（中华人民共和国主席令第 28 号，全国人民代表大会常务委员会，1986 年制定和颁布，1988 年第一次修订；1998 年 8 月 29 日第二次修订，1999 年 1 月 1 日施行；第十届全国人民代表大会常务委员会第十一次会议于 2004 年 8 月 28 日第三次修订通过并公布施行）

7．《立法法》/《中华人民共和国立法法》（中华人民共和国主席令第 31 号，2000 年 3 月 15 日，第九届全国人民代表大会第三次会议通过，自 2000 年 7 月 1 日起施行，2015 年 3 月 15 日修订）

8．《个人所得税法》/《中华人民共和国个人所得税法》（中华人民共和国主席令第 48 号，1980 年 9 月 10 日第五届全国人民代表大会第三次会议通过，1993 年 10 月 31 日、1999 年 8 月 30 日、2005 年 10 月 27 日、2007 年 6 月 29 日、2007 年 12 月 29 日、2011 年 6 月 30 日六次修订）

9．《担保法》/《中华人民共和国担保法》（中华人民共和国主席令第 50 号，第八届全国人民代表大会常务委员会第十四次会议于 1995 年 6 月 30 日通过，自 1995 年 10 月 1 日 1 起实施）

10．《物权法》/《中华人民共和国物权法》（中华人民共和国主席令第 62 号，第十届全国人民代表大会第五次会议于 2007 年 3 月 16 日通过，自 2007 年 10 月 1 日起实施）

11．《城市房地产管理法》/《中华人民共和国城市房地产管理法》（中华人民共和国主席令第 72 号，1994 年 7 月 5 日第八届全国人民代表大会常务委员会第八次会议通过。自 1995 年 1 月 1 日起施行。根据 2007 年 8 月 30 日第十届全国人民代表大会常务委员会第二十九次会议《关于修改<中华人民共和国城市房地产管理法>的决定》修正）

12．《城乡规划法》/《中华人民共和国城乡规划法》（中华人民共和国主席令第 74 号，第十届全国人民代表大会常务委员会第三十次会议于 2007 年 10 月 28 日通过，自 2008 年1月1日起施行并同时废止，第十二届全国人民代表大会常务委员会第十四次会议于 2015 年 4 月 24 日修订）

13．《建筑法》/《中华人民共和国建筑法》（中华人民共和国主席令第 91 号，第八届全国人民代表大会常务委员会第二十八次会议于 1997 年 11 月 1 日通过，自 1998 年 3 月 1 日起实施）

14．《中华人民共和国价格法》（中华人民共和国主席令第 92 号，1997 年 12 月 29 日第八届全国人民代表大会常务委员会第二十九次会议通过）

15．《中华人民共和国税收征收管理法》（第九届全国人民代表大会常务委员会第二十一次会议于 1992 年 9 月 4 日通过，自 1993 年 1 月 1 日起施行。现行版本为 2015 年 4 月 24 日第十二届全国人民代表大会常务委员会第十四次会议修正）

16．《中华人民共和国反垄断法》（全国人民代表大会常务委员会于 2007 年 8 月 30 日颁布，自 2008 年 8 月 1 日起实施）

17．《中华人民共和国行政许可法》（中华人民共和国第十届全国人民代表大会常务委员会第四次会议于 2003 年 8 月 27 日通过，自 2004 年 7 月 1 日起实施）

18．《房地产税法》/《中华人民共和国房地产税法》（是一个综合型概念，1986 年 9 月 15 日国务院发布<中华人民共和国房产税暂行条例>，自 1986 年 10 月 1 日起施行）

19．《民法通则》/《中华人民共和国民法通则》（第六届全国人民代表大会第四次会议于 1986 年 4 月 12 日修订通过，自 1987 年 1 月 1 日起施行）

二、行政法规

1．《房产税暂行条例》/《中华人民共和国房产税暂行条例》（国发〔1986〕90 号，国务院，1986 年 9 月 15 日发布，自 1986 年 10 月 1 日起实施）

2. 《中华人民共和国耕地占用税暂行条例》（中华人民共和国国务院令第511号，国发〔1987〕27号，国务院于1987年4月1日发布，2007年12月1日修订，自2008年1月1日起实施）

3. 《中华人民共和国印花税暂行条例》（1988年8月6日，由国务院令第11号发布施行，2011年1月8日，根据国务院令第588号《国务院关于废止和修改部分行政法规的决定》修订。

4. 《中华人民共和国城镇土地使用税暂行条例》（1988年9月27日中华人民共和国国务院令第17号发布，2006年12月31日、2011年1月8日、2013年12月7日三次修订）

5. 《土地管理法实施条例》/《中华人民共和国土地管理法实施条例》（国务院1998年12月27日公布，自1999年1月1日起实施）

6. 《城镇国有土地使用权出让和转让暂行条例》《中华人民共和国镇国有土地使用权出让和转让暂行条例》（中华人民共和国国务院令55号，国务院1990年5月19日公布，自1990年5月19日起实施）

7. 《中华人民共和国外商投资企业和外国企业所得税法》（中华人民共和国国务院令第54号，1991年4月9日第七届全国人民代表大会第四次会议通过，已于2008年1月1日废止，现实行《中华人民共和国企业所得税法》，自2008年1月1日起实施）

8. 《中华人民共和国土地增值税暂行条例》（中华人民共和国国务院令第138号，国务院第十二次常务会议于1993年11月26日通过，自1994年1月1日起实施）

9.《中华人民共和国企业所得税暂行条例》（中华人民共和国国务院令第137号，1993年11月26日国务院第十二次常务会议通过，已于2008年1月1日废止。现施行2007年11月28日国务院第197次常务会议通过，并于12月6日公布，2008年1月1日起开始执行的《中华人民共和国企业所得税法实施条例》（中华人民共和国国务院令第512号）

10. 《中华人民共和国土地增值税暂行条例实施细则》（财政部〔1995〕6号，自1995年1月27日起实施）

11. 《山东省城市房地产开发经营管理条例》（山东省第八届人民代表大会常务委员会第十八次会议于1995年10月12日通过，2002年7月27日、2004年11月25日进行两次修订）

12. 《中华人民共和国契税暂行条例》（中华人民共和国国务院令第224号，国务院第55次常务会议于1997年4月23日通过，自1997年10月1日起实施）

13. 《城市房地产开发经营管理条例》（中华人民共和国国务院令248号，国务院常务会议于1998年7月20日通过，2010年12月29日、2011年1月8日进行两次修订）

14. 《住房公积金管理条例》/《中华人民共和国住房公积金管理条例》（中华人民共和国国务院令350号，国务院令第 262 号于1999年4月3日发布，2002年3月24日《国务院关于修改〈住房公积金管理条例〉的决定》修订，自2002年3月24日起实施）

15. 《建设工程质量管理条例》（中华人民共和国国务院令第 279 号，国务院第 25 次常务会议于 2000 年 1 月 10 日通过，自 2001 年 1 月 30 日起实施）

16. 《青岛市物业管理条例》（青岛市第十三届人民代表大会常务委员会第二十四次会议于 2005 年 10 月 26 日通过，山东省第十届人民代表大会常务委员会第十七次会议于 2005 年 11 月 25 日批准，自 2006 年 1 月 1 日起实施）

17. 《中华人民共和国企业所得税法》（中华人民共和国第十届全国人民代表大会第五次会议于 2007 年 3 月 16 日通过，自 2008 年 1 月 1 日起实施）

18.《中华人民共和国政府信息公开条例》（中华人民共和国国务院令第 492 号，2007 年 1 月 17 日国务院第 165 次常务会议通过，由中华人民共和国国务院 2007 年 4 月 5 日发布，自 2008 年 5 月 1 日起施行）

19. 《物业管理条例》（国务院于 2007 年 8 月 26 日发布，国务院第 119 次常务会议于 2016 年 1 月 13 日通过，自 2016 年 3 月 1 日起实施）

20. 《中华人民共和国耕地占用税暂行条例实施细则》（财政部、国家税务总局令第 49 号，自 2008 年 2 月 26 日起实施）

21. 《营业税暂行条例》/《中华人民共和国营业税暂行条例》（中华人民共和国国务院令第 540 号，国务院第 34 次常务会议于 2008 年 11 月 5 日修订通过，自 2009 年 1 月 1 日起实施）

22. 《国有土地上房屋征收与补偿条例》/《中华人民共和国国有土地上房屋征收与补偿条例》（中华人民共和国国务院令 590 号，国务院第 141 次常务会议于 2011 年 1 月 19 日通过，自 2011 年 1 月 19 日起实施）

23. 《城市房屋拆迁管理条例》（中华人民共和国国务院令 305 号，已被 2011 年 1 月 21 日颁布的《国有土地上房屋征收与补偿条例》废止）

24. 《不动产登记暂行条例（征求意见稿）》（中华人民共和国国务院令第 656 号，国务院于 2014 年 11 月 24 日发布，自 2015 年 3 月 1 日起施行）

25. 《不动产登记暂行条例》（中华人民共和国国务院令第 656 号，国务院于 2014 年 11 月 24 日发布，自 2015 年 3 月 1 日起实施）

26. 《房地产经纪专业人员职业资格制度暂行规定》（人社部发〔2015〕47 号，人力资源社会保障部、住建部于 2015 年 6 月 25 日发布，自 2015 年 7 月 1 日起实施，已废止，由《房地产经纪专业人员职业资格考试实施办法》代替）

27. 《不动产登记暂行条例实施细则》（中华人民共和国国土资源部令第 63 号，国土资源部第 3 次部务会议于 2015 年 6 月 29 日通过，自 2016 年 1 月 1 日起实施）

三、行政规章

1. 《全国税政实施要则》（1950 年 1 月 30 日由政务院发布）

2．《城市商品房预售管理办法》（中华人民共和国建设部令第131号，1994年11月15日发布，2001年8月15日、2004年7月20日两次修订实施）

3．《房地产估价师执业资格制度暂行规定》（编号建房1995147号，建设部、人事部于1995年3月22日发布实施）

4．《房地产估价师执业资格考试实施办法》（编号建房1995147号，建设部、人事部于1955年3月22日发布实施）

5．《城市房屋租赁管理办法》（1995年5月9日发布，自1995年6月1日起实施）

6．《城市房地产转让管理规定》（中华人民共和国建设部令第96号，1995年8月7日发布实施，自2001年8月15日起实施）

7．《城市房地产中介服务管理规定》（中华人民共和国建设部令第97号，1996年1月8日颁布实施，建设部第45次常务会议于2001年7月23日审议通过，自2001年7月23日起实施）

8．《关于房地产价格评估机构资格等级管理办法的若干规定》（建房〔1997〕12号，建设部住宅与房地产业司于1997年1月9日发布）

9.《上海市国有土地使用权收购、储备、出让试行办法》（发布文号：沪房地资〔1997〕第178号，上海市财政局、上海市房屋土地管理局于1997年3月13日发布）

10．《城市房地产抵押管理办法》（中华人民共和国建设部令第98号，1997年颁布实施，建设部第45次常务会议于2001年7月23日审议通过，自2001年8月15日起实施）

11．《商品住宅实行住宅质量保证书和住宅使用说明书制度的规定》（建房〔1998〕102号，建设部于1998年5月12日发布，自1998年8月1日起实施）

12．《房地产估价师注册管理办法》（中华人民共和国建设部令第64号，建设部于1998年8月20日发布，2001年7月23日建设部第45次常务会议审议通过，2001年8月15日修订）

13.《杭州市土地储备实施办法》（杭州市人民政府令第270号，1999年3月10日发布，根据2012年5月18日杭州市人民政府令第270号修订，自2012年5月18日起实施）

14.《中华人民共和国国家标准房地产估价规范》（编号为GB/T50291—1999，自1999年6月1日起实施）

15．《房地产估价规范》（国家标准，编号为GB/T 50291—2015，自2015年12月1日起实施。原《房地产估价规范》GB/T 50291—1999同时废止）

16．《房地产开发企业资质管理办法》（2000年3月29日建设部令第77号发布，根据2015年5月4日住房和城乡建设部令第24号《住房和城乡建设部关于修改〈房地产开发企业资质管理规定〉等部门规章的决定》修正，自2015年5月4日起实施）

17．《房地产开发企业资质管理规定》（中华人民共和国建设部令第77号，建设部于2000年3月29日发布，住房和城乡建设部于2015年5月4日修订）

18.《工程建设项目招标范围和规模标准规定》（国家发展计划委员会于 2000 年 4 月 4 日发布，自 2000 年 5 月 1 日起实施）

19.《关于商品和服务实行明码标价的规定》（国家发展计划委员会令第 8 号，国家发展计划委员会于 2000 年 10 月发布）

20.《商品房销售管理办法》（中华人民共和国建设部令第 88 号，建设部第 38 次常务会议于 2001 年 3 月 14 日审议通过，自 2001 年 6 月 1 日起实施）

21.《城市房地产中介服务管理规定》（中华人民共和国建设部令第 97 号，2001 年 7 月 23 日建设部第 45 次常务会议审议通过，自 2001 年 7 月 23 日起实施）

22.《城市房地产权属档案管理办法》（中华人民共和国建设部令第 101 号，建设部第 47 次常务会议于 2001 年 8 月 23 日审议通过，自 2001 年 12 月 1 日起实施）

23.《中华人民共和国国家标准　城镇土地估价规程》（编号为 GB/T18508—2001，由中华人民共和国国家质量监督检验检疫总局于 2001 年 11 月 12 日发布，后编号为 GB/T18508—2014 代替）

24.《招标拍卖挂牌出让国有土地使用权规定》（中华人民共和国国土资源部令第 11 号发布，自 2002 年 7 月 1 日起实施）

25.《城市房屋拆迁估价指导意见》（建住房〔2003〕234 号，由《国有土地上房屋征收评估办法》代替）

26.《中共中央关于完善社会主义市场经济体制若干问题的决定》（2003 年 10 月 14 日中国共产党第十六届中央委员会第三次全体会议通过）

27.《国务院关于第三批取消和调整行政审批项目的决定》（国发〔2004〕16 号，2004 年 5 月 19 日颁布，自 2004 年 5 月 19 日起实施）

28.《国务院对确需保留的行政审批项目设定行政许可的决定》（2004 年 6 月 29 日由国务院会议通过，自 2004 年 7 月 1 日起实施。2009 年 1 月 29 日、2016 年 8 月 25 日两次修订）

《房地产估价机构管理办法》（中华人民共和国建设部令第 142 号，住房城乡建设部于 2005 年 10 月 12 日发布）

29.《房地产估价机构管理办法》（中华人民共和国住房和城乡建设部令第 14 号，于 2005 年 10 月 12 日发布，自 2005 年 12 月 1 日起实施，根据 2013 年 10 月 16 日中华人民共和国住房和城乡建设部令第 14 号修正）

30.《济南市商品房预售款监管实施细则》（济建开字〔2005〕30 号，2005 年 10 月 26 日发布）

31.《注册房地产估价师管理办法》（中华人民共和国建设部令第 151 号，建设部第 86 次常务会议于 2006 年 3 月 7 日审议通过，自 2007 年 3 月 1 日起实施）

32.《招标拍卖挂牌出让国有土地使用权规范》（试行）（国土资发（114）号，2006

年5月31日发布，自2006年8月1日起实施）

33. 《廉租住房保障办法》（中华人民共和国建设部令第162号，建设部第139次常务会议于2007年9月26日讨论通过，自2007年12月1日起实施）

34. 《土地储备管理办法》（国土资发〔2007〕277号，国土资源部、财政部于2007年11月19日颁布）

35. 《土地登记办法》（中华人民共和国建设部令第40号，国土资源部第5次部务会议于2007年11月28日审议通过，自2008年2月1日起实施）

36. 《房屋登记办法》（中华人民共和国建设部令第168号，建设部第147次常务会议于2008年1月22日审议通过，自2008年7月1日起实施）

37. 《青岛市廉租住房保障办法》（市十四届人民政府第3次常务会议于2008年7月25日通过，自2008年9月1日起实施）

38. 《房地产经纪管理办法》（第8号令，2010年10月27日住房和城乡建设部第65次部常务会议审议通过，自2011年4月1日起实施）

39. 《商品房销售明码标价规定》（国家发展改革委于2011年3月16日发布）

40. 《国有土地上房屋征收评估办法》（建房〔2011〕77号，中华人民共和国住房和城乡建设部于2011年6月3日公布）

41. 《关于审理涉及农村集体土地行政案件若干问题的规定》（法释〔2011〕20号，最高人民法院审判委员会第1522次会议于2011年5月9日通过，自2011年9月5日起实施）

42. 《闲置土地处置办法》（中华人民共和国国土资源部令第53号，2012年5月22日国土资源部第1次部务会议修订通过，现予以发布，自2012年7月1日起施行）

43. 《中共中央关于全面深化改革若干重大问题的决定》（中国共产党第十八届中央委员会第三次全体会议于2013年11月12日通过，自2013年11月15日起实施）

44. 《房地产经纪专业人员职业资格考试实施办法》（人社部发〔2015〕47号，人力资源社会保障部、住建部于2015年6月25日发布，自2015年6月25日起实施）

45. 《镇保障性安居工程财政资金绩效评价暂行办法》（为《关于印发〈城镇保障性安居工程财政资金绩效评价暂行办法〉的通知》（财综〔2015〕6号）附件）

46. 《营业税改征增值税试点实施办法》（财政部、国家税务总局于2016年3月24日发布）

47. 《销售服务、无形资产、不动产注释》（财税〔2016〕36号附件）

四、通知

1. 《国务院关于出让国有土地使用权批准权限的通知》（国发〔1989〕49号，国务院于1989年7月22日成文，发布于2011年3月30日）

2.《国家计委、建设部关于房地产中介服务收费的通知》/《关于房地产中介服务收费的通知》（计价格〔1995〕971号）

3.《关于固定资产投资项目施行资本金制度的通知》（国发〔1996〕35号，2015年9月15日，《国务院关于调整和完善固定资产投资项目资本金制度的通知》（国发〔2015〕51号））

4.《北京市人民政府批转市国土房管局〈关于加强国有土地资产管理建立土地储备制度意见〉的通知》（京政发〔2002〕4号，市国土房管局于2002年1月15日发布）

5.《关于调整部分行业固定资产投资项目资本金比例的通知》（国发〔2004〕13号，自2004年4月26日起实施）

6.《国家税务总局关于继承土地、房屋权属有关契税问题的批复》（国税函〔2004〕1036号）

7.《关于进一步加强房地产信贷管理的通知》（国办发〔2006〕37号，银监会于2006年7月2日发布）

8.《关于进一步加强土地出让收支管理的通知》（财综〔2006〕68号）

9.《财政部国家税务总局关于调整房地产营业税有关政策的通知》（财税〔2006〕75号）

10.《国家税务总局关于个人住房转让所得征收个人所得税有关问题的通知》（国税发〔2006〕108号）

11.《关于加强房地产估价机构监管有关问题的通知》（建住房〔2006〕294号）

12.《国土资源部关于改进报国务院批准城市建设用地申报与实施工作的通知》（国土资发〔2006〕320号）

13.《财政部、国家税务总局关于企业为个人购买房屋或其他财产征收个人所得税问题的批复》（财税〔2008〕83号）

14.《国务院办公厅关于促进房地产市场健康发展的若干意见》（国办发〔2008〕131号）

15.《关于个人住房转让营业税政策的通知》（财税〔2008〕174号）

16.《关于金融促进节约集约用地的通知》（银发〔2008〕214号）

17.《关于调整固定资产投资项目资本金比例的通知》（国发〔2009〕27号）

18.《财政部 国家税务总局关于个人金融商品买卖等营业税若干免税政策的通知》（财税〔2009〕111号）

19.《国务院办公厅关于促进房地产市场平稳健康发展的通知》（国办发〔2010〕4号）

20.《国务院关于坚决遏制部分城市房价过快上涨的通知》（国办发〔2010〕10号）

21.《国务院关于鼓励和引导民间资本健康发展的若干意见》（国发〔2010〕13号）

22.《关于加强房地产用地供应和监管有关问题的通知》（国土资发〔2010〕34号）

23.《关于进一步加强房地产市场监管完善商品住房预售制度有关问题的通知》（建

房〔2010〕53号，住房和城乡建设部于2010年4月13日发布）

24. 《关于支持公共租赁住房建设和运营有关税收优惠政策的通知》（财税〔2010〕88号）

25. 《关于保障性安居工程资金使用管理有关问题的通知》（财综〔2010〕95号）

26. 《关于2010年深化经济体制改革重点工作的意见》（2010年5月28日通过）

27.《关于切实做好2012年保障性安居工程财政资金安排等相关工作的通知》（据《国务院办公厅关于保障性安居工程建设和管理的指导意见》（国办发〔2011〕45号）发布）

28. 《关于多渠道筹措资金确保公共租赁住房项目资本金足额到位的通知》（财综〔2011〕47号）

29.《石家庄市人民政府办公厅关于做好国有土地上房屋征收与土地收储工作的通知》（石政办发〔2011〕56号，2011年12月30日发布）

30.《关于房屋、土地权属由夫妻一方所有变更为夫妻双方共有契税政策的通知》（财税〔2011〕82号，依据财税〔2014〕4号 财政部《国家税务总局关于夫妻之间房屋土地权属变更有关契税政策的通知》，本法规自2013年12月31日起全文废止）

31. 《关于利用债券融资支持保障性住房建设有关问题的通知》（发改办财金〔2011〕1388号）

32. 《关于做好2012年房地产用地管理和调控重点工作的通知》（国土资发〔2012〕26号）

33. 《财政部、国家税务总局关于企业以售后回租方式进行融资等有关契税政策的通知》（财税〔2012〕82号）

34. 《关于进一步严格房地产用地管理巩固房地产市场调控成果的紧急通知》（国土资电发〔2012〕87号）

35. 《关于鼓励民间资本参与保障性安居工程建设有关问题的通知》（建保〔2012〕91号）

36. 《关于严格执行土地使用标准大力促进节约集约用地的通知》（国土资发〔2012〕132号）

37. 《关于加强土地储备与融资管理的通知》（国土资发〔2012〕162号）

38. 《国务院办公厅关于继续做好房地产市场调控工作的通知》（国办发〔2013〕17号）

39. 《关于发展住房公积金个人住房贷款业务的通知》（建金〔2014〕148号）

40.《关于放开房地产咨询收费和下放房地产经纪收费管理的通知》（发改价格〔2014〕1289号）

41. 《关于2015年深化经济体制改革重点工作的意见》（国发〔2015〕26号）

42. 《国务院关于进一步做好城镇棚户区和城乡危房改造及配套基础设施建设有关工作的意见》（国发〔2015〕37号）

43．《关于地方不动产登记职责整合的指导意见》（国土资发〔2015〕50 号）

44．《关于做好不动产登记信息管理基础平台建设工作的通知》（国土资发〔2015〕103 号）

45．《国家税务总局关于发布〈不动产进项税额分期抵扣暂行办法〉的公告》（国家税务总局公告 2016 年第 15 号）

46．《国家税务总局关于发布〈房地产开发企业销售自行开发的房地产项目增值税征收管理暂行办法〉的公告》（国家税务总局公告 2016 年第 18 号）

47．《关于全面推开营业税改征增值税试点的通知》（财税〔2016〕36 号）

48．《关于房地产中介行业违法违规 典型案例的通报》（建房函〔2016〕112 号）

49．《关于加强房地产中介管理促进行业健康发展的意见》（建房〔2016〕168 号）

50．《关于房地产开发企业土地增值税清算管理有关问题的通知》（国税发〔2006〕187 号）

51．《关于土地增值税清算有关问题的通知》（国税函〔2010〕220 号）

五、司法解释

《最高人民法院关于审理商品房买卖合同纠纷案件适用法律若干问题的解释》（法释〔2003〕7 号，最高人民法院审判委员会第 1267 次会议于 2003 年 3 月 24 日通过，自 2003 年 6 月 1 日起实施，后由 TD/T1001—2012《地籍调查规程》代替）

六、标准及其他

1．《城市用地分类与规划建设用地标准》（编号为 GB50137—2011，由中华人民共和国住房和城乡建设部和中华人民共和国国家质量监督检验检疫总局于 2010 年 12 月 24 日联合发布，自 2012 年 1 月 1 日实施）

2．《国民经济和社会发展第十一个五年规划纲要》（2006—2010 年）

3．《城镇地籍调查规程》（TD1001—93，国家土地管理局于 1993 年 6 月 22 日公布）

4．《国土资源和房屋管理局政府信息公开指南》（各市各不相同）

5．《当改革与法律矛盾时》（周其仁教授在 2013 中国高峰论坛的发言）

附录 B　城市建设用地分类及代码（GB50137−2011）

类别代码			类别名称	范围
大类	中类	小类		
R			居住用地	住宅和相应服务设施的用地
	R1		一类居住用地	公用设施、交通设施和公共服务设施齐全、布局完整、环境良好的低层住区用地
		R11	住宅用地	住宅建筑用地、住区内城市支路以下的道路、停车场及其社区附属绿地
		R12	服务设施用地	住区主要公共设施和服务设施用地，包括幼托、文化体育设施、商业金融、社区卫生服务站、公用设施等用地，不包括中小学用地
	R2		二类居住用地	公用设施、交通设施和公共服务设施较齐全、布局较完整、环境良好的多、中、高层住区用地
		R20	保障性住宅用地	住宅建筑用地、住区内城市支路以下的道路、停车场及其社区附属绿地
		R21	住宅用地	
		R22	服务设施用地	住区主要公共设施和服务设施用地，包括幼托、文化体育设施、商业金融、社区卫生服务站、公用设施等用地，不包括中小学用地
	R3		三类居住用地	公用设施、交通设施不齐全，公共服务设施较欠缺，环境较差，需要加以改造的简陋住区用地，包括危房、棚户区、临时住宅等用地
		R31	住宅用地	住宅建筑用地、住区内城市支路以下的道路、停车场及其社区附属绿地
		R32	服务设施用地	住区主要公共设施和服务设施用地，包括幼托、文化体育设施、商业金融、社区卫生服务站、公用设施等用地，不包括中小学用地
A			公共管理与公共服务用地	行政、文化、教育、体育、卫生等机构和设施的用地，不包括居住用地中的服务设施用地
	A1		行政办公用地	党政机关、社会团体、事业单位等机构及其相关设施用地
	A2		文化设施用地	图书、展览等公共文化活动设施用地

续表

类别代码			类别名称	范围
大类	中类	小类		
A		A21	图书展览设施用地	公共图书馆、博物馆、科技馆、纪念馆、美术馆和展览馆、会展中心等设施用地
		A22	文化活动设施用地	综合文化活动中心、文化馆、青少年宫、儿童活动中心、老年活动中心等设施用地
	A3		教育科研用地	高等院校、中等专业院校、中学、小学、科研事业单位等用地，包括为学校配建的独立地段的学生生活用地
		A31	高等院校用地	大学、学院、专科院校、研究生院、电视大学、党校、干部学校及其附属用地，包括军事院校用地
		A32	中等专业学校用地	中等专业学校、技工学校、职业学校等用地，不包括附属于普通中学内的职业高中用地
		A33	中小学用地	中学、小学用地
		A34	特殊教育用地	聋、哑、盲人学校及工读学校等用地
		A35	科研用地	科研事业单位用地
	A4		体育用地	体育场馆和体育训练基地等用地，不包括学校等机构专用的体育设施用地
		A41	体育场馆用地	室内外体育运动用地，包括体育场馆、游泳场馆、各类球场及其附属的业余体校等用地
		A42	体育训练用地	为各类体育运动专设的训练基地用地
	A5		医疗卫生用地	医疗、保健、卫生、防疫、康复和急救设施等用地
		A51	医院用地	综合医院、专科医院、社区卫生服务中心等用地
		A52	卫生防疫用地	卫生防疫站、专科防治所、检验中心和动物检疫站等用地
		A53	特殊医疗用地	对环境有特殊要求的传染病、精神病等专科医院用地
		A59	其他医疗卫生用地	急救中心、血库等用地
	A6		社会福利设施用地	为社会提供福利和慈善服务的设施及其附属设施用地，包括福利院、养老院、孤儿院等用地
	A7		文物古迹用地	具有历史、艺术、科学价值且没有其他使用的建筑物、构筑物、遗址、墓葬等用地
	A8		外事用地	外国驻华使馆、领事馆、国际机构及其生活设施等用地
	A9		宗教设施用地	宗教活动场所用地
B			商业服务业设施用地	各类商业、商务、娱乐康体等设施用地，不包括居住用地中的服务设施用地以及公共管理与公共服务用地内的事业单位用地
	B1		商业设施用地	各类商业经营活动及餐饮、旅馆等服务业用地
		B11	零售商业用地	商铺、商场、超市、服装及小商品市场等用地
		B12	农贸市场用地	以农产品批发、零售为主的市场用地

续表

类别代码			类别名称	范围
大类	中类	小类		
B		B13	餐饮业用地	饭店、餐厅、酒吧等用地
		B14	旅馆用地	宾馆、旅馆、招待所、服务型公寓、度假村等用地
	B2		商务设施用地	金融、保险、证券、新闻出版、文艺团体等综合性办公用地
		B21	金融保险业用地	银行及分理处、信用社、信托投资公司、证券期货交易所、保险公司，以及各类公司总部及综合性商务办公楼宇等用地
		B22	艺术传媒产业用地	音乐、美术、影视、广告、网络媒体等的制作及管理设施用地
		B29	其他商务设施用地	邮政、电信、工程咨询、技术服务、会计和法律服务以及其他中介服务等的办公用地
	B3		娱乐康体用地	各类娱乐、康体等设施用地
		B31	娱乐用地	单独设置的剧院、音乐厅、电影院、歌舞厅、网吧以及绿地率小于65%的大型游乐等设施用地
		B32	康体用地	单独设置的高尔夫练习场、赛马场、溜冰场、跳伞场、摩托车场、射击场，以及水上运动的陆域部分等用地
	B4		公用设施营业网点用地	零售加油、加气、电信、邮政等公用设施营业网点用地
		B41	加油加气站用地	零售加油、加气以及液化石油气换瓶站用地
		B49	其他公用设施营业网点用地	电信、邮政、供水、燃气、供电、供热等其他公用设施营业网点用地
	B9		其他服务设施用地	业余学校、民营培训机构、私人诊所、宠物医院等其他服务设施用地
M			工业用地	工矿企业的生产车间、库房及其附属设施等用地，包括专用的铁路、码头和道路等用地，不包括露天矿用地
	M1		一类工业用地	对居住和公共环境基本无干扰、污染和安全隐患的工业用地
	M2		二类工业用地	对居住和公共环境有一定干扰、污染和安全隐患的工业用地
	M3		三类工业用地	对居住和公共环境有严重干扰、污染和安全隐患的工业用地
W			物流仓储用地	物资储备、中转、配送、批发、交易等的用地，包括大型批发市场以及货运公司车队的站场（不包括加工）等用地
	W1		一类物流仓储用地	对居住环境和公共环境基本无干扰、污染和安全隐患的物流仓储用地
	W2		二类物流仓储用地	对居住环境和公共环境有一定干扰、污染和安全隐患的物流仓储用地
	W3		三类物流仓储用地	存放易燃、易爆和剧毒等危险品的专用仓库用地
S			交通设施用地	城市道路、交通设施等用地
	S1		城市道路用地	快速路、主干路、次干路和支路用地，包括其交叉路口用地，不包括居住用地、工业用地等内部配建的道路用地
	S2		轨道交通线路用地	轨道交通地面以上部分的线路用地

续表

类别代码			类别名称	范围
大类	中类	小类		
S	S3		综合交通枢纽用地	铁路客货运站、公路长途客货运站、港口客运码头、公交枢纽及其附属用地
	S4		交通场站用地	静态交通设施用地，不包括交通指挥中心、交通队用地
		S41	公共交通设施用地	公共汽车、出租汽车、轨道交通（地面部分）的车辆段、地面站、首末站、停车场（库）、保养场等用地，以及轮渡、缆车、索道等的地面部分及其附属设施用地
		S42	社会停车场用地	公共使用的停车场和停车库用地，不包括其他各类用地配建的停车场（库）用地
	S9		其他交通设施用地	除以上之外的交通设施用地，包括教练场等用地
U			公用设施用地	供应、环境、安全等设施用地
	U1		供应设施用地	供水、供电、供燃气和供热等设施用地
		U11	供水用地	城市取水设施、水厂、加压站及其附属的构筑物用地，包括泵房和高位水池等用地
		U12	供电用地	变电站、配电所、高压塔基等用地，包括各类发电设施用地
		U13	供燃气用地	分输站、门站、储气站、加气母站、液化石油气配储站、灌瓶站和地面输气管廊等用地
		U14	供热用地	集中供热锅炉房、热力站、换热站和地面输热管廊等用地
		U15	邮政设施用地	邮政中心局、邮政支局、邮件处理中心等用地
		U16	广播电视与通信设施用地	广播电视与通信系统的发射和接收设施等用地，包括发射塔、转播台、差转台、基站等用地
	U2		环境设施用地	雨水、污水、固体废物处理和环境保护等的公用设施及其附属设施用地
		U21	排水设施用地	雨水、污水泵站、污水处理、污泥处理厂等及其附属的构筑物用地，不包括排水河渠用地
		U22	环卫设施用地	垃圾转运站、公厕、车辆清洗站、环卫车辆停放修理厂等用地
		U23	环保设施用地	垃圾处理、危险品处理、医疗垃圾处理等设施用地
	U3		安全设施用地	消防、防洪等保卫城市安全的公用设施及其附属设施用地
		U31	消防设施用地	消防站、消防通信及指挥训练中心等设施用地
		U32	防洪设施用地	防洪堤、排涝泵站、防洪枢纽、排洪沟渠等防洪设施用地
	U9		其他公用设施用地	除以上之外的公用设施用地，包括施工、养护、维修设施等用地
G			绿地	公园绿地、防护绿地等开放空间用地，不包括住区、单位内部配建的绿地
	G1		公园绿地	向公众开放，以游憩为主要功能，兼具生态、美化、防灾等作用的绿地
	G2		防护绿地	城市中具有卫生、隔离和安全防护功能的绿地，包括卫生隔离带、道路防护绿地、城市高压走廊绿带等
	G3		广场用地	以硬质铺装为主的城市公共活动场地